종교의 이해

종교학 방법론과
원시종교 연구

리차드 컴스탁 지음
윤원철 옮김

지식과교양

차례

책머리에 … 6

I. 종교학 방법론　　　　　　　　　　　　　　　9

1. 당혹스러움 … 11
2. 종교의 기원에 대한 물음 … 15
3. 사회학과 심리학의 이론들 … 24
4. 종교를 서술하는 문제 … 29
5. 여러 가지 방법론적 관점 … 34

II. 종교란 무엇인가　　　　　　　　　　　　　　45

1. 세 가지 종교 정의 … 53
2. 세 가지 정의가 안고 있는 문제점 … 61
3. 결론 … 66

Ⅲ. 의례와 신화 : 행위와 의미로서의 종교

1. 티코피아의 "뜨거운 음식"의 의례 … 74
2. 의례와 신화 … 77
3. 신화는 의례를 바탕으로 한다는 이론 … 85
4. 의례에 관한 기능주의 이론 … 91
5. 종교의 사회적 기능 … 94
6. 종교의 생리적·심리적 기능 … 100
7. 입문의례 … 102
8. 종교의 심층심리적 기능 … 108
9. 의례와 신화의 표현 기능 … 120
10. 주술과 종교 … 127

Ⅳ. 신화의 해석: 상징적 표상으로서의 종교   137

1. 종교에 대한 해석학적 연구 … 139
2. 상징을 만드는 동물 … 141
3. 종교에 대한 기호학적 연구 … 147
4. 아스디왈의 이야기 … 151
5. "전논리적" 심성 … 164

Ⅴ. 원시종교 : 누어족과 딩카족의 종교   175

1. 원시사회의 특징 … 177
2. 누어족과 딩카족의 종교적 신념체계 … 180
3. 종교적 신념체계 … 182
4. 영혼, 유령, 내세 … 189
5. 희생제의 … 193
6. 성스러운 창 … 197
7. 종교전문가 … 199
8. 신화와 생활양식 … 202
9. 결론 … 210

Ⅵ. 역사종교　　　　　　　　　　　　　217

1. 구석기시대 - 수렵인들의 종교 … 221
2. 신석기시대 - 유목민, 농경민의 종교 … 226
3. 북유럽의 고대종교 … 230
4. 고대 문명의 여러 종교 … 233
5. 고전 희랍문명의 종교 … 240
6. 로마의 종교 … 245
7. 그 이후 문명의 역사종교들 … 247

참고문헌　　　　　　　　　　　　　254

찾아보기　　　　　　　　　　　　　272

책머리에

종교는 언제 어디서나 인류와 함께 해 온 영속적이고도 보편적인 현상이다. 그런 종교에 대해 부정적인 견해를 가진 이들도 있고 긍정적으로 보는 이들도 있다. 어떤 사람들은 종교가 인간의 발전을 저해하는 불합리한 장애물이라고 생각한다. 그런가 하면 또 어떤 사람들은 문화의 내용에 궁극적인 의미를 마련해 주는 것이 종교이고 그런 뜻에서 인간의 가장 건설적인 활동 가운데 하나라고 주장하기도 한다. 그러나 어느 쪽이든 종교가 인간의 삶에 중요한 영향을 끼쳐 왔다는 데에는 의견이 일치한다.

인류의 역사 속에서 전개되어온 몇몇 주요 종교전통에 대해 여러 학자가 힘을 모아 함께 연구하고 저술할 기회가 있었다. 이 책은 그 협동연구에서 나온 저술 가운데 서론에 해당한다. 이 책과 함께 로버트 베어드(Robert D. Baird)와 알프레드 블룸(Alfred Bloom)이 집필한 「인도와 극동의 종교」(*Indian and Far Eastern Religious Tradition*), 그리고 자넷 오디(Janet K. O'Dea)와 토마스 오디(Thomas F. O'Dea), 찰스 애덤스(Charles J. Adams)가 함께 집필한 「유대교, 그리스도교, 이슬람」(*Judaism, Christianity, and Islam*), 이렇게 모두 세 권의 책이 그 연구의 결실이다. 그 셋을 한 권으로 묶어 「종교와 인간」(*Religion and Man*)이라는 제목으로 출판하기도 했고, 각자 낱권으로 출판하기도 했다. 그러니까 이 책은 「종교와 인간」의 한 부분으로 읽을 수도 있고, 아니면 그 자체로 하나의 완결된 연구서로 읽을 수도 있겠다. 『종교와 문화』의 집필에 참여한 학자들은 세계 여러 종교의 제의, 신화, 상징, 신앙체계, 그리고 사회조직 등을 가능한 한 정확하게 서술하고자 애썼다. 뿐만 아니라 그런 여러 가지 상징 형식에 어떤 문화적 풍토와 정신적 경향이 담겨 있는지에 대해서도 깊은 주의를 기울여 해석하고자 많은 노력을 하였다. 또한 어떻게 하면 자료와 해석, 사실과 의미, 그리고 구체적인 낱낱의 사항과 그 낱낱의 사항들을 하나의 역동적인 전체로 묶어 내는 틀, 그 양쪽을 모두 충실하게 드러내고 서술할 수 있겠는가 하는 문제에도 깊은 관심을 가지고, 이에 알맞은 연구 방법을 제시하고자 하였다.

화이트헤드(Alfred North Whitehead)는 언젠가 "종교의 죽음은 모험을 찾는 인간의 드높은 소망이 억압될 때에나 일어나리라."라고 말한 적이 있다. 나는 이 책이 인류의 종교전통들을 연구하는 분야에서는 이 모험 정신이 아직 죽지 않았다는 사실을 분명하게 보여 주는 하나의 실례가 되기를 기대한다.

W. 리차드 컴스탁

원전 ≫
- W. Richard Comstock (1928~2013, 전 University of California at Santa Barbara 종교학과 교수)
- *The Study of Religion and Primitive Religions*
- New York: Harper & Row, 1971.

I. 종교학 방법론

1. 당혹스러움

종교는 온갖 흥미로운 광경을 파노라마처럼 보여 준다. 열과 빛을 주는 태양을 향해 황홀경 속에서 두 손을 뻗쳐 예배하는 원시 부족민이 있는가 하면, 자기 아내의 병은 주술에 걸려서 생긴 것이라고 여기고 그 병을 낫게 할 주문(呪文)을 알아내려고 돌아다니는 사람도 볼 수 있다. 인도에서는 몇 년이고 꼼짝 않고 앉아서 명상만 하고 있는 수행자들을 볼 수 있다. 이름조차 붙일 수 없는 어떤 절대보편의 실재가 이 우주의 근원이며 원리인데, 그것은 바로 자신의 자아에 다름 아니라고 하면서 그 실재에 대해 명상하고 있는 것이다. 그런가 하면 또 어떤 사람은 자기 백성들을 불행하게 만든 사회구조를 영력(靈力)을 사용해서 개혁해 보려는 노력을 하고 있다. 중국의 군자(君子)는 우주의 도(道)에 대해 명상하면서 자기 자신의 존재 속에 들어 있는 도의 리듬이 그 우주적인 도에 순응하도록 하기 위해 노력하고, 한국에는 오랜 수행을 거쳐 마침내 깨달음의 순간을 경험하는 선승(禪僧)들이 있다. 서양으로 눈을 돌리면, 신의 율법에 대해 묵상하는 유대교의 랍비(rabbi)가 있고, 부활절 새벽에 주님의 부활을 재확인하며 예배를 올리는 그리스도교의 회중(會衆), 그리고 서약을 이행하기 위해 메카(Mecca)로 여행을 하는 숱한 이슬람 순례자들을 볼 수 있다.

축제, 절망, 엄격한 윤리의식, 은둔의 신비주의, 사회개혁을 위한 활동, 수도원의 정적, 명상, 동물을 제물로 바치는 의례, 고통과 공포 분위기의 제의, 희망의 이미지, 두려움의 상징, 삶을 긍정하면서 죽음에 저항하는 투쟁, 창조적인 노력을 통한 성장, 사려분별 없는 미신—이 모든 것들을 우리가 종교라고 부르는 현상에서 볼 수 있다. 종교현상이라는 것이 이처럼 다양하기 이를 데 없는데, 도대체 얼마나 연구를 해야 이에 대해 두루 확실한 지식을 가질 수 있을까? 언뜻 생각해보아도 분명히 많은 어려움이 있으리라 짐작되고, 아무리 치밀한 방법으로 연구한다고 해도 그게 과연 가능하기나 할지 의심스럽기까지 하다.

종교학도는 우선 연구 대상의 범위가 엄청나게 거대하다는 사실에 주눅이 들 수 있다. 유라시아, 아프리카, 오스트레일리아, 남태평양의 여러 섬들, 남북 아메리카를 모두 포함하는 지리적인 범위뿐만 아니라, 구석기시대까지 거슬러 가는 까마득한 옛날부터 숨가쁘게 바삐 돌아가는 현대에 이르기까지 시간상의 범위도 어마

어마하다. 특정 지역의 특정 시기로 범위를 좁힌다고 해도 어려움은 여전히 있다. 우리는 여러 가지 현상들을 쉽사리 종교라고 싸잡아서 부르는데, 그것들을 조금만 자세히 들여다보아도 그 내용이 지극히 다양하고 서로 다른 점이 아주 많기 때문이다. 우선, 성스러운 외경감이나 신비스러운 환상 등과 같은 주관적인 경험에 초점을 두고 종교를 논할 수 있다. 그런가 하면 그리스도교의 교회나 불교의 승가(僧伽)와 같은 조직체도 중요하다. 십자가나 만자(卍字) 같은 형상물을 비롯해서 신학이나 종교철학에서 표명하는 종교적 신념까지 다 포함하는 상징체계(기호를 통한 의사소통 체계)를 종교의 범위로 여길 수도 있다. 춤을 추거나 목욕재계하는 것을 비롯한 다양한 제의 행위가 있고, 바람직한 행위를 위한 윤리적 규범과 관례도 종교의 중요한 요소이다. 그런가 하면 이 세상에서 더욱 인간적인 삶을 이루고자 하는 이상이 거기에 있고, 내세의 축복을 보장받기 위해 취하는 온갖 대책도 종교의 특징적인 모습이다. 이와 같이 종교의 형태를 일일이 예로 들자면 끝이 없을 것이다.

더욱이, 겉으로 드러나는 공식적인 종교행위는 그 행위에 참여하는 사람들의 개인적인 정서, 주관적인 의미부여, 해석 등과 얽혀 있다고 하는 사실이 우리를 당혹케 한다. 종교는 세계 각지의 숱한 사람들에게 제각기 다른 것을 의미한다. 종교에 관심을 두고 있는 그 모든 사람들이 다 이해하고 받아들일 수 있는 어떤 개념과 공식 안에 그 많은 의미를 모두 담아내는 것이 과연 가능하겠는가?

지난 몇 세기 동안 심리학, 사회학, 인류학, 역사학 등 여러 분야에서 많은 학자들이 각자 다른 방법으로 종교현상을 연구하여 나름대로 인상적인 결실을 내놓은 바 있다. 세계의 여러 종교에 대해 그들이 연구하여 서술해 준 덕분에 우리는 그 여러 종교가 어떤 생각을 하고 무엇을 하는지 좀 더 많이 알게 되었다. 또한 그들은 종교연구를 위한 여러 가지 방법을 개발함으로써 위에서 언급한 어려움을 극복할 수 있는 길을 마련해 주기도 하였다. 그래서 여기에서는 우선 우리에게 특히 도움이 되는 종교연구 방법 몇 가지에 대해서 살펴보고자 한다.

종교를 연구하고자 할 때 무엇보다도 우선 중요한 것은 올바른 물음을 묻는 법을 배우는 일이다. 올바른 물음을 내걸어야만 올바른 답을 얻을 수 있기 때문이다. 다시 말해, 물음이 곧 답을 결정한다. 예를 들어 어떤 사람이 "당신은 언제부터 아내를 때리는 버릇을 버렸소?" 하고 물었다고 해보자. 이 물음은 아내를 때리는 버릇을 가졌던 사람에게만 해당되는 물음이기 때문에, 한 번도 아내를 때린 적이 없는 사람에게는 올바른 물음이 될 수 없다. 종교연구에서도 마찬가지여서, 우리는 어떻게 해야 수확을 많이 얻을 수 있는 물음을 물을 수 있고, 어떻게 해야 비생산적인 물음을 피할 수 있겠는가를 배울 필요가 있는 것이다.

미국의 철학자 산타야나(George Santayana, 1863-1952)는 역사를 알지 못하는 사람은 과거의 잘못을 되풀이할 수밖에 없다고 말하였다. 이 말은 종교학에도 그대로 적용할 수 있다. 19세기에서 20세기에 걸쳐 종교를 연구한 여러 학자는 종교에 대해 숱한 물음을 물었는데, 그 가운데 어떤 것은 더욱 유익하고 어떤 것은 그렇지 못하다는 판별도 서게 되었다. 그들이 제기한 많은 물음들은 이제 막 종교라는 복합적인 주제를 앞에 두고 연구를 시작하려는 초심자들에게도 제기될 수 있는 문제들이다. 그러므로 그 동안 종교 연구자들이 세워 온 업적들을 미리 훑어보는 것은 매우 유용한 일이 아닐 수 없다. 이미 다루어진 물음에 어떤 것들이 있으며, 어째서 어떤 물음은 다른 물음보다 더 쓸 만한 것으로 판명되었는가를 배운다면, 우리는 많은 시간을 절약할 수 있을 뿐만 아니라 더욱 생산적인 연구 과정에 들어서는 길을 터득할 수 있을 터이다.

2. 종교의 기원에 대한 물음

19세기와 20세기 초엽은 사회학과 인류학에서 커다란 발전이 이루어진 때였다. 이 분야의 선구자들 가운데에는 종교에 큰 관심을 가진 이들이 많았다. 그들이 연구하는 여러 사회 속에서 종교가 중요한 역할을 하고 있는 것을 보았기 때문이었다. 사회에서 종교가 차지하는 위치를 이해하지 못하고서는 그 사회가 어떻게 형성되었고 기능하고 있는가를 완전히 설명해 낼 수 없음을 깨달은 것이다. 그 동안에는 심리학 또한 큰 발전을 이룩하였고, 인류학이나 사회학의 경우와 마찬가지로 심리학에서도 종교에 관한 관심이 크게 대두하였다. 종교에 대한 학자 자신의 개인적인 견해가 어떻든 간에 심리학자들은 자기들이 연구하는 인간의 심성 속에 종교적인 관념과 동기가 작용하고 있다는 것을 인정할 수밖에 없었다. 사람들의 행태가 어떤 심리적인 요인에서 비롯하는가를 충분히 설명하려면 그런 종교적인 관념과 동기도 고려해야 함을 알았던 것이다.

이들 여러 분야의 선구자들이 종교에 관해 제시한 설명들은, 비록 그 뒤에 축적된 자료와 더욱 정확한 지식에 비추어 계속 검증받아야 하겠지만, 아직도 쓸 만한 것들이 많다. 그 때 이 여러 분야의 학자들은 각자 다양한 방법으로 종교를 연구했지만, 그들의 공통점을 아주 개괄적으로 뽑아낸다면 그것은 모두들 종교의 "기원"에 대한 물음에 관심을 쏟고 있었다는 점이라 하겠다. 종교의 "기원"이 무엇인가에 대해 그들이 찾아낸 해답은 물론 각자 달랐다. 그러나 이 기원에 대한 물음이 가장 중요하고도 적절한 연구 주제라는 방법론적 시각에는 의견이 일치하고 있었다.

19세기에는 자연신화학파(nature-myth school)라고 하는 것이 형성되었다. 여러 인류학자, 고전 연구가, 언어학자들이 의견을 모아 종교연구 방법론을 제시하였는데, 이 학파에 의하면 세계 여러 종교에서 가장 중요한 상징들은 자연현상을 인격화한 것이라고 한다. 다시 말해 해, 달, 별, 폭풍, 계절 등을 인격화해서 표현한 것이 주요 종교상징이라는 것이다. 이러한 방법론을 주창한 학자들은 최초의 종교상징을 낳은 가장 원초적인 자연의 세력이 무엇이겠는가 하는 문제를 가지고 씨름하였다. 어떤 학자들은 태양신화가 가장 원초적인 것이고, 원시종교의 제의와 신화는 본래 태양과 인간의 관계를 상징하는 것이라는 주장을 내놓았다. 이런 주장을 편 사람 가운데 가장 널리 알려진 이가 인구(印歐, Indo-European) 언어 연구에 선구적인 업적을 남긴 언어학자 막스 뮐러(Max Müller, 1823-1900)이다. 그는 "비교종교학"(comparative religion)의 방법론을 개진하면서 유럽과 인도의 여러 종교에서 자연신화가 어떻게 작용하고 있는지를 밝히고자 하였다.

샤먼의 각반. 가죽에 그림을 그렸다. 침쉬안족의 것으로 짐작된다. (미국자연사박물관)

한편, 인류학 분야의 가장 위대한 선구자 가운데 한 사람은 에드워드 타일러(Edward B. Tylor, 1832-1917)였다. 그는 돌이나 동물 또는 인간의 몸과 같은 물체에 붙어 있으면서도 동시에 그러한 물질 자체와는 별도로 독자적으로 존재하는 비물질적인 영(靈)에 대한 신앙이 종교의 기원이라고 주장하였다. 그는 그런 초경험적인 정령(精靈)이 존재한다고 믿는 신앙을 일컬어 애니미즘(animism)이라고 하였다. 애니미즘이라는 말은 영혼을 뜻하는 희랍어 아니마(anima)에서 따온 것이다. 나아가 타일러는 그러한 신앙이 아마도 꿈에서 비롯되었으리라고 주장하였다. 예를 들면 어떤 사람이 최근에 죽은 친구를 꿈에서 보았다고 하자. 그런 꿈을 꾼 사람은 그 친구가 육체를 떠나 일종의 영으로 계속해서 존재하고 있기 때문에 자기 꿈에 나타났다고 믿게 된다는 것이다. 그런 꿈의 경험을 통해서 인간은 영적 실재의 영역이 존재한다고 믿게 되고, 그것이 곧 종교적 신앙의 기초가 되었다는 얘기이다.

좀 다른 면이 있기는 하지만, 철학자 허버트 스펜서(Herbert Spencer, 1820-1903)도 이와 비슷한 이론을 내놓았다. 그는 종교의 기원을 조상숭배에서 찾았는데, 조상숭배는 꿈의 경험에서 비롯된 정령신앙과 관계가 있다고 보았다. 꿈을 통해서 죽은 조상도 영혼으로 존재한다고 믿게 되고, 그 조상들을 신으로 모시게 된 것이라고 보아 결국 "조상숭배가 모든 종교의 기원"이라고 주장하였다. 이 이론은 기원전 4세기의 사상가 유헤메루스(Euhemerus)의 이름을 따서 유헤메리즘(euhemerism)이라고 부르기도 한다. 유헤메루스는 신이란 원래 생전에 큰 권력과 권위를 지니고 있던 사람이 죽은 뒤에는 생전의 그 강력한 인상 때문에 신성한 지위로까지 떠받들어지게 된 것이라고 주장한 바 있다.

제임스 프레이저(James Frazer, 1854-1941)는 고전학자로서 종교에 대해 방대한 자료를 수집하여 10여 권에 달하는 『황금가지』(Golden Bough)라는 책을 썼는데, 이 책은 매우 광범한 영향을 끼쳤다. 그는 종교가 원시문화의 특징적인 요소인 주술(呪術)로부터 발전해 온 것이라고 주장하였다. 그에 의하면, 원시사회의 주술사는 우주의 운행 방식을 알고 또 그것을 인간의 목적을 위해 이용하는 방법을 알고자 하는 사람이었다. 다시 말해서 주술사는 우주의 현상을 이해하고 그 법칙을 이용하는 데 관심을 쏟는 사람이다. 그 점에서 주술사는 근대의 과학자들과 같다. 다만 주술은 현상들 사이의 피상적인 관계를 가지고 그대로 사실적인 인과관계로 착각하는 오류를 바탕으로 한다. 그 점에서는 합리적인 방법으로 현상의 인과관계를 규명하는 근대 과학과 다르다. 다시 말해서 주술사는 지식과 기술이 불충분함으로 말미암아 오류를 저지르게 된 원시사회의 과학자라고도 할 수 있다는 것이다. 프레이저는 또 주술과 종교는 역사적으로 서로 관련을 맺고 전개되었으나, 결국에는 별개의 현상이라고 주장하였다. 주술사는 주문으로 현상을 통제할 수 있다고 믿는다. 한편, 종교인은 영적인 존재를 믿으며 그 정령은 주문을 가지고 직접 통제할 수 있는 것이 아니고 기도를 통해서 달래고 간청을 함으로써만 움직일 수 있는 존재라고 생각한다. 그렇지만 종교인도 자연계가 어떻게 돌아가는가 하는 문제에 관심을 가지고 설명을 추구한다는 점에서는 주술사와 상통하는 면이 있다고 한다.

타일러와 스펜서, 그리고 프레이저의 이론들은 한결같이 원시종교가 근대 과학자들이 세상에 대해 제기하는 물음과 비슷한 물음을 제기하고 해답을 찾으려고 시도한 것이라고 보고 있다. 다만 원시사회의 종교인들은 불충분한 증거를 가지고 가설을 세우고 사색했기 때문에 잘못된 결론에 도달했다는 것이다. 그렇게 본다면 종교는 결국 잘못된 지식에서 비롯한 것이 되고 만다.

이와 같이 종교가 인간의 지적(知的)인 노력에서 비롯하였다고 보는 주지주의적(主知主義的, intellectualist)인 이론들을 반박하고 나선 것이 종교의 정서적인 측면을 강조한 학자들이다. 타일러와 프레이저는 이 정서적인 면을 무시했지만, 종교의 기원은 정서적인 영역에서 찾아야 한다고 주장한 인류학자들이 있었다. 예를 들어 마렛트(R. R. Marett, 1866-1943)는 종교는 지적인 탐구이기보다는 인간이 자기가 경험하는 실존의 여러 측면에 대해 취하는 일단의 심오한 정서적 반응이라고 주장하였다.

심리학자 빌헬름 분트(Wilhelm Wundt, 1832-1920)는 종교란 공포라든가 그 밖에 인간의 정서가 "외부의 환경에 투사된 것"이라고 보았다. 한편, 철학자 루돌프 오토(Rudolf Otto, 1869-1937)는 「거룩한 것」(*Das Heilige*)이라는 유명한 책을 썼는데, 영어로는 「성스러움의 개념」(*The Idea of the Holy*)이라는 제목으로 번역되었다. 여기서 "개념"이라는 말은 주지주의적인 의미로 쓰인 것은 아니고, 칸트(Immanuel Kant)가 사용한 대로 인식(perception)의 한 형태를 말하는 것이다. 오토는 그 성스러움의 인식이 가지는 본질적 특징을 "누미노제"(numinose)라는 말로 압축해서 지칭하고, 거기에는 "신비스러워하고, 두려워하면서도 매혹을 느껴 이끌리는" 감정이 근간을 이룬다고 주장하였다. 오토 자신은 누미노제를 하나의 정서라고 부르지 않았으나, 다른 학자들이 그의 분석을 채택하여 신비감, 공포감, 신성감 등을 나타내는 특수한 정서가 곧 종교의 기초라는 학설을 형성하였다. 한편, 윌리엄 제임스(William James, 1842-1910)같은 학자들은 종교적인 감정이라는 것이 인간의 다른 일반적인 감정과 별도로 존재하는 것은 아니라고 해서 오토의 이론을 부인하고 나섰다. 그러나 그들도 종교는 정령이나 신, 또는 그 밖에 초자연계에 대한 신앙과 결부된 깊은 정서적 경험에서 비롯되는 것이라고 주장해서 종교는 무엇보다도 우선 인간 정서의 문제라고 보았다.

이와 같이 종교의 기원을 설명하는 초기의 이론들은 대체로 두 가지로 분류할 수 있다. 그 하나는 종교의 기원을 인간의 심리가 지닌 어떤 불변의 구조에서 찾으면서 그 심리 구조가 인간의 삶과 문화에서 종교를 발생시킨 원인이라고 보는 것이다. 주지주의적인 이론에 의하면, 인간의 정신은 세상의 진상에 대해서 필연적으로 주술적인, 또는 종교적인 가설을 가지고 생각하도록 되어 있다. 그러나 점점 많은 지식이 쌓이고 더욱 정밀한 연구 방법이 마련되면 과학으로 방향을 바꾸게 되는 것이라고 한다. 인간의 정서에서 종교의 기원을 찾는 이론들도 마찬가지이다. 인간의 심리에는 어떤 특수한 정서적 반응과 욕구가 있고, 그것이 표현되어 종교행위로 나타나는 것이라고 한다.

그러나 종교의 기원 문제에 대해 이와는 다른 차원에서 접근해가는 방법이 있다. 역사적인 방법이 그것이다. 여기에서는 인류의 과거 역사에서 실제로 나타난 종교의 형태를 가지고 문제 삼는다. 18세기에 드 브로스(Charles de Brosses, 1709-1777)는 바위와 같은 무생물이나 나무, 동물과 같은 생물을 숭배하는 주물숭배(呪物崇拜, fetishism)가 종교의 가장 오래된 형태라고 주장하였다. 타일러는 위에서도 언급했듯이 애니미즘, 즉 물체에 깃들어 있으면서도 별개의 존재인 정령에 대한 숭배가 종교의 원초적인 형태라고 주장했고, 프레이저는 애니미즘 단계보다 주술의 단계가 먼저라고 주장하였다.

한편, 마렛트는 애니미즘의 단계 이전에 정령보다도 더 단순히 생물이나 무생물에 깃들어 있는 힘의 존재를 믿는 단계가 있었다고 주장하였다. 마렛트는 커드링턴(R. H. Codrington, 1830-1922)이라는 그리스도교 선교사의 저술에서 단서를 얻어 그런 이론을 내놓게 되었다.[1] 커드링턴은 멜라네시아인들이 모든 사물에 마나(mana)라는 일종의 힘이 깃들여 있고 그 힘이 온갖 현상을 일으킨다고 믿는 데 대해서 이야기해 준 바 있다. 멜라네시아뿐만 아니라 그 밖의 원시사회에서도 비슷한 개념들이 속속 발견되었다. 북미 인디언들에게도 마나와 비슷한 개념으로 수우족(Sioux)의 "와켄다"(wakenda), 이로코이족(Iroquois)의 "오렌다"(orenda), 알곤퀸족(Algonquin)의 "마니투"(manitu) 등을 볼 수 있다. 그래서 마렛트는 마나와 같은 힘에 대한 단순한 신앙이 애니미즘 단계의 정령 신앙에 선행했을 것이라고 주장하였다.

이러한 학설들을 토대로 하고 또 거기에 당시 유행하던 진화론을 결부시키면 종교 진화의 도식을 만들어 낼 수 있었다. 즉, 종교는 애니미즘으로부터(또는 그 이전의 주물숭배나 주술, 아니면 마나에 대한 신앙으로부터) 다신교(多神敎, polytheism, 정령들이 개별적인 신으로서의 형태와 능력을 갖추게 된 단계)로, 다음에는 그 많은 신들 가운데 어느 한 신이 특히 강한 힘을 지녔다고 대표신

---

1) 역주: 여기서 말하는 커드링턴의 저술이란 *The Melanesians*(1891)를 말한다.

교(代表神敎, henotheism)로,[2] 그리고 마지막으로 단 하나의 신만 이 존재하며 절대적인 힘을 소유한다고 믿는 유일신교(唯一神敎, monotheism)로 진화했다는 식의 단계적 진화론이 형성되었다.

한편, 빌헬름 쉬미트(Wilhelm Schmidt, 1868-1954)와 앤드류 랭(Andrew Lang, 1844-1912)은 유일신교의 특징인 최고신이나 지고(至高)한 존재에 대한 신앙이 역사적으로 나중에 전개된 현상이 결코 아니라고 주장하면서 이와 같은 진화론의 도식을 반박하였다. 극히 간단하고 유치한 기술만을 가지고 있는 원시사회에서도 세계의 창조주인 최고신에 대한 신앙을 발견할 수 있다는 점을 지적했던 것이다. 그리하여 쉬미트는 원시적 유일신교로부터 시작해서 다신교, 애니미즘, 그리고 주술로 이어지는 종교의 역사적 전개 도식을 내놓았다. 그런 전개 과정은 관점에 따라서 종교의 타락 과정이라고 볼 수도 있겠고 진화 과정이라고 볼 수도 있을 것이다.

쉬미트의 견해는 당시에는 별로 인정을 받지 못하였다. 그러나 다음 세대의 학자들은 원시문화에서 나타나는 최고신 신앙에 관한 그의 방대한 자료가 진짜라는 것을 검증하게 되었다. 결국 쉬미트는 순수한 애니미즘, 주술, 또는 다신교의 단계를 종교의 가장 원초적인 모습이라고 여기는 진화론적 도식이 아무 근거가 없음을 밝혀 낸 셈이다. 사실상 그런 순수한 원초적 단계가 역사적으로

---

2) 역주: "henotheism"은 흔히 "교체신교"(交替神敎)라고도 번역된다. 무당의 굿에서처럼 제차(祭次)마다 중심이 되는 신이 바뀌는 경우에 초점을 둔 번역이다. 그러나 고대 희랍 올림포스의 신들과 같이 언제나 가장 우두머리가 되는 신이 설정되어 있는 경우에는 그 번역이 잘 맞지 않는다고 보아 여기서는 "대표신교"라고 번역해 보았다.

실존했다는 증거는 발견되지 않았다. 그렇지만 쉬미트가 주장하는 원초적 유일신 단계 또한 찾아볼 수 없다. 그러한 진화론적 도식들은 모두 증명될 수도 또 반증될 수도 없는 사변적인 가설로 남아 있게 되었다. 그러나 원시문화든 현대문화든 간에 지금까지 역사에 실존한 것으로 알려진 모든 문화에는 이런 요소들, 즉 애니미즘, 주술, 다신교, 유일신교 등의 요소들이 거의 모두 함께 들어 있다. 그 가운데 어느 것이 최초의 종교인지 알아내는 방법은 아직 아무도 찾아내지 못하고 있다.

3. 사회학과 심리학의 이론들

이상에서 우리는 종교에 관한 일단의 초기 이론들에 대해서 살펴보았고, 그것을 지적인 요소를 중시하는 것과 정서적인 요소를 중시하는 것으로 나누어 보았다. 그런데 또 다른 일단의 종교 기원 이론들이 있다. 이들은 다시 사회학적 접근 방법과 심리학적 접근 방법으로 나누어진다.

에밀 뒤르켕(Emile Durkheim, 1858-1917)은 사회학을 하나의 과학적인 학문으로 확립시키는 데 선구적인 역할을 한 학자들 가운데 한 사람으로서, 사회학적인 종교 기원론을 제시한 대표적인 학자이다. 아직도 많은 영향을 끼치고 있는 「종교생활의 원초적 형태」(*The Elementary Forms of the Religious Life*)라는 책에서 그는 인류의 문화에는 종교적인 사고와 행위 체계가 아주 깊이 스며들어 있기 때문에 종교가 단순히 잘못된 지식에서 비롯되었다거나 순전히 가공의 상상만을 담고 있는 것이라고 할 수는 없다고 주장한다. 뒤르켐은 인간의 극히 현실적인 경험이 종교에 담겨 있다고 본다. 여기에서 인간의 극히 현실적인 경험이라고 하는 것은 바로 인간 자신의 사회에 대한 경험을 말한다. 인간 사회는 사람과 사람의 관계망으로 이루어져 있기 때문에 구체적인 경험의 내용이 된다. 그리고 사회는 각 구성원에게 행위 규칙을 부여하고 그 규칙은 개인의 사회생활 형태를 결정짓는다. 그러므로 사회는 개인의 의향과는 별도의 방향으로 행동을 하도록 규제하는 막강한 힘으로 경험된다. 그러나 인간은 원래 사회적인 동물이기 때문에, 자기의 개인생활을 공동체 전체의 생활에 통합시켜야 한다는 점을 잘 알고 있다. 뒤르켐에 의하면, 종교는 그런 사회화의 과정을 달성하는 한 방법이라고 한다. 종교상징을 사용하는 사람들은 그것이 어디까지나 초자연적인 힘의 영역과 관련된 것이라고만 생각한다. 그러나 사실상 종교상징들은 사회와 관련되어 있고, 사회가 개인에게 요구하는 것을 나타낸다는 게 뒤르켐의 시각이다. 신들의 율법이란 사실은 그 사회의 주요 규율을 신성화해 놓은 것이라는 주장이다.

뒤르켐은 거기에서 한 걸음 더 나아가 종교의 역사적 기원에 관한 이론을 전개하였다. 그는 토테미즘(totemism) 현상, 즉 특정의 자연물이나 동물을 특정 사회집단의 상징(토템)으로 삼는 원시사회의 관행에 주목하였다. 그는 종교가 사회에서 기원하였다는 점뿐만 아니라 그 본질이 무엇보다도 사회적인 것에 있음을 분명하게 보여 주는 사례가 바로 토테미즘이라고 생각하였다. 토템은 사회 집단을 표상하는 동시에, 인간을 지배하는 신이라든가 정령에 대한 신앙도 그 토템 신앙에서 비롯하였다는 것이다.

한편, 지그문트 프로이트(Sigmund Freud, 1856-1939)는 심리학적 종교 이론을 대표하는 학자이며, 그의 이론은 지금도 광범위한 영향력을 행사하고 있다. 그에 의하면, 어린아이가 양친 부모, 특히 아버지와의 관계를 원만하게 하려고 모색하는 데에서 종교의 기원을 발견할 수 있다고 한다. 어린아이는 처음에 아버지를 절대적인 힘을 가진 존재로 여긴다. 그러나 커 가면서 아버지도 결국 다른 사람과 마찬가지로 한정된 힘과 애정밖에 지니지 않고 있음을 깨닫게 되면, 어렸을 때 아버지에게서 느꼈던 심리적 안정감이나 든든함을 박탈당하게 된다. 그래서 그는 아버지의 이미지를 우주에 투사하여 우주의 아버지, 또는 신을 만들어 냄으로써 그러한 안정감이나 보호 감정을 계속 누리려 한다는 것이다.

프로이트는 또 이러한 이론을 역사적인 사실의 차원으로까지 이끌어 간다. 원시인들은 원래 가부장적인 사회를 이루고 있었으며 그 사회에서는 가부장이 모든 여자들을 소유하고 있었는데, 어떤 시기에 아들들이 반란을 일으켜서 아버지를 살해하고 여자들을 차지하게 되었다는 것이다. 그리고 그러한 살해 행위에 대한 죄책감과 절대 권력자 아버지에 대한 기억이 심리적인 요인이 되어서 아버지의 이미지를 투사하여 신을 만들어 냈으며, 제물을 바치면서 그 신의 분노를 달래는 제의를 시작했다고 설명한다.

이와 대립하는 학설로 바호펜(Johann Bachofen, 1815-1887)의

이론이 있다. 하지만 이 이론도 검증할 수 없는 사변적 가설이기는 프로이트의 이론과 마찬가지이다. 바호펜은 부권 사회에 선행하여 모권 사회가 존재하였으며, 종교의 원초 형태도 어머니의 이미지에 대한 숭배였다고 주장하였다. 그런데 남성이 여성으로부터 사회의 통제권을 빼앗음으로써 부신이 모신보다 우위를 차지하게 되었다는 것이다. 그러한 주장은 문학인들에게는 비상한 관심을 끌었으나, 여신만을 숭배하는 원시사회가 실존했는지 여부는 인류학자들도 아직 밝혀내지 못하고 있다.

  이런 다양한 학설들의 장단점을 여기에서 자세히 분석할 필요는 없겠다. 종교연구에 입문하는 학생들은 이런 주장들이 증명할 수도 반증할 수도 없는 사변적 가설에 지나지 않는다는 점을 아는 것으로 충분하다. 왜냐하면 인류 문화의 어느 특정 단계에서 주물숭배나 애니미즘, 마나 신앙, 토테미즘, 또는 최고신 신앙 가운데 어느 하나만이 실제로 순수하게 존재하였다는 것을 현재로서는 증명할 길이 없기 때문이다. 프로이트가 주장하는 가부장 살해가 과연 정말로 원초적 사건인가 여부는 역사의 자료를 가지고서는 결코 증명될 수 없는 성질의 문제이다. 우리의 손에 있는 역사적 실존사회의 자료에서는, 원시문화의 자료든 현대사회의 자료든, 위의 여러 종교형태 전부 또는 일부가 역동적으로 상호작용하면서 얽혀있는 모습을 볼 수 있을 뿐이다. 그러므로 그것들 가운데 어느 것이 최초인지 또는 다른 것들의 기원이 되었는지 여부를 가려내기는 불가능한 일이다.

  인간을 구성하는 여러 요소 가운데 어느 하나를 뽑아내서 그것이 인간의 종교적 행위를 낳는 근원임을 입증할 방법 또한 마찬가지로 아직까지 발견되지 않고 있다. 현존하는 어떤 종교형태를 살펴보더라도 우리는 그 안에 사고와 감성, 신념과 정서, 심리적 요소와 사회적 요소가 다 들어 있음을 알 수 있으며, 또한 그런 요소들이 서로 밀접하게 연관되어 있음을 볼 수 있다. 종교의 기원에 대한 물음을 제기하고 그 해답을 추구하는 것은 종교라는 이처럼 매우 복잡한 현상을 두고 너무 단순화시키고 왜곡하는 방식으로 접근하게 만든다. 물론 이들 이론 하나하나에서 특정 종교형태가 어떻게 움직여 나가는가에 대해 저마다 얼마간의 뛰어난 통찰을 얻을 수 있다. 그러나 그 이론들은 모두 단편적일 뿐이어서, 그 가운데 어느 하나만 가지고는 종교행위의 모든 측면의 근거가 되는 원리를 제시하지 못하는 것 같다.

그런 이유로 해서, 20세기로 넘어와 다음 세대의 학자들은 대부분 종교의 기원에 관한 물음은 덮어두게 되었다. 그렇다고 해서 종교의 기원을 둘러싸고 제기된 물음들이 전혀 흥미롭지 않다거나 쓸모없다는 뜻은 아니다. 오히려 앞에서 언급한 여러 학자의 자료 가운데 많은 것이 여전히 유용했다. 하지만 그 자료에 접근해 가는 방법은 바뀌었다. 기원을 찾기보다는 종교를 적절하게 서술하려는 쪽으로 노력을 기울이게 된 것이다. 따라서 제기하는 물음도 바뀌었다. 이제는 "종교의 기원은 무엇인가?"라는 물음 대신에 "종교는 어떻게 기능하는가?"라든가, "무엇을 가리켜서 종교적이라고 하는가?" 하는 물음, 또는 "종교는 개인이나 사회에 어떤 작용을 하는가?"라는 물음을 제기하게 되었다.

다시 말하자면, 종교를 좀더 경험적으로 살펴보려는 연구 방법을 채용하게 된 것이다. 사실, 종교가 어떻게 시작되었는가 하는 종교의 기원에 관한 문제는 다분히 사변적이고, 과학적인 방법으로 그 해답을 찾기는 어렵다. 그러나 종교가 인간의 경험과 행위에서 매우 구체적인 요소로서 존재한다는 사실만은 변함이 없다. 그리하여 종교를 하나의 이미 "주어진 것"으로 받아들이고, 가능한 한 최선의 분석방법과 정확한 서술방법을 동원하여 종교를 연구하면 더 큰 성과를 가져오지 않겠느냐고 생각하게 되었다.

4. 종교를 서술하는 문제

20세기에 들어와서는 여러 분야의 종교연구자들이 대부분 종교의 기원을 찾는 태도로부터 종교를 정확히 서술하고자 하는 태도로 방향을 바꾸었다. 종교의 궁극적인 원인을 찾으려 하는 대신에 현재 나타나고 있는 종교의 모습은 어떠한가 하는 데로 눈을 돌린 것이다.

그러나 이 새로운 물음에도 방법론적인 난제가 들어 있다. 무엇을 연구한다는 말인가, 연구의 대상이 무엇인가 하는 문제이다. 종교현상, 종교적 사실을 연구하는 게 아니냐고 대답할 수 있을 것이다. 그러나 그 다음에는 어느 종교적 사실을 연구하는 데 어떤 방법이 적절한지 결정하지 않으면 안 된다. 요즘 학자들은 이 문제에 대해 대체로 두 가지 태도를 취한다. 물론 그 두 가지 태도는 서로 연관성이 있다. 첫째로, 종교란 구체적으로 관찰할 수 있고 서술할 수 있는 인간의 현상이라는 점을 내세운다. 종교를 연구한다는 것은 인간의 행위를 연구하는 일이다. 인간은 사회생활이나 개인생활을 영위하는 가운데 우리가 흔히 종교적이라고 부르는 특정 방식의 행위와 현상을 만들어낸다. 그러므로 종교를 연구한다는 것은 구체적이며 관찰가능한 대상을 다루는 것이다. 바꾸어 말하자면, 종교연구는 종교적이라고 부르는 특별한 종류의 인간행위를 대상으로 한다. 이 점이, 즉 종교가 이와 같이 객관적으로 관찰 가능한 내용을 가지고 있다는 점이 전제되어야만 종교를 과학적으로 연구하는 것이 가능하다. 종교는 인간생활을 초월하는 초경험적인 존재에 관한 것일 수도 있고 아닐 수도 있다. 그러나 종교 그 자체는 초경험적인 실재일 수 없다. 종교는 인간의 현상이다. 즉, 종교는 인간이 행하는 것이며 관찰될 수도 있고 면밀하게 서술될 수도 있다.

둘째로, 종교행위는 인간의 행위이므로 무기물의 영역에서는 찾아볼 수 없는 특성을 지니고 있다는 점에 주목한다. 그 특징적인 것이 바로 상징체계와 의미의 요소이다. 인간의 행위는 그 행위의 주체나 행위에 반응하는 사람, 양쪽 모두에게 어떤 의미를 지닌다. 그러므로 겉으로 드러나는 모양을 상세히 기록하는 것만으로는 인간행위를 충분히 서술하였다고 할 수 없다. 그 행위가 행위자에게 어떤 의미를 지니는가도 서술해야 하는 것이다.

예를 들어서 자기 얼굴 앞에다가 손을 쭉 펴고 있는 사람을 관찰한다고 하자. 신체의 동작을 기록하는 것만으로는 충분한 서술이라고 할 수 없다. 충분한 설명이 되려면 그 행위의 의미에 대해서도 언급해야 한다. 햇빛으로부터 얼굴을 가리는 동작일 수도 있고 검불이나 곤충 따위를 막는 동작일 수도 있다. 아니면 그 사회의 관습에 따라서 친구에게 인사를 하고 있는 동작일 수도 있다. 그러므로 문제가 되는 행위를 완벽하게 서술하기 위해서는 반드시 그 행위의 의미를 고려해야 하는 것이다.

현대의 종교학자들은 이런 문제에 대한 인식을 점점 더 깊이 해왔다. 그리고 종교를 적절히 서술하는 문제에 대한 관심은 주로 두 가지 형태의 물음을 통해서 추구되었다. 그 하나는 종교의 기능에 대한 물음인데, 이는 주로 심리학자와 사회학자들이 제기한 것이다. 즉, 어느 특정 종교행위를 바라보면서, 저 사람은 무엇을 하고 있는 것인가, 그 종교적 상징과 의례는 그 사람과 그의 사회에 대해서 어떤 작용을 하는가, 그것은 그 사람에게 어떤 문제를 해결해 주는가 등의 물음을 묻는 것이다.

둘째는 해석학적인 물음인데, 이는 주로 인간의 언어와 문화를 연구하는 이들이 제기하였다. 특정 종교상징이 무엇을 의미하는가, 이 종교행위를 어떻게 해석할 것인가, 그 상징이나 의례는 사회에서 어떤 중요성을 갖는가 등의 물음이 그들의 관심사이다.

기능에 초점을 두는 연구와 해석에 초점을 두는 연구가 서로 배타적인 관계에 있는 것은 아니다. 현대의 학자들은 대개 양쪽을 모두 포함하는 연구를 행하고자 한다. 사실상 그 둘은 같은 연구 방법의 두 면이라고도 할 수 있다. 더구나 어떤 사실을 관찰하는 데는 반드시 관찰자가 있게 마련이다. 그런데 관찰자는 특정의 관점

또는 시각에서 자료를 바라볼 수밖에 없다. 그리고 연구자가 관찰한 내용은 언제나 그가 선택한 특정 관점에 따라 달라질 수밖에 없다. 그러므로 종교의 기능에 주안점을 두는 연구든 해석의 문제를 중심으로 하는 연구든 양쪽 모두 바로 이 관점의 문제에 직면하게 된다.

여기서 우리는 특히 남의 문화를 관찰할 때 개입되는 이른바 문화적 관점의 문제라는 당혹스러운 난관에 봉착하게 된다. 관찰자가 어떤 종교현상을 다룰 때, 그 특정의 의례를 행하거나 그 종교상징을 수용하고 있는 사람들의 문화적 관점과는 다른 입장에서 그것을 관찰하는 경우가 있다. 사실 몇몇 학자들은, 종교현상에 참여하는 사람들이 자기의 그 행위에 부여하는 의미를 국외자로서의 관찰자가 그대로 정확히 파악하여 서술하는 것이 과연 가능하겠는가 하는 회의를 표명하였다. 이것은 근래에 철학자들도 심각하게 논의해 온 문제이다. 그러나 한 가지만은 분명히 해 둘 필요가 있다. 즉, 관찰자가 다른 사람의 주관적인 경험을 어떻게 이해할 것인가 하는 당혹스러운 문제와 우리 종교학자가 실제로 직면하는 어려움은 별개의 것이라는 점이다. 종교를 연구한다는 것은 다른 사람의 주관성 자체를 직접적으로 연구하는 것이 아니다. 그보다는, 객관적으로 관찰할 수 있는 행위와 상징에 대한 연구이다. 이들 행위와 상징이 전달하는 의미를 해석하는 것, 즉 일종의 해석학적인 작업이 종교학자가 하는 일이다. 그것은 결코 쉬운 일은 아니다. 그러나 다른 사람의 내면 심성 속으로 들어가는 것보다는 어렵지 않은 일이다. 종교를 연구하기 위해서 반드시 종교인의 정신 속으로 들어갈 필요는 없다. 종교학자는 다른 사람의 행위나 그 밖의 관찰가능한 종교적 표현에 나타나는 의미를 정확하게 해석해 내기만 하면 된다. 인간의 상징적인 행위는 그것을 적절한 맥락 속에 놓고 보면 충분히 해석해 낼 수 있다. 예를 들자면, 두 사람이 마주서서 서로 손을 맞잡고 흔들고 있는 모습을 관찰한다고 하자. 그 행위가 일어나고 있는 사회의 규범과 관습이라는 문화적 맥락 속에 그것을 놓고 보면, 얼마든지 그 의미를 해석해 낼 수 있다.

관점에 얽힌 문제의 소재가 어디인지를 분명하게 하기 위해서 예를 하나 들어보자. 어떤 두 사람이 종교에 관해서 이야기를 나누고 있다. 한 사람이 묻는다. "당신은 유아세례를 믿습니까?" 다른 사람이 대답한다. "믿느냐고요? 실제로 본 적도 있는 걸요." 이 대화에서는 두 사람의 관점이 묘하게 엇갈리고 있어서 웃음을 자아낸다. 대답한 사람은 상대방의 질문이 유아세례라는 것이 실제로 있다고 믿느냐 아니냐를 묻는 것으로 이해하였다. 그리고 유아세례라는 물리적인 현상을 본 적이 있다는 자기의 경험에 입각해서 대답하였다. 그런데 그가 보았다는 것은 무엇인가? 어떤 사람이 여러 사람 앞에서 갓난아이에게 물을 뿌리는 장면을 본 것이다. 그러나 질문을 한 사람은 전혀 다른 관점에서 물어 본 것이다. 그는 그러한 물리적 행위에 대해서는 상대방이 이미 알고 있으리라고 전제하였다. 그가 알고 싶었던 것은, 자기 친구도 특정한 종교적 의미의 관점에서 그 사실을 보았는가 하는 점이었다. 즉, 그런 행위를 통해서 유아가 특정 공동체(교회)에 속하게 된다고 믿느냐, 그리고 교회의 구성원들이 믿듯이 너도 그것이 신이 시킨 일이라고 믿느냐고 물어 본 것이다. 관찰자도 피관찰자의 주장을 그대로 받아들여서 믿을 필요는 없다. 그럼에도 불구하고 관찰자는 피관찰자의 관점을 충분히 알고 있어야 하며, 그 관점을 고려해서 피관찰자의 행위가 갖는 의미를 설명해내야 한다.

5. 여러 가지 방법론적 관점

현대의 종교연구자들이 종교행위를 서술하고 의미를 해석하는 데 주안점을 두고 있다는 점을 이제까지 간략하게 소개하였다. 그런데 여기서 말한 종교행위라든가 의미라고 하는 개념은 그 범주가 너무나도 넓다. 종교를 연구하려면 특정한 물음을 제기하고 또 그에 대한 해답을 찾을 수 있는 더욱 구체적인 방법론을 채택하는 요령을 배워야 한다. 현대의 종교연구자들이 이룩한 방대한 업적에 바탕이 된 기본적인 방법론적 관점들은 대체로 다섯 가지로 나누어진다.

첫째로, 심리학적인 관점이 있다. 개인은 여러 가지 인간적인 문제들을 가지고 있다. 가령 성욕을 충족시킨다든가, 친분관계를 유지하고, 남에게 인정을 받고, 권위와 권력을 누리고, 자기의 삶이 중요하고 가치 있다고 인식하고자 하는 등의 온갖 "욕구"(또는 충동)를 어떻게 처리하느냐 하는 문제가 거기에 포함된다. 심리학자들은 개인이 이들 문제를 해결하는 데 종교 상징과 행위가 어떻게 도움이나 장애가 되는지를 연구해 왔다.

현대 심리학계에는 많은 학파들이 있으며, 어떤 심리학적 전제를 내세우느냐에 따라서 종교를 연구하는 방법이 각자 다르다. 프로이트는 종교란 원래 유아기의 의존감정을 해결하려는 일종의 신경증이라고 설명하였다. 이 점에 대해서는 프로이트와 의견을 달리하는 학자들이 많이 있다. 하지만 한 개인이 아버지나 어머니, 또는 그 밖의 권위 있는 인물들과의 관계에서 발생하는 문제들을 해결해 나가는 데 종교가 어떤 작용을 하는가에 대해서 프로이트가 귀중한 자료를 많이 제공해 주었다는 점까지도 인정하지 않는 이들은 거의 없다.

칼 융(Carl G. Jung, 1875-1951)은 프로이트의 종교관에 반대하면서, 인간은 자신의 삶에서 "의미"를 찾으려는 욕구를 갖고 있으며 그 의미는 종종 종교적인 형태를 띤다고 주장하였다. 그는 꿈에서 나타나는 원형적인 상징들을 연구하고, 거기에는 세계의 여러 종교에서 나타나는 상징들과 비슷한 것이 많다는 사실을 발견하였다. 융은 이 상징들이 개인의 인격을 일관성 있게 통합시키는 데 도움이 된다고 주장하였다. 그 밖에도 많은 심리학자들이 각자의 관점을 통해서 인간이 삶의 의미를 찾는 데에 종교가 기여하는 역할을 연구하였다. 에릭 에릭슨(Erik Erikson, 1902-1994)이 그 한 예인데, 그는 인격의 일체성을 이루려는 인간의 노력이 종교적인 방법으로 경주되는 양상을 밝혀내어서 매우 인상적인 연구 업적을 남겼다.

둘째로, 사회학적인 관점이 있다. 사회학자들은 개인의 인격을 연구의 기본단위로 삼는 것이 아니라, 사람들을 사회집단에 결속시키는 인간관계의 조직망을 기본단위로 삼는다. 그들은 종교가 그 사회에 관련된 여러 문제를 해결하는 데 어떤 역할을 하는가에 대하여 연구하였다. 우선, 특정 종교가 한 세대에서 다음 세대로 이어지면서 나름의 사회적 조직을 유지하는 양상이 연구의 주제가 될 수 있다. 그 다음으로, 그 종교가 부족이나 국가와 같이 더욱 큰 사회단위의 구조 안에서 그 사회의 구조를 유지하는 데 도움이 되거나 아니면 방해가 되는 역할을 하는 것도 연구주제가 된다. 마지막으로, 개인이 자기의 생활을 그가 속한 사회의 전체적인 생활에 통합시키는 데 종교가 도움이 되거나 아니면 방해가 되는 역할을 하는 것이 또한 하나의 연구주제가 된다.

  종교가 인간사회에서, 특히 원시사회(또는 무문자사회)에서 어떻게 작동하는가 하는 문제를 연구하는 데에는 사회인류학자들의 업적이 큰 기여를 하였다. 사회인류학자들이 시행해 온 연구의 추이를 보면, 종교의 기원에 관한 물음으로부터 종교를 서술하는 문제로 연구의 방향이 전환되는 모습이 매우 명확하게 드러난다. 타일러나 프레이저와 같이 종교의 기원 문제에 매달린 초기의 학자들은 주로 선교사나 여행자, 그리고 식민지 관리들의 보고서를 자료로 삼았다. 자기 자신이 연구대상이 되는 지역을 직접 답사하여 관찰하지는 않았다. 그런데 그 뒤의 인류학은 현지답사 내지 직접 관찰을 강조함으로써 명실공히 과학적인 학문으로 발전하게 되었다. 직접 관찰과 객관적 서술의 방법을 개발한 선구자 가운데 한 사람이 브로니슬로 말리노브스키(Bronislaw Malinowski, 1884-1942)이다. 그는 트로브리안드 섬 주민들과 함께 살면서 그들의 종교행위를 관찰하고 연구했는데, 그 성과는 아직도 대단히 중요한 가치를 가지고 있다. 한편, 래드클리프-브라운(A. R. Radcliff-Brown, 1881-1955)도 새로운 방법론으로 큰 공헌을 하였다. 그는 구조적인 연구 방법(나중에 소개할 클로드 레비-스트로스의 구조주의와는 다르다)을 개진하면서, 사회를 단순히 우연하게 모인 사람들의 집합으로만 보아서는 안 된다고 주장하였다. 그에 의하면 사회는 나름의 사회구조를 바탕으로 하고 있는데, 여기서 사회구조라 함은 일련의 명백한 사회관계를 통해서 사람들의 행동이 통합된 전체로 연결되는 방식을 말한다.[3] 어떤 사회를 연구하려면 그 안에서 상호작용을 하고 있는 여러 구성요소들과, 또한 그것들이 모여서 이루는 전체를 다 살펴야 한다. 즉, 가족관계라든가 법률형태, 정치구조, 종교활동, 예술표현, 습속이나 관습 등의 요소들이 사회생활 전체를 제대로 기능 하게하기 위해 어떻게 기여하는가를 연구하는 것이다. 그래서 래드클리프-브라운은 다음과 같이 말한다.

> 문화의 기능은 개개인을 다소 안정된 사회구조 안에다가 통합시키는 데 있다. 즉, 그 개인들 사이의 관계를 결정하고 규제하며, 밖으로는 물리적 환경에 적응하고 안으로는 사회를 구성하는 개개인이나 집단들이 서로 적응하며 살도록 해서 안정된 집단 체제 안에 결속시켜 주는 것이다. 이와 같이 되면 질서 있는 사회생활이 가능

---

[3] E. E. Evans-Pritchard, *Social Anthropology* (New York: Cohen & West, 1954), 54쪽에서 인용. 책 뒤의 참고문헌 목록을 참조할 것.

해진다.[4]

 이런 넓은 의미의 구조적 관점을 바탕으로 해서, 종교연구에도 기능주의적인 방법이 도입되었다. 기능주의 연구 방법에서는 종교의 본질이 무엇이며 그 기원은 어디에 있는가 하는 문제를 다루지 않는다. 그 대신에, 종교가 사회복합체의 한 요소로서 그 사회 안에서 어떤 기능을 하는가, 또는 종교가 어떻게 사회의 결속에 기여하는가 하는 문제를 다룬다. 이런 방법에 따르면, 종교의 역기능 문제, 즉 종교가 때때로 사회의 분열과 갈등을 조장하기도 하는데 그런 일은 어떻게 해서 일어나는가 하는 문제도 다룰 수 있다.
 래드클리프-브라운 이외에도 여러 인류학자와 사회학자들이 영향력 있는 이론들을 내놓았다. 사회학을 발전시키는 데 선구적 역할을 한 에밀 뒤르켕과 막스 베버(Max Weber, 1864-1920) 같은 학자들도 종교가 사회에서 어떤 작용을 하는가를 연구하여 큰 업적을 남겼다. 탈콧트 파슨즈(Talcott Parsons, 1902-1979)는 인간의 행위 체계 일반을 도식화한 이론을 전개하였다. 그의 도식에 의하면, 인간은 네 가지 하위 체계 안에서 행동한다. 그 첫째는 문화 체계로서, 의미와 의도, 규범의 체계, 그리고 인간의 행동 양식이 여기에 속한다. 둘째는 사회 체계로서, 사회 집단들 사이의 상호 작용과 질서의 양태를 말한다. 셋째로 인성(人性) 체계가 있는데, 여기에서는 사회 구성원 각자의 행동 목표가 문제된다. 네 번

---

4) 같은 글, 55쪽.

째는 유기적 체계인데, 이것은 생물적인 욕구에 관한 것이다. 나아가 파슨즈는 인간의 행위가 일어나는 "환경"을 두 가지로 구분한다. 그 하나는 물리적 자연의 영역이고, 또 하나는 "궁극적 실재"의 영역이다. 그러나 궁극적인 실재의 영역이 반드시 실존한다고 주장하려는 것이 파슨즈의 의도는 아니다. 그보다는, 사회 속의 인간은 대개 자기의 구체적인 행위 양태가 궁극적인 원리에 비추어서 타당한 것이 되도록 노력하며, 그 궁극적인 원리라는 것은 흔히 종교적인 형태로 나타난다는 점을 지적하려고 한 것이다.

파슨즈에 의하면, "문화 체계는 궁극적인 실재에 맞추려는 노력을 구조화시켜서 환경에 대하여 의미 있는 태도를 갖도록 하며, 이를 통하여 유기적 체계는 그 자체와 또 나머지 다른 체계들을 물리적 환경에 적응시켜 나아간다"고 한다.[5] 그렇다면 종교가 이와 같은 인간의 행위 체계 속에서 어떻게 작동하느냐, 또는 어떻게 기능하느냐 하는 관점에서 연구할 수 있는 것이다.

종교연구의 세 번째 방법론으로 "역사적"인 연구 방법이 있다. 심리학적 연구 방법과 사회학적 연구 방법은 어느 특정 시기에 국한해서 종교가 개인이나 사회에 대하여 어떻게 기능하는가 하는 데에 주로 관심을 쏟는다는 점에서 비역사적인 경향을 띤다고도 할 수 있다. 그러나 인간은 또한 역사적인 존재이기도 하다. 인간이 살아가는 세계는 끊임없이 바뀌며 계속 변화한다. 역사학자들은 그와 같이 여러 형태의 삶이 생성되고 소멸하는 일련의 과정을

---

5) Talcott Parsons, *Societies* (Englewood Cliffs, NJ: Prentice Hall, 1966), 9쪽.

통해서 인간의 행위를 연구한다. 역사학자들은 종교의 궁극적인 기원을 찾는 대신에 종교가 현재 어떤 모습으로 존재하고 있는가, 그리고 그것이 현재의 형태를 갖게 된 역사적 과정은 무엇인가에 관심을 둔다.

하나의 종교를 그처럼 복합적인 발전과 변형의 과정을 거치는 신념과 행위의 전통으로 보는 것은 아주 유용한 관점이다. 그런 역사 서술의 방법을 종교연구에 적용하면, 종교가 역사적으로 전개되어 온 발자취를 가능한 한 정확하고 철저하게 설명할 수 있을 것이다.

종교의 역사적인 전개 과정을 연구하기 위해서는, 과거 문명사의 자취를 드러내 주는 기록들을 수집하고 해석하는 훈련을 쌓아야 한다. 또한 주로 언어를 다루는 학자들, 고대문화의 문헌과 유적을 읽고 해석해 낼 수 있는 고전학자, 그리고 동양학자들의 업적에서도 도움을 받을 수 있다. 고대문화의 유물과 기록을 해독해 내는 데에는 고고학자들과 마찬가지로 언어학자와 문헌학자들도 중요한 공헌을 하고 있다.

종교사학은 매우 광범한 영역을 포괄한다. 대부분의 종교사학자들은 인도 종교사라든가 희랍이나 로마 종교사와 같은 어느 특정분야만을 전공하는 지역 종교 전문가이다. 그러나 한편으로 라파엘 페타조니(Raffaele Pettazzoni, 1883-1960)처럼 종교사학의 전 영역을 포괄하는 시각에서 연구를 전개하는 학자들도 있다. 그리고 미르체아 엘리아데(Mircea Eliade, 1907-1986)를 중심으로 하는 시카고의 "종교사학파"는 복합적인 종교현상을 다양한 모습 그

대로 충실하게 서술하는 데 초점을 둔다.

　네 번째 연구 방법으로 비교형태학적(form-comparative) 방법이라는 것이 있다. 종교형태라 함은 그 자체의 독특한 구조를 가지고 있어서 다른 것들과 비교 또는 대조되는 구체적인 종교현상을 가리킨다. 그러므로 세상이 어떻게 생겨났는가를 말하는 신화도 하나의 종교형태라 할 수 있고, 동물 희생제의와 같은 의례도 하나의 종교형태라 할 수 있다. 또한 샤만이나 사제와 같은 종교 전문인도 각각 하나의 종교형태가 될 수 있다. 비교의 방법은 우선 어느 특정 종교 전통에서 하나의 종교형태를 조사하고, 다음에 그것을 다른 전통에서 보이는 비슷한 종교형태와 비교하는 것이다. 이 방법론에 어려움이 있다면, 종교형태 사이의 유사성이 과연 어떤 경우에는 의미심장한 유사성이며 또 어떤 경우에는 다만 피상적이고 별로 의미 없는 유사성인가를 가늠하는 일이다. 단순히 표면적인 유사성만을 가지고 비교하는 것은 위험한 일이다. 전혀 다른 문화와 역사 전통을 가진 서로 다른 종교들 사이의 구체적인 차이점을 무시하게 될 우려가 있기 때문이다.

　그러나 조심해서 적용하기만 한다면 이 방법은 아주 유용한 도구가 될 수 있다. 그런 비교연구의 방법에 관심을 가진 학자들 가운데에는 에드문트 후설(Edmund Husserl, 1859-1938)이 전개한 현상학의 영향을 받은 이들이 많았다. 후설의 철학적 입장을 전면적으로 취하지는 않고 다만 본질적 형태에 따라 구체적인 종교 "현상"들을 추출해 내는 현상학적 기술만을 받아들여서 이용한 학자들도 있었다. 그러한 본질적 "형태"들이 여러 문화 속에서 어떻게 드러나는가를 비교 방법에 의해서 연구하는 것이다. 그런 방법을 써서 큰 성과를 거둔 예로 반 데어 류(Gerardus van der Leeuw, 1890-1950)의 「종교의 본질과 현현」(*Religion in Essence and Manifestation*)을 들 수 있다. 루돌프 오토도, 그 자신은 현상학자로 여기지 않았지만, 그런 방법으로 업적을 세운 학자로 분류되기도 한다. 즉, 누미노제라는 독특한 의식 형태를 추출해 내려 한 오토의 시도는 어느 특정 "현상"이 어떻게 다른 것과 본질적으로 구분되는가, 그리고 그 현상이 여러 문화에서 각자 어떤 양상으로 "드러나는가" 하는 것을 추적한 좋은 예라는 것이다.

다섯 번째로 소개할 종교연구 방법은 사실은 위에서 이미 언급한 다른 방법론에 포함된다고도 할 수 있다. 그러나 이 방법이 지니는 중요성이 매우 커서 따로 다룰 만한 가치가 있다. 그것은 해석학적, 또는 기호학적(記號學的, semiological) 방법이라고 하는 것이다. 해석학적 방법론에는 서로 다른 여러 가지 연구 방법이 포함되어 있는데, 그 여러 가지 방법들을 하나의 부류로 묶어서 소개할 수 있는 것은 종교를 상징체계, 또는 해석 가능한 의미를 담은 언어 체계로 본다는 공통점 때문이다.

예를 들어, 심리학자들은 인간이 자신이 부딪치는 이율배반적인 상황을 상징적으로 표현하는 방식에 주목하였다. 프로이트는 사람들이 꿈속에서 개인적, 사회적 적응의 문제를 복잡한 꿈의 상징으로 표현한다는 것을 발견했다. 융도 꿈은 세계의 주요 종교들에서도 나타나는 원형적 형태들(위대한 어머니나 경외로운 아버지와 같은)을 드러낸다는 이론을 개진하였다.

이와 마찬가지로 사회학자나 인류학자들도 문화를 연구하는 데 그 상징적 표현을 통해서 연구하는 것이 중요하다는 점을 강조하였다. 예를 들어 막스 베버는 사회를 하나의 "의미 체계"로 보고, "이해"(verstehen)의 방법을 통해서 그것을 해석해 내려고 하였다. 한편, 에반스-프리차드(Evans-Pritchard, 1902-1977)는 "사회인류학은 사회를 자연집단으로 연구하기보다는 하나의 도덕체계 또는 상징체계로 연구하며, 사회의 발달 과정보다는 기능 구조에 관심을 두어야 한다"고 주장하였다.[6]

한편, 언스트 카시러(Ernst Cassirer, 1874-1945)나 수잔 랭거(Susanne Langer, 1895-1985) 같은 철학자들은 인간의 문화란 상징적인 형태들의 표현 매체라고 보고, 그것을 해석해 내는 것이 학자들의 과제라고 주장하였다. 그 중에서도 카시러는 개개의 상징 형태보다는 일반적인 상징의 구조에 관심을 두었다. 즉, 어느 특정 신화보다는 그 신화의 근거가 되는 신화적 사고 형태를 찾으려고 했던 것이다.

근래에 와서 상징체계에 대한 연구는 고도로 전문화되는 양상을 띠게 되었다. 프랑스의 인류학자 클로드 레비-스트로스(Claude Lévi-Strauss, 1908-2009)는 이른바 구조주의 방법이라는 것을 내놓았는데, 그의 구조주의는 위에서 소개한 래드클리프-브라운의 방법과는 전혀 다른 것이다. 레비-스트로스의 이론은 인간 문화 전반에 걸쳐 적용될 수 있지만, 특히 종교연구에는 각별한 중요

---

6) Evans-Pritchard, 위의 글, 62쪽.

성을 갖는다. 그에 의하면, 신화와 의례는 결코 맹목적인 감상이나 우연한 상상의 산물이 아니다. 오히려 그 반대로 신화와 의례는 각 요소들이 긴밀한 관계를 맺으며 논리적인 질서로 배열되어 있는 패턴과 구조를 갖고 있다고 주장하였다. 그의 이론에 대해서는 뒤에 4장에서 자세히 소개하기로 한다.

  심리학적, 사회학적, 역사학적, 비교형태학적, 그리고 해석학적 방법이라는 이상의 다섯 가지 방법론은 종교를 연구하는 데 실로 유용한 지침이 될 수 있을 것이다. 앞으로 서술될 각 장에서는 부족사회의 종교에서 뽑아 온 예들을 몇 가지 검토할 텐데, 이런 여러 가지 연구 방법들을 적절히 조합하고 서로 연관시켜 적용해 보면 전형적인 종교행위들을 이해하는 데 도움이 될 것이다.

II 종교란 무엇인가

　그리스도교 신학자 아우구스티누스(Augustinus, 354-430)는 시간의 본질에 관해서 다음과 같이 말하였다 "시간이 무엇이냐고 묻지 않는 한, 나는 시간이 무엇인지 알고 있다. 그러나 시간이 무엇이냐고 묻는 순간, 모르게 된다." 종교란 무엇인가라는 질문에 대해서도 우리는 그와 똑같은 상황에 처해 있다.

　1장에서 우리는 학자들이 종교의 기원에 관한 물음에서 종교를 서술하는 문제로 관심을 바꾸어 온 데 대해서 살펴보았다. 그러나 종교를 서술하기 위해 꼭 종교의 기원을 물을 필요는 없다고 해서 종교가 무엇인가 하는 최소한의 정의까지도 내릴 필요가 없을까? 연구를 시작하려면 도대체 무엇이 연구의 대상이 되는지를 알아야 하지 않을까?

　막스 베버는 이에 대해 부정적인 견해를 피력하였다. "종교를 정의하는 것, 즉 종교란 무엇인가를 규정짓는 것은 연구의 첫머리에서는 불가능한 일이다. ...... 다만 연구의 마무리에서나 비로소 시도해 볼 수 있을 뿐이다."[1] 그런 주장에도 일리가 있다. 종교에 대해서 상세히, 그리고 깊이 있게 검토해 보기 전에는 포괄적이고 결정적인 정의를 내릴 수 없겠기 때문이다. 불충분한 증거를 근거로 해서 미숙한 정의를 내린다면 자칫 종교현상의 중요한 특징을 빠뜨릴 수 있다. 그런 과오는 연구가 진행되면서 점점 확대되기 마련이며, 끝내는 잘못된 결론에 이르게 한다. 그러나 연구를 시작하기 위해서는 연구 대상이 무엇인지 어느 정도는 알아야 한다는 것도 부인할 수 없는 사실이다. 종교에 대한 연구를 끝낸 뒤에야 종교가 무엇인지 알 수 있다는 것도 옳은 말이고, 또한 종교가 무엇인지 알지 못하고서는 연구를 시작할 수 없는 것 아니냐는 말도 옳다.

그러나 이런 딜레마에 빠져 버린다면 아마도 유연성이 부족한 태도 때문일 터이다. 실제 상황에서는 연구 대상에 대해서 아무 것도 모르는 채 연구를 시작해야 하는 것도, 다 알아야 비로소 연구를 시작하는 것도 아니다. 연구 대상에 대해서 상식적인 정도의 지식을 가지고 연구에 착수하여, 개념화, 조사, 그리고 검증이라는 과학적인 방법을 통해 지식을 넓혀 가는 식으로 진행해야 할 것이다. 물리학자들이 "물질" 또는 "물리적 실재"에 대해 정확한 정의 없이도 여러 가지 중요한 발견을 해낼 수 있었다는 사실이 이와 관

---

1) Roland Robertson, *The Sociological Interpretation of Religion* (Oxford: Blackwell, 1970), 34쪽에서 인용.

련해서 많은 것을 시사해 준다. 생물학자가 생물 유기체를 연구하면서도 "생명"에 대해 정확한 정의를 내려 달라는 요청을 받으면 당혹해 한다. 생물의 특징과 무생물의 특징을 다 갖추고 있어서 생물이라 하기도 곤란하고 무생물이라 하기도 곤란한 그런 물체도 있는 것이다. 사실 그것은 일종의 어의(語義) 문제이다. 물리학자나 생물학자는 그런 어의의 문제를 해결하지 않고도 충분히 연구를 수행할 수 있는 것이다.

종교학자도 어느 특정 현상을 종교현상이라 할지 아니라 할지 하는 문제를 두고 당혹해 하는 경우가 종종 있다. 예를 들어 어떤 사람들은 선(禪)을 당연히 종교로 보는 반면에 또 어떤 사람들은 일종의 인생 철학으로 본다. 그리고 공산주의를 하나의 종교로 보는 사람이 있는가 하면 많은 사람은 그것을 일종의 경제적 또는 정치적 운동이라고 생각한다. 어떻게 판별할 것인가? 연구를 시작하는 입장에서는 정의의 문제와 관련해서 어느 정도 융통성을 두고 가설적인 판별만으로 그치는 것이 바람직하다. 우선 현재 우리 자신이 "종교" 또는 "종교적"이라는 개념을 관습적으로 어떻게 사용하는가를 살펴보고, 나아가 여러 학자들이 그 개념을 어떻게 사용해 왔는지도 살펴볼 필요가 있다. 그렇게 해서 일단 연구의 영역을 결정하는 데 도움이 될 작업 가설적인 정의를 내려볼 수 있을 것이다. 그리고는 자료가 확충되고 연구가 진행되는 데 따라서 변경하고 정정해 나갈 수 있을 것이다.

이 문제와 관련해서 우리가 연구 대상으로 하는 "종교"라는 것의 어원을 간단히 고찰해 보는 것도 일말의 도움이 될 것이다. 윌

프레드 캔트웰 스미스(Wilfred Cantwell Smith, 1916-2000)가 그의 저서 「종교의 의미와 목적」(*The Meaning and End of Religion*)에서 종교라는 말의 역사를 잘 설명해 주었다. 영어의 religion은 라틴어 religio에서 비롯되었다고 한다. 고대 로마인들은 신들을 찬양하기 위해 여러 가지 의례를 행하였다. 그 의례들은 처음에는 각 가정을 단위로 하다가 점차 큰 친족 집단을 단위로 하게 되었고, 뒤에는 거국적인 행사로 치러졌다. 신에게는 "적절한 존경"(debitas honores)을 표하여야 한다는 것이 일종의 강력한 의무감으로 자리잡았다. 스미스는 다음과 같이 설명하였다.

> 무엇이 "나에게 religion이다"(religio mihi est)라는 구절이 의미심장하다. 이는 그것을 행하는 것이 자기에게 큰 의무가 된다는 뜻이다(반대로, 그것을 피하는 것이 의무가 된다는 뜻일 경우도 있다. 양쪽 뜻이 다 들어 있는 경우도 있다. "마나," "금기," 성스러움 등의 개념이 그것이다). 맹세, 가족의 재산, 의례의 준수 등이 각각 religio가 된다. 역으로, 굳게 맺은 서약을 깨뜨리는 것도 religio라 할 수 있다. 이 경우에는 신성모독 같은 금기를 가리킨다.
>
> 의례나 의식(儀式) 그 자체도 religio라고 불린다. 라틴어에서 religio라는 말이 사용된 경우를 철저하게 조사해 보면 무엇보다도 의식이라는 뜻, 즉 특정 관행을 준수하여 실행한다는 뜻으로 쓰였음을 알 수 있다. 이것은 아마도 로마인들이 성스러운 것을 인간적인 모습을 한 신의 형태로 인식하기보다는(물론 그런 면도 있기는 하지만) 일련의 규범화된 행위로 인식했다는 사실과도 연관이 있을 것이다. …… 어느 특정 신의 religio라 하는 것은 곧 그 신의 사원

에서 행하는 전통적인 제의 양식을 가리키는 것이었다.[2]

한편, 기원전 1세기에 쓰인 두 로마인의 저술에서는 religio라는 명사가 좀 다르게 사용되었다. 그 이전의 의미와 연관해서 역시 특정 인간 현상을 가리키기는 하지만, 이제는 좀 더 보편적인 의미로 사용되었던 것이다. 루크레티우스(Lucretius, ca. 99 - ca. 55 BCE)는 그의 유명한 시 「사물의 본질에 대하여」(*On the Nature of Things*)에서 "religio"에 대해 부정적인 태도를 드러내고 있다. 아가멤논(Agamemnon) 왕이 자기 딸을 제물로 바친 행위에서 볼 수 있듯이, religio는 "불경스러운 광신(狂信)"이며 비인간적인 행위라고 비난하였다. 그는 종교를 "하늘에서 무시무시한 얼굴로 인간을 노려보고 있는" 탐욕스러운 괴물에 비유하면서, 자신의 시는 그러한 종교의 해로운 속박으로부터 인간을 해방시키는 역할을 하노라고 공언하였다.

한편, 키케로(Cicero, 106-43 BCE)는 「신들의 본질에 대하여」(*On the Nature of the Gods*)라는 저술에서 종교에 대해 좀 더 긍정적인 태도를 취하고 있다. 그에 의하면, 루크레티우스가 종교라고 본 것은 사실은 미신(superstitio)이라는 것이다. 키케로는 종교는 무신론(신을 공경하지 않는 것)과 미신(신을 겁내고 노예처럼 두려워하는 것) 사이의 중간 태도를 취해야 한다고 주장하였다. 종교란 신에 대한 적절하고 건전한 존경의 태도, 즉 경건한 태도

---

[2] Wilfred Cantwell Smith, *The Meaning and End of Religion* (New York: Mentor Books, 1964), 24쪽.

(pietas)를 예배의 의식으로 표현하도록 가르치는 것이라고 한다.

서구 문화에서 "종교"라는 용어는 그처럼 구체적인 예배 행위를 가리키던 원래의 의미로부터 점차 바뀌어, 특정 사회에서 작동하고 있는 신념과 관행의 체계 전반을 가리키는 말이 되었다. 그런 새로운 의미는 그리스도교 초대교회의 교부(敎父)들이 쓴 글에서 이미 나타나고 있다. 나아가 종교개혁의 시기에 이르러서는 몇몇 개혁자들, 특히 칼뱅이 그리스도교의 신념과 관행 체계를 가리키면서 "그리스도교라는 종교"(Christian Religion)라는 말을 사용하여 "종교"라는 용어가 하나의 보통명사로 쓰이게 되었다. "그리스도교라는 종교"라는 말은 이미 다른 "종교들"도 있음을 전제하기 때문이다. 18세기 계몽주의 사상가들이 이런 용법을 더욱 일반화시켰는데, 그들이 "종교"라는 말을 사용한 의미는 대개 세 가지 유형으로 나누어 볼 수 있다.

첫째로, 추상적인 "종교 일반"이 아니라 구체적인 "여러 종교"를 가리키는 말로 사용하였다. 이런 용법은 지금도 종교를 연구하는 데 도움이 된다. 종교를 특정 신념, 상징, 의례 및 윤리적 규범으로 구성되는 구체적인 전통으로 본다면, 그것은 곧 관찰이 가능한 인간 문화의 형태로서 시야에 떠오르게 되고, 그 문화적 형태가 역사 속에서 전개되는 과정을 따라 가며 연구할 수 있게 되는 것이다. 이「종교와 문화」시리즈에서도 불교, 도교, 유교, 유대교, 그리스도교, 이슬람교 등 여러 종교 전통들을 다루고 있다.

둘째로, 종교라면 이러해야 한다는 당위적인 선언을 담은 뜻으로 사용하기도 했다. 즉, 대부분의 종교는, 또는 적어도 현존하는 종교는 모두 미신이라고 단정짓고, 이상적인 모습의 종교, 즉 일단의 바람직한 신앙과 윤리 규범을 설정하여 그것을 올바른 종교라고 규정하는 뜻을 담아 "종교"라는 말을 사용하는 것이다. 이런 태도는 우리에게 도움이 되지 않는다. 종교를 과학적으로 연구하려면 그런 태도는 피해야 한다는 점을 강조하기 위해 여기에 소개했을 뿐이다. 올바른 종교는 어떠해야 하는가 하는 규범적인 문제는 철학자나 신학자, 또는 종교 사상가들이 다룰 문제이다. 종교를 과학적으로 연구하려는 입장에서는 어떤 특정의 가치 기준에 입각해서 종교의 이상형을 규정하기보다는, 종교가 인간의 역사 속에서 실제로 어떤 모습으로 나타나는가를 이해하는 데 관심을 둔다.

셋째로, "종교"라는 말은 현존하는 모든 종류의 종교들을 포괄하는 일종의 집합명사로 사용하는 입장이 있다. 여기에도 문제가 있다. 딜레마가 생기는 것이다. 우리가 어떤 특정 현상들을 다른 것과 구분해서 "종교"라고 부를 때에는 이미 어떤 것을 두고 "종교"라고 부른다는 기준을 이미 갖고 있어야 한다. 바로 여기에서 종교를 정의하는 문제가 여전히 남아 있게 된다. 이제, 오늘날 학자들이 이 문제에 대한 해답으로서 널리 사용하고 있는 종교 정의 세 가지를 살펴보기로 한다.

1. 세 가지 종교 정의

첫째로, "종교인"은 자기가 구체적으로 경험하는 자연의 존재

질서와, 초경험적이라 할까 아니면 초자연적이라 할 수 있는 존재 질서를 서로 구별한다는 점에 입각해서 종교를 정의하는 경우가 있다. 사회학자 롤란드 로버트슨(Roland Robertson, 1938-)의 종교 정의가 이에 해당한다. 그에 의하면, 종교적 문화란 "경험적인 존재와 초경험적, 초월적 존재를 구별하면서 경험적인 것이 초경험적인 것에 종속된다고 믿는 일단의 신앙과, 또한 그러한 신앙을 표현하는 일단의 상징(그리고 그런 신앙을 바탕으로 해서 형성되는 가치)"이다. 또한 "종교행위"에 대해서는 "경험적인 것과 초경험적인 것을 구별하는 인식을 바탕으로 한 행위"라고 정의했다.[3] 아마도 요즘의 인류학자와 사회학자들은 대부분 이런 견해를 어떤 형태로든 받아들이고 있을 것이다.

이런 정의의 장점은, 종교의 범주를 명확하고 구체적으로 규정해 준다는 데 있다. 물리적이고 자연적인 것을 넘어선 영역에 관한 인간 행위와 상징을 종교라고 규정함으로써, 그것을 다른 문화행위나 상징과 확연하게 구별해 주고 있다. 더구나 그런 정의는 우리가 상식적으로 생각하는 "종교"의 의미와도 부합한다. 우리는 "종교"라는 말을 보통 신이나 성령, 또는 자연계 밖의 영역에 속하는 힘에 대한 신앙을 의미하는 것으로 사용하고 있기 때문이다. 타일러가 이미 오래 전에 종교에 대한 최소한의 정의를 "영적 존재에 대한 신앙"이라고 제시한 것은 **여러**모로 꽤 정확한 것이었다.

둘째로, 성(聖)과 속(俗)의 구분에서 종교의 존재를 찾는 정의

---

3) Robertson, 위의 글, 47쪽.

가 있다. 성·속의 구별은 대부분의 원시사회나 고대 문명에서 분명히 찾아볼 수 있다. 그런 정의의 전형적인 예로는 에밀 뒤르켕이 「종교 생활의 원초적 형태」라는 책에서 제시한 것이 있다.

> 종교현상의 진정한 특성은 세상 모든 것을(이미 알고 있는 것뿐 아니라, 아직은 잘 알지 못하더라도 앞으로 알게 될 가능성이 있는 것까지도 포함해서) 두 개의 서로 근본적으로 대립하는 영역으로 구분한다는 점에 있다. 성스러운 것이란 금기(禁忌)로써 보호되고 격리되는 것을 말하고, 속된 것은 그런 금기에 적용되어 성스러운 것들로부터 멀리 떨어져 있어야 하는 것을 말한다. 성스러운 것의 본질, 그리고 그 성스러운 것들 상호간의 관계, 또는 성스러운 것과 속된 것 사이의 관계를 표현하는 것이 바로 종교신앙이다.[4]

이런 정의는 다음과 같은 명제와 연결되기도 한다. 즉, 성과 속을 구별하는 근거는 외경과 경이의 감정을 특징으로 하는 근원적인 종교 체험에 있다는 것이다. 루돌프 오토(Rudolf Otto, 1869-1937)는 「성스러움의 개념」(*The Idea of the Holy*)이라는 저서에서 이런 근원적인 경험에 대하여 연구해 놓았다. 그 책에서 그는 성스러운 것에 대한 인간의 체험을 다루면서, 그런 체험의 특징을 세 가지로 들고 있다.

그 첫 번째는 두려워하는 감정을 의미하는 외포(畏怖,

---

[4] Emile Durkheim, *The Elementary Forms of Religious Life* (London: G. Allen, 1915), 41쪽.

tremendum)와 압도적이고 강력한 힘을 느끼는 "장대함"(majestas)의 감정이다. 두 번째 특징은 "신비스러움"(mysterium)의 감정인데, 그것은 불가사의함, 유현(幽玄)함을 느끼는 감정을 말한다. 마지막으로, 성(聖)의 체험에는 "매혹"(fascinans)을 느끼는 감정이 들어 있다. 이것은 어떤 궁극적인 가치에 이끌려서 그것을 향해 가려는 열망에 참여하는 경험이라는 것이다. 이렇게 볼 때 성스러움의 체험에 내포되어 있는 감정은 다분히 이중적임을 알 수 있다. "신비와 두려움"(mysterium tremendum)의 성격이 협박과 반발이라는 수동적이고 부정적인 분위기의 감정인 반면에, 매혹은 적극적으로 접근하려는 하는 감정인데, 이 둘이 한데 얽혀 있는 것이다. 오토는 그런 상태의 경험을 "누미노제"라고 불렀다.

종교 문헌에서는 누미노제를 나타내는 구절을 숱하게 찾아볼 수 있다. 그 가운데 세 가지만 골라 보기로 한다.

구약성서 창세기 28장 17절에 나오는 야곱의 말. "이에 두려워하여 가로되 두렵도다 이 곳이여 다른 것이 아니라 이는 하나님의 전(殿)이요 이는 하늘의 문이로다."

바가바드 기타(*Bhagavad-Gita*) 11장. "두렵고 경이로운 모습, 오, 커다란 마음의 소유자, 당신을 볼 때 삼계(三界)가 진동하도다!"

케나 우파니샤드(*Kena-Upanishad*) 4장 29절. "그것(브라만)은 다음과 같이 묘사된다. 번개가 치닫는다. 아아! 눈이 부셔 뜰 수 없다. 아아! 신이여!"

누미노제의 체험에서 나타나는 감정의 양면성은 인류학에서 이미 잘 알려진 마나(mana) 및 타부(taboo)와 연관해서 이해해 볼 수도 있다. 원시사회에서 마나는 위험스러운 힘이면서도 바람직한 것이어서, 사람들은 그것을 피하면서도 한편으로는 그것을 얻기 위해 적극적으로 노력하기도 한다. 적절한 때에 알맞은 방식에 따라 성스러운 물체와 접촉하면 그 힘이 자기에게 옮아오게 할 수 있다는 것이다. 그러나 그 힘은 역시 초인간적인 것이어서 인간을 압도하고 해를 끼칠 수도 있다. 그러므로 성스러운 물체는 타부로서, 접근하거나 만지지 말아야 하고 만져야 하는 경우라도 매우 조심스럽게 다루어야 한다.

오토 자신이 누미노제를 감정 또는 정서의 일종이라고 부르지는 않았다. 그러나 많은 인류학자들은, 굳이 오토의 주장에 입각하지는 않았더라도, 그런 종류의 정서적 특징에 주목해서 종교의 정의를 내렸다. 예를 들어 로위(R. H. Lowie)는 종교적인 태도란 곧 "경이와 외경을 특징으로 하며, 그것은 초자연적인 것, 비범한 것, 불가사의한 것, 성스러운 것, 신비한 것, 신성한 것에서 비롯된다"고 하였다. 그리고 폴 라딘(Paul Radin, 1883-1959)은 "환희, 고양(高揚), 외경의 감정, 그리고 ...... 내면의 감각에 완전히 침잠하는 것"이 종교적 감정이라고 정의하였다. 또한 앨리그잰더 골든와이저(Alexander Goldenweiser, 1880-1940)는 "종교적 흥분"이라는

말을 자주 사용하였다.[5]

한편, 성스러운 것을 인간의 행동이나 문화적 행위의 일종으로 볼 수도 있다. 클리포드 기어츠(Clifford Geertz, 1926-2006)의 말을 빌자면, "여러 가지 형태의 상징을 만들고 이해하며 사용하는 것은 결혼하는 것만큼이나 보편적이고 또 농사를 짓는 일만큼이나 잘 알려진 하나의 사회적 사건이다."[6] 이렇게 볼 때 우리는 성(聖)의 자리를 인간이 행하는 의례 행위에 두고 관찰할 수 있다. 예를 하나 들어보자. 레이몬드 퍼스(Raymond Firth, 1901-2002)는 티코피아(Tikopia)의 한 의례에서 신성한 돗자리를 짜는 의식에 대해서 보고하고 있다.

> [돗자리를 짜는] 여자들은 …… 호수 쪽이 아니라 해변 쪽을 향해서 앉아야 한다. …… 돗자리를 짜는 일이 시작되면 침묵의 금기가 발동한다. 여자들은 서로 간에 말을 걸어서는 안 되고, 남자가 여자에게 말을 걸어서도 안 된다. …… 모든 일상적인 대화가 금지된다. 아무도 돗자리 짜는 여자에게 다가가면 안 된다. 남자 아이가 …… 마랄(maral, 종교 의례에 사용되는 빈 터)을 지날 때에는 울타리 옆으로 해서 해안과 반대쪽으로 지나가야지, 여자들이 있는 쪽을 통

---

5) E. E. Evans-Pritchard, *Theories of Primitive Religion* (London: Oxford University Press, 1965), 38-39쪽에서 인용.
6) Clifford Geertz, "*Religion as a Cultural System*" (M. Banton 엮음, *Anthropological Approaches to the Study of Religion*, London: Tavistock Publications, 1966), 5쪽.

해서 가서는 안 된다.[7]

이 의례에서는 겉으로 드러나는 공식적인 행위를 통해서 성과 속의 구별이 이루어지고 있어서, 누구나 분명히 관찰할 수 있다. 특정 방향을 향해 앉는다는 적극적인 행위를 통해서, 또는 금기라는 소극적인 행위를 통해서 성과 속의 구별이 시행되고 있는 것이다. 성과 속의 개념을 사용하는 이런 종교 정의에는 몇 가지 장점이 있다. 우선, 성과 속을 구별하는 것이면 무엇이든지 종교의 범주에 넣을 수 있으므로, 여러 가지 다양한 신앙과 관행들을 포용할 수 있다. 더구나 이런 정의도 "종교"라는 용어의 상식적인 용법에 부합한다. 왜냐하면 우리가 흔히 종교적인 신앙 또는 종교적인 관행이라고 부르는 것은 신성하다는 감각을 수반하는 신앙, 또 외경감과 심원한 가치를 전달해 주는 관행을 일컫기 때문이다.

세 번째로, 인간은 궁극적인 권위와 가치를 갖는 것과 그렇지 못하고 부수적이고 이차적인 중요성만 갖는 것을 구별하는 점에 주목해서 종교의 정의를 내리는 입장이 있다. 신학자이자 철학자인 폴 틸리히(Paul Tillich, 1886-1965)는 다음과 같이 말한다.

> 종교란 궁극적인 관심에 사로잡힌 상태를 말한다. 궁극적인 관심 그 자체가 삶의 의미에 대한 해답을 담고 있으며, 그 밖의 관심들은 모두 그 궁극적인 관심을 위한 준비에 불과하다. 그러므로 궁극적

---

7) Raymond Firth, *The Work of the Gods in Tikopia* (London: Athlone Press, 1967), 389-390쪽.

인 관심은 무조건 심각하고 진지한 것이며, 어떤 유한한(궁극적이지 않은) 관심이 그것과 충돌하는 경우에는 기꺼이 그 유한한 관심을 포기하려 한다.[8]

많은 사회학자와 인류학자들이 궁극적인 관심이라는 개념을 종교 정의에 적용하는 것이 유효함을 인정했고, 그 개념을 사회 전체와 연관시켜 해석하기도 했다. 예를 들어 윌리엄 렛사(William Lessa)와 이반 보그트(Evan Vogt)는 다음과 같이 말하고 있다.

> 종교는 사회의 "궁극적 관심"을 지향하는 신앙과 관행의 체계라고 규정할 수 있겠다. 폴 틸리히가 사용한 "궁극적 관심"이라는 개념에는 의미와 힘이라는 두 가지 요소가 들어 있다. 즉, 궁극적인 관심에는 그 사회에서 중심이 되는 가치의 궁극적인 의미와, 그 가치의 배경이 되는 궁극적이고 성스러운, 또는 초자연적인 힘이 내포되어 있다.[9]

그런데 인간은 궁극적인 것과 성스러운 것을 비슷한 것으로 받아들인다는 점에서, 이 세 번째 정의는 앞의 두 번째 정의와 밀접하게 연관된다. 그리고 이 세 번째 정의도 우리가 종교에 대해서 상식적으로 가지고 있는 생각과 역시 일치한다는 이점을 지니고

---

8) Paul Tillich, *Christianity and the Encounter with the World Religions* (Chicago: University of Chicago Press, 1960), 6쪽.
9) William Lessa and Evan Vogt, eds., *A Reader in Comparative Religion* (New York: Harper & Row, 1965), 1쪽.

있다. 대부분의 사회는 인간의 행동에 관한 규범을 정하는 것만으로는 그 사회를 유지하는 장치가 완비되지 못한다는 점을 잘 알고 있다. 그 규범이 효과적이라든가 관습으로 굳어 있다는 식의 실용적인 차원의 정당화를 넘어서 그 규범과 관행에 대하여 궁극적인 정당화 내지 합법화가 이루어져야 할 필요가 있는 것이다. 그와 같은 궁극적 정당화의 기능을 하는 신앙과 상징을 우리는 "종교적인 성격의 것"이라고 인정하는 경향이 있다.

2. 세 가지 정의가 안고 있는 문제점

이상의 세 가지 정의는 매우 유용한 것들이기는 하지만 한편으로는 나름의 문제점을 지니고 있기도 하다. 예컨대 일반적으로 "종교"라고 인정되면서도 이 세 정의 가운데 어느 것에도 해당하지 않는 예외의 경우가 있기 때문이다. 가령, 통상적으로는 종교현상이라고 인정되지만 초월적이거나 초경험적인 영역을 지향하지는 않는 현상도 있다. 그 한 예가 불교이다. 불교에서는 더 높은 세계, 초경험적인 세계와 접촉하는 것보다는 현세에서 세상의 진상을 깨닫는 것, 즉 불이(不二)에 대한 자각의 경험을 추구한다. 또한 인류학자들이 보고한 원시사회의 의례 가운데에는 참가자들이 성스러운 외경의 감정을 체험하지 않는 것들도 있다. 그리고 어떤 신이나 힘에 대한 신앙이 그 사회의 행동 규범을 정당화시키는 것과는 전혀 관계가 없는 경우도 있다.

게다가 이런 종교 정의들은 각자 개념상으로 명확하지 않은 구석이 있다. 첫 번째 정의는 종교의 범위를 초자연적인 것과 관련된 것으로 분명히 한정지으면서 종교를 종교 이외의 것과 명확히 구분해 주는 장점을 지니고 있다. 성스러운 느낌이라든가 궁극적인 가치라는 정서적 개념을 실제로 구체적인 현상에 적용하기에는 좀 모호한 면이 있지만, 아무튼 분명한 판별 기준으로 사용될 수 있다는 점에서 많은 인류학자나 사회학자가 이 종교 정의를 가장 유용한 작업 가설로 선택하고 있다.

그러나 "초자연적"이라든가 "초경험적"이라는 용어에도 분명히 단점이 있다. 그런 용어는 서구 문화의 기준에 따라서 모든 종교를 재단하려는 경향을 가지고 있는 것이다. 서구 문화의 기준은 결코 보편적으로 적용될 수 있는 것이 아니다. 가령, "초자연적"이라는 용어는 물리적인 존재 및 인간관계로 이루어지는 자연계와, 여러 신들 내지 초세속적인 존재들로 이루어지는 초자연계의 영역을 엄격하게 구분하는 인식을 바탕으로 하고 있다. 그러나 그러한 인식의 배후에는 물리적인 에너지 및 엄격한 인과율에 의해서 움직이는 자연계와, 그리고 인과율에 얽매이지 않고 성스러운 힘에 의하여 움직이는 영적인 세계 사이의 구분이 전제되어 있다. 자연계의 법칙을 연구하려고 노력하는 과학적 문화인들에게는 그런 구분이 의미가 있겠지만 그렇지 않은 문화에서는 그렇게 양분법적으로 구분하는 것이 불가능할 뿐만 아니라 의미도 없다. 예컨대 린하르트는 다음과 같이 지적하고 있다.

"힘"과 인간 사이의 차이점을 서술하기 위해서 "자연"의 존재 또는 사건과 "초자연"적인 것을 구별하려는 시도는 내가 보기에는 그다지 쓸모 있는 것 같지 않다. 왜냐하면 그런 구분을 하는 배후에는 자연의 법칙이나 규칙적인 운행에 대한 개념이 전제되어 있는데, 내가 자세히 연구한 바 있는 딩카족(Dinka)의 경우에는 그런 개념을 전혀 찾아볼 수 없기 때문이다. 예를 들어, 딩카족이 번개를 보고 그것을 인간을 초월하는 어떤 힘과 연관시키는 것은 사실이다. 그러나 그렇다고 해서 그들이 자연계 밖의 어떤 초자연적인 힘을 운위하다고 이해한다면 그들의 사고 방식을 왜곡하고, 그들의 사고가 서양인의 사고와는 전혀 다르다고 과장하는 셈이 된다. 번개에 대한 딩카인의 해석과 우리의 해석에는 분명히 다른 점이 있기는 하다. 그러나 딩카인들과 마찬가지로 우리 현대 서구인들에게도 번개의 위력은 인간을 초월하는 힘으로 인식된다.[10]

"초자연적"이라는 용어는 과학(자연)과 종교(초자연)를 극단적으로 대립시키는 서양의 편협한 사고 방식에서 비롯되었으므로 모든 종교현상에 그대로 적용하기에는 곤란한 점이 많다. 어떤 이들은 "초경험적"(transempirical)이라는 말을 쓰자고 제시하는데, 여기에도 똑같은 문제가 내포되어 있다. 경험적이라 함은 곧 실증적임을 뜻한다. 서양에서는 이것이 곧 과학적 연구와 밀접히 관련되어 있다. 그러므로 "초경험적"이라는 개념에는 과학적 관찰이

---

[10] Godfrey Lienhardt, *Divinity and Experience* (Oxford: Clarendon Press, 1961), 29쪽.

가능한 경험의 세계와 과학의 시계(視界) 너머에 있는 초경험적인 종교의 세계를 구분하는 의미가 내포되어 있는 것이다. 물론, 그런 구분이 전혀 쓸모 없다는 것은 아니다. 그러나 꽤 많은 문화에서는 신도 자연계의 물체들처럼 직접 경험될 수 있는 것으로 생각되기 때문에 그런 경우에는 이런 구분이 적절하지 못하게 된다.

여러 종교에서 보이는 그런 종류의 구분을 표현하는 데 "초자연적"이라거나 "초경험적"이라는 말보다 좀 더 적절한 용어로는 "초월적"(transcendental)이라는 말을 들 수 있다. 이 용어도 초월적인 것의 실체를 전제하는 말로 사용하기보다는 하나의 기능적인 용어로 사용할 때 더욱 널리 적용될 수 있다. 종교가 인간을 초월하는 어떤 것과 인간 사이에 구분을 짓는 데 주목하는 것이다. 다만, 신과 같은 종교적 대상을 반드시 현세 밖의 어떤 영역을 점유하고 있는 실체로서 믿는다는 뜻이 아니라, 종교인은 자기의 경험 속에서 자기의 힘보다 더 큰(자기의 힘을 초월하는) 힘과 대면한다고 믿는다는 뜻의 기능적인 용어로 사용할 일이다.

성(聖)의 개념을 사용해서 종교를 정의하는 데에는 더욱 큰 문제가 내포되어 있다. 성스럽다고 하는 감정과 그 밖의 일상적인 감정들, 가령 경이의 감정이나 존경의 감정을 구분하는 것은 매우 어려운 일이다. 윌리엄 제임스를 비롯해서 여러 심리학자들은 특별히 종교적이라고 특징지을 수 있는 감정이 따로 존재하는가 하는 문제에 대해서 회의적인 태도를 취한다. 더구나 몇몇 주요 인류학자들은 이러한 성과 속의 구분이 애매모호하다고 주장하였다. 예컨대 에반스-프리차드는 다음과 같이 말하고 있다.

성과 속은 분명히 같은 차원의 경험에 속한다. 그 둘은 서로 멀리 격리되어 있는 것이 결코 아니고 불가분하게 뒤섞여 있다. 성과 속은 개인에 있어서나 사회에 있어서나 서로 대립하며 별개로 존재하는 것이 아니라 서로 침투하여 있는 것이다. 예를 들어, 질병과 같은 재앙이 어떤 잘못에서 기인한다고 믿을 때, 몸에 나타나는 증상과 환자의 도덕성, 그리고 정령의 개입 등이 따로따로 문제되는 것이 아니라 불가분하게 얽혀서 하나의 경험을 이룬다. 성과 속의 구분이 쓸모 있는가 없는가를 가리기는 쉽다. 그런 구분이 직접 관찰을 통해서 검증할 수 있는 구체적인 문제로 분석될 수 있는가, 또는 적어도 관찰된 사실들을 분류하는 데 그것이 도움이 되는가 하는 것만 따져보면 된다. 나의 경험에 의하면, 성과 속의 이분법은 위의 두 가지 작업 가운데 어느 것에도 별로 쓸모가 없다.[11]

한편, 궁극성(ultimacy)이라는 개념도 성(聖)의 개념과 마찬가지로 모호함을 지니고 있다. 어떤 행위 규범을 정당화하려는 데에서는 예외 없이 그것이 궁극적이라고 주장하는 것을 볼 수 있다. 예를 들어, 자연스럽게 사는 것을 이념으로 하는 사람이 어떤 행위 방식을 제시하면서 그런 방식으로 행위하면 육신의 건강이 좋아진다고 주장하는 것도 궁극적 관심에 입각한 것이고, 어떤 종교인이 신이 그렇게 하라고 시켰으므로 그렇게 해야 한다고 주장한다면 그것도 궁극적 관심에 입각한 것이다. 양쪽 모두 종교적이라고 할 것인가? 그와 같이 광범하게 적용할 수 있는 용어는 결국에는

---

11) Evans-Pritchard, 위의 글, 65쪽.

변별력을 잃게 되고 만다.

"궁극적 관심"이라는 개념의 의미가 모호하다는 데에도 혼란의 여지가 있다. 그것은 단순히 궁극적인 문제와 맞닥뜨리는 것을 의미하는가, 아니면 그에 대한 해답을 찾으려고 하는 상태를 말하는가? 또는 어떤 해답을 실제로 찾아낸 상태를 말하는가? 사실상 인간이 자기들의 가치와 행위 규범을 정당화시킬 필요가 있다는 것은 인간 존재의 기본 조건이다. 그런 의미에서 모든 인간과 문화는 "궁극적 관심"을 가지고 있다고 할 수 있다. 그러나 궁극적인 문제에 대한 해답은 매우 다양할 것이며, 그 가운데에서 종교적인 해답과 그렇지 않은 해답을 대략이나마 가려낼 수 있어야 할 것이다. 다시 말해서, 아마도 인간은 누구나 궁극적인 문제를 제기할 것이지만, 그 해답은 궁극적인 것, 즉 종교적인 것일 수도 있고 아닐 수도 있는 것이다.

3. 결론

이상에서 보았듯이 세 정의는 각자 나름대로 문제점을 갖고 있다. 그러나 그 세 정의 모두 종교를 연구하는 데에 유용하게 쓰일 수 있는 것들이며, 현재 영향력 있는 학자들도 그 정의들을 사용하고 있다. 이미 언급했듯이 이 정의들은 우리가 "종교"라는 말을 사용하는 근거가 될 특정 기준(초월성, 성스러움, 궁극성)을 제시하는 것으로 받아들여야 할 것이다. 그런 기준들은 서로 배타적이지 않다. 그보다는 서로 보완하는 기능을 하면서, 인간의 문화에서 매우 중요한 역할을 해왔고 독특한 성격을 지닌 종교라는 특별한 인간의 활동 영역과 관심의 영역을 나타내 준다. 이 세 가지 정의는 종교의 어떤 보편적인 본질에 대하여 규정을 내린 것이라기보다는, 우리가 인식할 수 있고 또 관심을 둘 만한 가치가 있는 종교라는 특정 종류의 인간 활동을 대략적으로 지적해 주는 "화살표"와도 같은 것이라고 생각해야 하겠다. 앞으로 우리가 이루어야 할 과제는 이 세 가지 기준 모두 또는 일부를 사용하여, 종교연구자들이 인간 행동의 여러 측면을 다루는 데 도움이 되도록 작업 가설적인 종교 정의를 만들어 내는 일이다. 그리고 그런 형식적인 기준들 이외에 필요에 따라 다른 요소들도 포함시킨다면 더욱 세련된 종교 정의를 얻을 수 있을 것이다. 예를 들어 클리포드 기어츠는 "문화 체계로서의 종교"라는 주목 받는 논문에서 인간의 상징 활동을 강조하면서 다음과 같은 종교 정의를 제시하였다.

> 종교는 (1) 상징의 체계로서, (2) 인간에게 강력하고 포괄적이며 지속적인 분위기와 동기를 제공해 준다. (3) 그러한 작용은 존재의 질서 일반에 대한 개념들을 형성시킴으로써 이루어지며, (4) 또한 이 개념들에게 진실의 후광을 입혀 줌으로써 이루어진다. (5) 그리하여 그런 분위기와 동기가 유례 없이 뚜렷하게 현실적인 것으로 느껴지도록 한다.[12]

---

12) Geertz, 위의 글, 4쪽.

한편, 역시 인류학자인 앤소니 월레이스(Anthony Wallace, 1923-2015)는 인간의 의례 행동을 강조하여, "종교란 인간과 자연의 상태를 변화시키거나 그 변화를 방지하기 위하여 초자연적인 힘을 동원하는 일단의 의례로서, 신화에 의하여 합리화되는 것"이라고 정의한다.[13]

결국 종교 정의의 문제에 대해서는 개방된 시야와 유연한 태도로 임하는 수밖에 없다. 종교를 정의하는 문제는 옳고 그름을 분명하게 가릴 수 있는 구체적인 사실에 관한 문제라기보다는 종교라는 용어를 어떻게 사용할 것인가 선택하는 문제이며, 그 선택은 사용자의 목적과 관심에 따라서 달라진다. 셰익스피어가 다음과 같이 말한 것이 있다. "이름이 뭐란 말인가? / 우리가 장미라고 부르는 그것은 / 다른 이름으로 부르더라도 여전히 향기로울 텐데." 그리고 루이스 캐롤(Lewis Carroll, 본명 Charlies Lutwidge Dodgson, 1832-1898)의 「거울나라의 앨리스」(*Through the Looking Glass*)에는 험프티 덤프티(Humpty Dumpty)가 다음과 같이 말하는 대목이 있다. "내가 어떤 말을 사용할 때, 그 말은 바로 내가 그 말로 의미하고자 하는 것을 의미할 뿐이다. 그 이상도 이하도 아니다." 그리고, 같은 말을 가지고 여러 가지를 의미하게 만들 수 있느냐는 물음에 대해서는 이렇게 대답한다. "문제는 어느 것이 주가 되느냐에 있다. 그것뿐이다."

---

13) Anthony Wallace, *Religion: An Anthropological View* (New York: Random House, 1966), 107쪽.

종교연구를 시작하려는 이는 자기가 종교라는 용어를 사용할 때 그 용도의 기준은 어떤 것인가 살펴보고, 그것을 선배 학자들이 제시하는 정의들과 비교해 보아야 한다. 그 다음에 자기의 연구에 가장 유용하다고 생각되는 작업 가설로서 특정 종교정의를 선택할 수 있다. 그러나 그렇게 선택한 정의도 어디까지나 하나의 가설로 취급해야 함을 다시 한 번 강조해야 하겠다. 즉, 지식이 늘어남에 따라 항상 새로이 평가하고 수정할 수 있는 가설로서의 정의로 여겨야 하는 것이다.

Ⅲ 의례와 신화
행위와 의미로서의 종교

　1장에서 살펴본 바에 의하면, 종교를 연구하는 가장 좋은 방법은 행위와 의미에 초점을 두는 연구 방법, 즉 사람들이 무엇을 행하며 또 자기들이 행동한 것을 어떻게 상징화시키는가에 초점을 두고 종교를 조명하는 방법이었다. 이 장에서는 그런 연구를 실제로 어떻게 수행할 수 있는가에 대해 몇 가지 구체적인 예를 들면서 설명하도록 하겠다. 그 다음에는 그런 방법론에서 비롯되는 몇몇 문제점을 자세히 검토해 볼 것이다. 여기에서는 어느 특정 학파나 학자의 입장에 치우치지 않고 여러 가지 연구방법이 어떻게 서로 보완하면서 종교 행위의 이해에 기여할 수 있는가를 드러내는 데 중점을 두었다.
　우선, 원시사회에서 행하는 종교행위의 예를 하나 들면서 시작하기로 하자.

1. 티코피아의 "뜨거운 음식"의 의례

티코피아(Tikopia)는 영국 보호령에 속해 있는 솔로몬 군도 가운데 하나인 작은 섬이다. 이 섬에서는 "신들의 역사(役事)"라는 일련의 의례가 환절기마다 정기적으로 거행되었다. 그 행사는 1956년에 대추장이 그리스도교로 개종할 때까지 매년 계속되었다. 의례를 거행하는 시기는 주로 계절의 변화에 따라 결정되었다. 4월경부터 남동풍 또는 동남동풍이 시작되어 그 후 약 6개월 동안 계속되는데, 그 바람이 시작되는 때에 의례의 전반부가 치러진다. 의례의 후반부는 그 무역풍이 그치고 약하고 범위가 넓은 평범한 바람으로 바뀌는 10월경에 치러진다.

의례는 전체적으로 대단히 정교한 과정으로 되어 있으며, 모두 끝나는 데에는 여러 주가 걸린다. 우선 계절의 변화를 상징하는 불의 의례가 있고, 카누를 성화(聖化)하고 신전을 정화(淨化)하며 얌(고구마의 일종)을 심고 수확하는 일련의 의례가 있다. 그리고 신성한 춤의 제전, 없어진 옛 신전의 자취를 기념하는 의례, 식물의 뿌리에서 뽑아 내는 투메릭이라는 안료를 제조하는 의례 등이 포함된다.

이 의례에는 네 씨족이 참가하는데, 각 씨족은 각자의 족장 밑에 정치적으로 독립되어 있다. 의례에서는 아리카 카피카(Arika Kafika)라는 직함의 족장이 동료들 가운데서도 제일인자로서 특별히 권위 있는 역할을 맡는다.

여기서는 특히 "뜨거운 음식"의 의례를 골라 자세히 살펴보기로 하자. 이에 관해서는 인류학자인 레이몬드 퍼스가 쓴 「티코피아 섬의 신들의 역사(役事)」라는 책에서 자세한 기록을 볼 수 있다.[1] 이 의례의 준비 단계로서는 우선 가마솥에 얌을 익힌다. 정오가 되기 조금 전에 그것을 꺼내서 독특한 모양의 얕은 나무접시에 담아 의례가 거행될 건물로 나른다. 그리고 그 건물의 가운데 기둥 가까이, 바다 쪽을 향해 마련된 신들의 좌석에 그것을 놓아 둔다.

그 동안 제장(祭場)에 모인 참석자들은 각자 손에 큰 나뭇잎을 들고 의식을 시작할 준비를 한다. "긴장된 기대의 분위기"가 감돌고, 대화도 소근소근 낮은 소리로 한다. 드디어 뜨거운 김을 내뿜는 얌이 참석자들에게 나누어지면 사람들은 각자 그것을 나뭇잎으로 감싸 쥐고는 뜨거운 그대로 허겁지겁 먹기 시작한다. 가장 빨리 먹어치운 사람은 입술을 빠는 소리를 내고, 그 사람은 신들의 각별한 은총을 받는다고 여긴다. 그것을 "신과 함께 하다"(Ku tu i te Atua)라고 표현한다.

다음에, 가장 권위 있는 씨족의 우두머리인 아리카 카피카가 신에게 바친 음식 앞에 앉고, 카바(kava)라는 식물로 만든 술을 받아서는 머리를 움직이지 않는 채로 잔을 치켜들어 경의를 표하고 술을 앞에다가 쏟아 붓는다. 이런 동작이 네 번 되풀이된다. 그 자리에 참석한 신 각자에게 차례로 경의를 표하는 것이다. 아리카 카피카가 자기 자리로 돌아와 앉으면, 또 다른 접시에 담긴 두 개의 얌

---

[1] Raymond Firth, *The Work of the Gods in Tikopia* (New York: Athlone Press, 1967). 이후로는 *Work*이라고 줄여 쓴다.

을 나누어 하나는 아리카 카피카의 바구니에 담고 다른 하나의 참석자들에게 나누어 준다.

　의례가 끝나면 긴장된 분위기도 풀어진다. 누군가가 "신들의 카바(kava)가 끝났다"고 말한다. 사람들은 입술을 데었다든가 뜨거워서 눈물이 찔끔 났다든가, 또는 조금이라도 덜 뜨겁게 하기 위해 콧김을 내뿜었다든가 하는 체험담을 나눈다. 서툴러서 자기 얌을 떨어뜨린 사람을 놀려대느라고 소란이 일기도 한다. 이런 명랑한 분위기는 의례 중의 신중하고 엄숙한 분위기와는 정반대되는 것이다. 이런 행동의 의미는 무엇일까? 퍼스에 의하면, 일종의 "기본적인 형태의 성찬식"을 치른 것이다. 의례 중에 참석자들이 느끼는 외경의 감정은 최고 신인 아투아 이 카피카(Atua i Kafika)가 추장에게 들어와 직접 의식에 참가하고 있다고 믿는 데에서 비롯하는 것이다. 아리카 카피카가 퍼스에게 한 말에서 그 점이 분명히 표현되고 있다. "거기에 앉아 있던 나는 곧 그[신]이다. 그는 형제들(주요 종족 신들의 가족)에게 자기의 카바(술)를 만드는 일을 맡겨 버렸기 때문에 그 자신은 음식을 먹지 않는다. 거기에 있던 나는 신이다. 그가 나에게 온 것이다. 내가 우두머리 추장이기 때문이다. 오랜 옛날부터 아리카 카피카가 가장 높은 추장이었다. 신이 그렇게 만들었기 때문이다."[2]

　사람들은 아투아 이 카피카가 오래 전에 지상에서 살 때에 이 의식을 시작한 것으로 믿는다. 아투아는 뜨거운 음식만 먹었기 때문

---

2) *Work*, 157쪽.

에 그런 자기의 습관에 따르는 의식을 시작했고, "지금도 그것이 충실히 이행되는지 감시하기 위해서 의식에 참석한다"는 것이다.

이상은 그 의례의 과정과 의미에 대한 가장 직접적인 서술이다. 그러면 티코피아 사람들의 생활에서 이 의례가 가지는 의미와 중요성에 대해서 뭔가 더 얘기할 것은 없을까?

2. 의례와 신화

이상의 이야기는 우리에게 "의례"라고 하는 매우 중요한 인간의 행위 양태를 소개해 주었다. 인간 문화 전반에서, 특히 종교에서 의례는 매우 보편적이고 중요한 것이어서, 의례에 대하여 상세하게 관찰하지 않고서는 문화와 종교를 제대로 이해할 수 없을 것이다. 의례는 "형식에 따라 의식을 실제로 행하는 것이며, 보통 특정 시기에 똑같은 방법으로 되풀이된다"고 정의된다.[3] 이 정의에서는 "정형성"(定形性)과 정기적인 "반복성"이라는 의례의 두 가지 중요한 성격이 강조되고 있다. 한편, "의식"(ceremony)이라는 말은 정교하고 공식적인 제의뿐 아니라 가족들이 식사하기 전에 서로 인사를 나눈다든지 친구들이 만나서 악수를 하는 것과 같이 작은 사회 단위에서 행하는 간단한 동작까지도 포함하는 넓은 의미

---

3) Ralph Ross, *Symbolism and Civilization* (New York: Harcourt Brace Jovanovich, 1957), 182쪽.

로 사용된다. 또한 우리는 의례를 신이나 초자연계와 관련된 성스러운 제전과 결부시키는 경향이 있다. 그러나 공동체에서 정기적으로 어떤 문화 영웅을 기념하고 찬양하면서 일정한 형식의 문구를 낭송한다거나 그 밖의 상징적인 행위를 하는 것과 같이 세속적인, 또는 비종교적인 의례도 있을 수 있음을 염두에 두어야 한다.

왜 인간은 위에 소개한 티코피아의 경우와 같은 의례행위를 하는가는 중요한 문제이다. 그런 의례에서 취하는 여러 행위는 그 자체로서는 이해하기에 별로 곤란한 점이 없다. "뜨거운 음식"의 의례에서는 사람들이 모여서 얌을 먹는 것이다. 영양을 섭취하는 것이든가 오락의 필요성 같은 것으로 그 행위 자체와 사회적 환경에 대한 설명이 얼마든지 가능하다. 그러나 정형화된 행위로써 진행 과정을 엄격하게 준수한다든가, 분위기가 엄숙하며 참석자들이 외경의 감정에 휩싸인다든가, 그리고 오관으로 직접 확인할 수는 없는 신의 임재를 말한다든가 하는 것은 어떤 의미를 갖는가? 우리가 그것을 이해할 수 있겠는가? 합리적으로 적절하게 이해할 수 있는 어떤 인지(認知)의 틀 속에 그것을 넣어 볼 수는 없겠는가?

티코피아인들이 그 의례 행위의 의미를 "신화"에서 구한다는 점은 이미 언급한 바 있다. 그들에 의하면, "뜨거운 음식"의 의식은 티코피아의 주요한 신인 아투아 이 카피카가 지상에서 살고 있던 때에 시작하였다고 되어 있다. 그 의식은 아투아 이 카피카가 뜨거운 음식만 먹던 습관을 충실히 지키는 의미를 가진다는 것이다.

"신화"(myth)라는 말은 희랍어 "미토스"(mythos)로부터 나온 말이다. "미토스"라는 말은 "이야기"를 뜻하며, 원래 고대 희랍종교의 여러 신에 대한 이야기들을 가리키는 용어로 쓰였다. 그러나 서양에서는 역사상 많은 철학자와 신학자가 희랍종교의 미토스를 거부하였다. 철학자들은 합리적인 로고스(logos)의 기치를 내걸고, 그리고 신학자들은 그리스도교 신앙의 기치 아래 그것을 배척했던 것이다. 그 결과, 서양에서 신화라는 말은 경멸적인 뜻을 갖게 되었으며, 통속적으로는 "진실하지 않은," "거짓," 또는 "어리석고 환상적"이라는 뜻과 거의 같은 의미로 사용되고 있다.

그러나 그런 인식은 미숙한 속단과 감정적인 편견에 지나지 않으며, 자료를 주의 깊게 서술하는 데에는 방해가 될 뿐이다. 인류문화를 탐구하는 사람들은 신화라는 용어가 여전히 필요함을 깨달았다. 여러 사회에서 나타나며, 따라서 연구할 가치가 충분히 있는 일종의 특징적인 이야기들을 가리키는 말로서 필요한 것이다. 다만, 위에서 나열한 통속적인 의미, 즉 불합리성에 대한 부정적인 가치 판단을 표현하는 의미는 배제한다. 이 책에서도 "신화"라는 말은 여러 문화에서 볼 수 있는 성스러운 이야기를 "객관적으로" 분류하는 범주로 사용하고 있다. 거기에는 부정적인 가치 판단은 전혀 내포되지 않는다. 이런 견지에서 말리노브스키는 다음과 같이 말한다.

원시문화에는 성스럽다고 여겨지는 특수한 부류의 이야기가 있다. 그 내용은 의례, 도덕, 또는 사회조직에 관한 것으로, 이 이야기들은 원시 문화에서 아주 중요한 위치를 차지하며 또 그 문화의 활력소가 되고 있다. 이 이야기들은 한가한 호기심의 산물도 아니고 가상의 이야기도 아니다. 그렇다고 해서 사실을 말하고 있는 것도 아니다. 원시인들에게는 이 이야기들이 태초의 위대한, 그리고 현재의 자신들과 매우 밀접한 관계를 맺고 있는 어떤 실재에 대해서 말해 주고 있는 것이다. 사람들이 현재 영위하고 있는 생활과 활동, 그리고 그들의 운명이 이 이야기들에 의해서 결정되었다고 믿는다. 또한 그들은 이 이야기들을 앎으로써 의례와 도덕적 행위의 근거를 알게 되고, 아울러 그것을 행하는 방법도 알게 된다.[4]

말리노브스키는 그 구체적인 예로서 트로브리안드 섬 사람들의 경우를 서술하였다. 트로브리안드 섬 사람들은 그런 이야기의 종류를 몇 가지로 구분하고 있다고 한다. 우선 민담(民譚)의 부류에 속하는 것들이 있다. 현지 말로는 "쿠콰네부"(kukwanebu)라고 하는 것이다. 이 부류의 이야기들은 공상적이고 기이한 내용인 경우가 많으며, 반드시 사실이라든가 성스럽다든가, 또는 중요한 것으로 믿을 필요 없이 그저 오락적인 목적에서 이야기하는 것들이다. 젊은 영웅이 흉칙한 뱀을 죽여 버리는 이야기라든가, 사람들을 괴롭히는 도깨비 이야기, 또 여러 가지 동물이나 곤충들 사이의 싸움에 대한 이야기 등이 이 부류에 속한다. 이것은 동화라든가 꿈 이야기, 소원을 성취하는 이야기, 공상, 또는 아슬아슬한 이야기를 들음으로써 모험의 기분을 느끼게 되는 그런 영역의 이야기이다.

두 번째 부류의 이야기는 "립워그워"(libwogwo)라고 불리는 것

---

[4] Bronislaw Malinowski, *Magic, Science and Religion* (Garden City, NY: Doubleday Anchor Books, 1954), 108쪽.

들이다. 이것은 화자(話者)의 실제 경험을 서술하는 것으로, 실화로 받아들여진다. 듣는 사람들은 그 이야기의 내용이 자신들과도 직접 관련이 있으며 중요하다고 생각한다.

마지막으로 "릴리우"(liliu)라고 불리는 부류의 이야기들이 있다. 이것은 성스러운 이야기, 그러니까 신화로서, 다른 부류의 것들과는 여러모로 성격이 다르다. "첫째 부류의 것이 오락적이라면, 둘째 부류는 진지한 이야기로서 자기 경험을 남에게 과시하려는 사회적인 욕망을 충족시키는 것이라고 할 수 있다. 그러나 셋째 부류의 것은 단순히 진실한 이야기일 뿐만 아니라 존중해야 하고 또 성스럽게 여겨야 할 것으로 취급된다. ...... '신화'는 제의나 의식 또는 사회적, 도덕적 규범 등의 근거와 정당성을 제시하고 그것이 아주 오래 전부터 내려온 것이며 진실하고 성스러운 것임을 이야기한다."5)

신화는 대개 오래 전에 일어난 일을 다루고 있으며, 거기서 이야기하는 여러 가지 사건은 인간이 처한 어떤 상황이나 관습에 대해서 그것이 따라야 할 규범적인 전범(典範), 또는 원형적인 양태를 제시해 준다. 미르체 엘리아데는 이에 대하여 다음과 같이 말하고 있다.

> 내 생각에, [신화에 대한] 가능한 가장 포괄적인 정의는 다음과 같은 것이다. 즉, 신화는 어떤 성스러운 역사를 서술하는 것이다.

---

5) 같은 글, 107쪽.

그것은 태초의 시간, 즉 전설적인 "시초"의 시간에 발생한 사건을 이야기해 주고 있다. 달리 말하자면, 신화는 어떤 실재가(그것은 실재 전체, 또는 우주 전체일 수도 있고, 아니면 어떤 특정 섬, 특정 종류의 식물, 인간 행위, 제도 등 실재의 한 요소일 수도 있다) 초자연적인 존재의 행위를 통해서 생겨나게 된 과정을 이야기해 주는 것이다.

그러므로 신화는 언제나 어떤 "창조"의 사건에 대해서 설명하고 있다. 다시 말해서, 신화는 어떤 것이 어떻게 해서 생겨났는가, 또는 어떻게 해서 존재하기 시작했는가를 설명하고 있는 것이다.[6]

그러니까 그런 "기원"이나 "시초"에 관한 신화는 원인 탐구의 기능을 지녔다고 할 수 있겠다. 그러나 여기에서 원인 탐구라는 말은 근대 과학자가 태양계의 "기원"에 관심을 갖고 있다거나, 지구상에 생명체가 존재하게 된 "시초"를 진화론적 가설에 따라서 추적하려는 것과 같은 경우와는 전혀 다른 의미라는 점에 주의해야 할 것이다.

원시사회의 신화도 근대 과학과 마찬가지로 기원의 문제를 다루고 있고, 거기에는 여러 자연 현상이 어떻게 생겨나게 되었는가를 설명하는 이야기가 들어 있다. 그러나 그렇다고 해서 신화의 목적도 결국 근대 과학이 의도하는 것과 같은 종류이며 다만 그 가치가 근대 과학의 설명이 지니는 가치보다 열등하다고 생각한다면 잘못

---

[6] Mircea Eliade, *Myth and Reality* (W. Trask 옮김, New York: Harper & Row, 1963), 5-6쪽.

이다. 과학적 우주론은 자연으로서의 우주가 과거로부터 현재의 상태로 이어 온 변동의 순서를 실증적으로 정확하게 확인하는 데에 관심을 둔다. 한편, 원시사회의 신화는 인간이 처한 현재의 특정 상황을 설명하면서 그 궁극적인 원인과 정당성의 근거를 태초의 어떤 성스러운 사건에서 찾음으로써 그 상황에 의미를 부여하려는 것이라 할 수 있다.

물론, "기원"에 대한 신화의 설명과 과학의 설명 사이에는 불가피하게 겹치는 면도 있다는 점은 인정해야 한다. 그러나 그 둘의 서술 방식과 기본적인 터전, 그리고 의도가 본질적으로 분명히 다르다는 점을 잊어서는 안 된다. 그러니까, 신화와 과학은 같은 현상을 두고 다르게 설명하고 있다기보다는 서로 다른 관심과 의도를 지니고 별개의 영역에 속하는 것이라고 보아야 할 것이다. 시(詩)에 대해서, 기하학의 정리(定理)와 증명을 통해서 더욱 분명하고 설득력 있게 진술할 수 있는 것을 가지고 시는 유치하게 우회적으로 표현한다고는 할 수 없을 것이다. 마찬가지로, 현대 과학에서 더욱 적절하게 설명할 수 있는 것을 가지고 신화는 유치한 방식으로 설명하고 있다는 식으로 볼 수는 없다.

이 점에 대해서는 나중에 신화가 지니는 표현의 기능에 대해서 설명할 때 다시 언급하기로 한다. 여기에서는 말리노브스키가 정리한 것을 바탕으로 해서 트로브리앙드 섬 주민들의 전형적인 신화를 잠시 살펴보기로 하자. 라바이(Labai) 마을의 원주민들에 의하면, 인간은 원래 지금과는 전혀 다른 방식으로 살고 있었다고 한다. 즉, 원래 인간은 땅 밑의 성스러운 곳에서 살았는데, 마치 뱀처럼 정기적으로 낡은 껍질을 벗어 버리고 다시 젊어질 수 있는 능력을 갖고 있었다고 한다. 인간이 죽은 뒤에는 아마도 그 곳으로 되돌아 가게 된다고 한다.

  현재와 같은 라바이 마을의 사회생활이 시작된 것은 주요한 네 씨족의 대표자들이 땅 위로 뚫린 구멍을 통해서 차례로 지상으로 올라온 때부터이다. 그들의 뒤를 따라서 각 씨족과 관련이 있는 동물들이 올라왔다. 제일 먼저 이구아나가 나왔고, 다음으로 개, 돼지, 악어의 순서로 올라왔다. 그 다음에 조그만 사건이 하나 일어났다. 개와 돼지가 주위를 뛰어다니고 있었는데, 개가 노쿠(noku)라는 나무의 열매를 발견하고는 냄새를 맡아 보고 먹어 버린 것이다. 그러자 돼지가 개에게 말했다. "너 노쿠를 먹었구나. 더러운 걸 먹었어. 넌 이제 상놈이 돼 버렸어. 그러니까 구야우(guya'u, 추장)는 내가 될 거야." 그 뒤로 돼지족의 추장이 부족의 가장 중요한 지도자가 되었다. 말리노브스키는 다음과 같이 설명한다.

  이 신화를 이해하려면 그들의 사회, 종교, 관습, 사고방식 등에 대해서 잘 알지 않으면 안 된다. 그렇지 않으면 이 이야기가 원주민들에게 어떤 의미를 가지며 왜 그들의 삶 속에서 살아 있을 수 있는지 도저히 이해할 수 없을 것이다. 그들의 언어를 배우고 그들과 함께 생활해 보면, 여러 씨족들 사이에 어느 것이 더 높은가 하는 문제를 두고 논쟁할 때, 또 음식물에 관한 금기를 두고 각자 나름의 견강부회적인 해석을 내세우면서 논쟁할 때, 이 이야기가 판단의 기준으로서 거론되곤 하는 것을 볼 수 있다. 무엇보다도, 말라시

(Malasi, 돼지)족의 세력이 계속해서 점점 커져 온 그 사회의 역사와 결부시켜 보면, 이 신화가 그 사회에서 어떤 하나의 능동적인 힘으로 작용하고 있음을 실감할 수 있을 것이다.[7]

3. 신화는 의례를 바탕으로 한다는 이론

이미 언급했지만, 신화는 대개 의례와 연관이 있다. 그래서 많은 학자들이 그 "연관성"을 규명하는 데 많은 관심을 쏟았다. 의례와 신화는 본질적으로 상관관계에 있으며 한 문화에서 나타나는 성스러운 신화는 예외 없이 어떤 의례를 언어로 해석하거나 표현한 것이라고 하는 흥미로운 이론이 제시되기도 했다. 의례는 인과적으로 항상 신화에 선행하며 진정한 신화는 본래 그 문화에서 옛부터 행해 온 의례를 언어로 표현한 것이라고 해서 이 이론을 극단적인 형태로 밀고 가는 주장도 있다. 그러나 그런 주장은 대개 사려 깊은 전문가들의 의견은 아니다.

그런 극단적인 주장은 여러 가지 이유로 해서 받아들이기 곤란하다. 중요한 신화 가운데에는 간단하게 특정 의례와 결부시킬 수 없는 것도 많다. 또한 새로운 신화에 따라 새로운 의례가 형성되는 예도 현저하게 볼 수 있다. 더구나 신화와 의례의 인과 관계를 엄격하게 따지려 하면 닭이 먼저냐 달걀이 먼저냐 하는 식의 불필요

---

7) Malinowski, 위의 글, 113쪽.

하고 풀리지도 않을 딜레마에 빠질 우려가 있다. 사실, 신화는 없고 의례만 존재하던 시기를 인간 문화의 역사에서 실증해 낼 수는 없다. 현존하는 문화에서는 신화와 의례가 서로 영향을 주고 받으며 공존하는 모습을 볼 수 있을 뿐이다. 그 둘 가운데 어느 것이 다른 것보다 시간상으로 선행한다는 가설은 근거도 없고 필요하지도 않다. 결국 이 이론은 실증적인 탐구를 바탕으로 한 결론이라기보다는 선험적인 규정을 표명한 데 지나지 않는다. 물론, 의례와 관련된 이야기만이 "진정한 신화"이며 의례와 관련이 없는 것은 비록 성스러운 성격의 이야기라고 할지라도 신화의 범주에서 제외하자고 약속으로 정할 수는 있다. 그러나 그렇게 간단하게 일괄적으로 제외해 버린 이야기 가운데에도 의례와의 관련성 이외의 면에서는 신화로서의 특징과 기능을 가지고 있는 것이 많다. 클럭크혼이 더욱 사려 깊은 견해를 제시해 주고 있다.

> 사실상, 의례가 신화의 "원인"이라거나 반대로 신화가 의례의 "원인"이라는 식으로 간단하게 일반화해 버리는 이론은 결코 보편적으로 적용될 수 없다. 신화와 의례는 복잡한 상호의존의 관계에 있으며, 그 관계의 구조는 문화에 따라서, 또 어쩌면 같은 문화에서도 시대에 따라서 달라질 수 있는 것이다.[8]

---

8) Clyde Kluckhohn, "Myths and Ritual: A General Theory" (William Lessa and Evan Vogt, eds., *A Reader in Comparative Religion*, New York: Harper & Row, 1965), 148쪽.

여기에서 주목할 만한 것은, 의례와 신화의 인과관계를 주장하는 예전의 이론에 대해서 회의를 표명하면서도 클러크혼 자신은 여전히 의례와 신화 사이에 "복잡한 상호 의존의 관계"가 있음을 인정하고 있다는 점이다. 바로 이것이 그 이론에서 우리가 배울 만한 아주 중요한 통찰이다. 의례는 순전히 이차적인 현상으로 간주되는 경우가 많았다. 즉, 의례가 상징적으로 표현하는 의미 내용은 이미 신앙이나 도그마라는 관념적인 형태로 더욱 분명하고 완벽하게 표현되었다고 여기는 것이다. 그래서 의례는 필요에 따라서는 생략해도 별로 문제가 안 되는 일종의 장식적인 몸짓에 불과하다고 여긴다. 그러나 신화가 의례에 대한 설명이라면 의례도 또한 신화에 대한 일종의 설명이거나 또는 신화를 가시적인 행위로 구체화한 것으로 볼 수 있다는 점을 다시 기억할 필요가 있겠다.

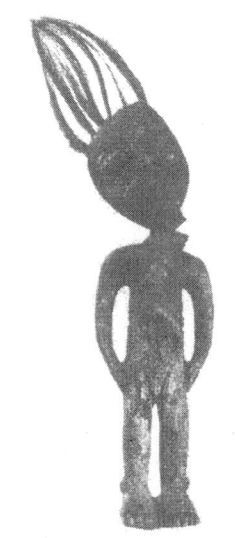

"야케"(yake)라 일컫는 알라스카 목각상의 하나. 샤만이 굿에서 춤을 출 때 사용한다.
(미국자연사박물관)

종교와 문화의 여러 요소들 가운데에서도 특히 의례는 그 중요성을 강조할 필요가 있다. 심지어는 좀 과대평가할 위험을 무릅쓰더라도 그렇게 할 필요가 있다. 왜냐하면 의례의 중요성을 과소평가할 때 저지르게 되는 오류가 과대평가의 위험보다 훨씬 더 심각하기 때문이다. 그러나 서구의 지식인들은 여전히 의례의 중요성을 무시해 버리는 경향이 강하다. 문화와 삶에서 관념적인 요소를 더 중요하게 여기는 풍토 때문일 것이다. 따라서 종교현상을 관찰할 때에도 우선 종교의 사상적인 내용을 중시하고, 그 민족 내지 종교집단의 "신념"이 뭐냐는 물음부터 묻게 된다. 그런 관점에서는 종교란 무엇보다도 어떤 관념이나 사상을 신봉하는 것이라고 여기게 된다. 아무리 연구 대상의 범위를 확대한다고 해도 그런 태도를 근본적으로 바꾸지 않는 한 별로 도움이 안 된다. 추상적인 관념만을 중시하는 데서 탈피하여 신화라든가 그 밖의 인간 상상력의 산물로서 "구체적인" 관념들을 다루게 되었다고 하여도, 여전히 종교라는 것은 그런 관념적인 요소들 가운데 어느 것을 신봉하는 데 그 핵심이 있다고 여기는 경향이 두드러진다. 사람들이 지닌 종교적인 존재론의 핵심 성격을 규명하기 위하여 그들이 믿는 신화를 검토해 보는 것은 물론 중요한 일이다. 그러나 종교에서는 관념적 요소들에 못지않게, 아니 어쩌면 그 이상으로 행위의 요소가 중요하다. 바로 그 점을 상기하기 위하여 의례의 중요성을 강조할 필요가 있는 것이다.

이와 관련해서 마렛트는 다음과 같이 말하였다. "미개 종교는 관념으로 표현되기보다는 춤으로 표현된다. …… 다시 말해, 미개 종교는 감정적이고 충동적인 요소가 우세하게 표출되는 반면에 관념적인 요소는 상대적으로 억제되어 있는 그런 사회적, 심리적 조건하에서 전개되어 간다."[9] 마렛트는 대체로 종교의 주관적인 측면, 정서적인 측면을 너무 강조했다는 비판을 받는 경우가 많은데,

---

9) R. R. Marett, *The Threshold of Religion* (London: Methuen, 1909), xxi쪽.

여기에서는 오히려 육체의 "충동적"인 활동을 강조했다는 점에 주목할 만하다. 바로 이 점에서 의례의 중요성이 부각되는 것이다. 언어나 관념뿐 아니라 신체도 여러 가지 모양의 자세와 위치로써 그 자체가 상징적인 의미 전달의 수단이 되는 것이다.

그렇다면 우리는 적어도 의례행위가 어떻게 해서 신화나 교의(敎義)의 관념적인 의미를 유지, 강화시키는지 살펴볼 수 있다. 더 나아가서는, 관념적인 형태를 통해서는 다 표현되지 못하는 의미들이 의례에서는 그대로 표현되고 전달될 수도 있음을 볼 수도 있다. 이는 사실 종교의 근원은 의례에 있다고 주장하는 이들이 역설하는 바이다. 관념의 형태로 이미 분명하게 표현된 어떤 의미를 상징적이고 극적으로 활성화하는 것이 의례라고 보는 것은 잘못이다. 오히려 의례는 종교의 내용에 의미와 활력을 주며, 그 의례에 수반하는 신화 그 자체의 의미를 완전히 이해하기 위해서도 필요한 것이다.

사실, 신화를 주지주의적인 관점에서 왜곡하여 이해하는 오류에서 벗어나기 위해서라도 의례를 중시할 필요가 있다. 원시사회의 신화라는 것이 각자 개인적으로 읽거나 마음속으로 이해하는 그런 이야기가 아니라는 점을 기억해야 한다. 신화는 무엇보다도 구술문화(口述文化, oral society)의 산물이다. 문자로 쓰이고 읽히는 이야기가 아니라 집단적으로 암기되고 낭송되는 이야기이다. 그러므로 신화는 무엇보다도 우선 "발언되는 것"이다. 그 사회에서 끊임없이 일어나는 언표 행위(oral action)로서, 신화 그 자체가 하나의 의례 행위이다. 신화는 본래 하나의 사회적 교섭의 양식으로서 구술되고 청취된다는 데 그 본질이 있다. 그리고 그 신화의 완전한 의미 안에는 의미가 전달되는 분위기와 부가적인 뜻이 함축되며, 그것이 청취되는 전체적인 상황도 포함된다.

하지만 그렇다고 해서 우리가 이미 부인한 바 있는 극단적인 의례 중심 이론을 다시 거론하려는 것은 아니다. 아무튼, 종교에는 극적인(드라마틱한) 행위, 육체적인 행위의 차원이 있음은 부인할 수 없다. 인간의 어느 한 요소가 아니라 전 인격이 개입된 "행위"가 종교의 중심부를 차지하고 있다. 사상과 관념은 행위에 연결될 때에만 중요한 것이다. 이 점을 무시하거나 이에 대해 모호한 태도를 지닌 채 종교를 분석하는 것은 종교를 심각하게 왜곡해서 서술할 위험에 빠진다. 앤쏘니 월레이스는 다음과 같이 말한다.

> 종교에서 가장 중요한 현상은 의례이다. 의례는 곧 종교가 생명을 가지고 움직이는 면이며, 종교를 칼에 비유한다면 의례는 바로 칼날 부분이라 할 수 있다. 신념의 내용을 낭송하는 것이 의례의 한 부분일 수도 있고 아니면 그 자체만으로 하나의 의례가 될 수도 있다. 그러나 신념이란 원래 의례 행위의 에너지를 설명하고 합리화하고 해석하며 또 그 방향을 잡아 주는 역할을 하는 것이다. 의례와 신앙의 관계에서 중요한 것은 시간상의 선후 문제가 아니다. ……적어도 우리가 볼 수 있는 모든 인간 행위에는 그 둘이 함께 들어 있다. 어떤 의례를 행할 때에는 그것을 설명해 주는 신화가 이미 마련되어 있게 마련이다. 그런 신화가 마련되지도 않았는데 의례를 행하는 예는 없다. 설령 있다 하더라도 거의 찾아보기 힘들 것이다. 신앙과 의례 가운데에서 의례가 우위라고 한다면 유효성의 측면에

서 그렇다는 뜻이다. 그것은 칼에서는 손잡이보다 칼날이 중요하며 총에서는 개머리판보다 총알이 더 중요한 것과도 마찬가지이다. 종교의 목적을 달성시켜 주는 것이 바로 의례이다.[10]

4. 의례에 관한 기능주의 이론

바로 앞 절에서, 왜 인간은 의례를 행하는가 하는 물음을 제기한 바 있다. 의례는 사냥을 하거나 잠을 자는 것처럼 실용적이거나 생리적 효용성을 가진 것이 아님에도 불구하고 인간은 의례 행위를 한다. 예를 들어 음식을 먹는 것과 같은 실용적인 행위를 할 때에도 의례의 형식을 갖추어 행하는 현상을 어느 문화에서나 볼 수 있다. 왜 그런 행위를 하는가?

원시사회에서 의례에 참가하는 사람들은 그 물음에 대한 답을 신화에서 찾는다는 점도 이미 언급한 바 있다. 예를 들어 티코피아 사람들은 뜨거운 음식의 의례를 행하는 근거를 신화에서 찾는다. 신이 그렇게 하라고 했기 때문에 한다는 것이다. 신화는 의례를 행할 이유뿐만 아니라, 의례의 구체적인 과정에 대해서 왜 그렇게 해야 하는지 그 이유를 설명해 주기도 한다. 뜨거운 음식을 먹는 것은 옛날에 지상에서 살았던 신이 뜨거운 음식만 먹던 습관을 가졌기 때문이라는 것이다. 티코피아 사람들에게 그 의례를 왜 행하는

---

10) Anthony Wallace, *Religion: An Anthropological View* (New York: Random House, 1966), 102쪽.

지 물어본다면 그 대답은 다음과 같을 것이다.

> [그 의례는] 강력한 영적 존재와 접촉을 유지하면서 풍족한 식량이라든가 건강 등을 베풀어 달라고 청하는 수단이다. 그 영적 존재들은 특정 씨족이나 부족의 지도자들과 친근한 관계를 맺고 있다. …… 영적 존재들과 접촉할 때에는 권력을 지닌 사람을 대할 때와 똑같은 태도를 취해야 한다. 즉, 선물을 바치고 겸손한 태도를 취하는 것이다. 그러나 영적 존재를 대할 때에는 인간을 대할 때보다 더욱 극진한 경의와 엄격한 형식을 갖추어야 한다. 특히 영적 존재들에게 말을 걸 때에는 일반인들이 잘 알지 못하는 특별한 명칭과 정교한 어법을 사용해야 한다.[11]

이 구절은 물론 티코피아 사람 자신의 말이 아니라 학자의 해석이지만, 다분히 티코피아 사람의 입장에서 하는 말이다. 한편, 일단의 사회학자와 인류학자들은 또 다른 차원의 해석을 시도하였다. 이른바 "기능주의 이론"이라는 것인데, 이 이론에 의하면 종교 의례와 신념은 사회적인, 또는 개인적인 문제들과 관련해서 어떤 적극적인 기능을 수행한다. 그렇기 때문에 참여자들은 그 효과와 중요성을 의식하든 않든 간에 의례와 신앙을 고수하는 것이라고 한다.

이러한 이론에는 인간의 행위가 복잡하고 그 의미도 여러 겹일 수 있다는 것, 그리고 거기에는 의식과 무의식의 차원이 다 들어

---

11) *Work*, 6쪽.

있는데 각 차원에서 서로 다른 여러 가지 동기가 작용할 수 있다는 것이 전제되어 있다. 개인이나 사회 집단이 어떤 목적을 위하여 의도적으로 특정 행위를 행한다고 할 때에도, 실제로는 전혀 다른 목적이 거기에 숨어 있으며 또 그 숨어 있는 목적에 비추어서 그 행위를 평가하기도 한다는 것이다.

사회학자 로버트 머튼(Robert Merton)은 이른바 "드러난 기능"과 "숨은 기능"을 구별함으로써 그런 여러 겹의 의미에서 비롯되는 난관을 해결하는 데 도움이 될 개념 틀을 제공하였다. "드러난 기능"이란 행위자 자신이 이해하고 표현하는 그대로의 행위 목적을 말한다. 반면에 "숨은 기능"이란 행위의 실질적인 결과를 가리키는데, 행위자는 그것을 의식하지 못하거나 무시하지만 사실은 그것이 그 행위의 실제 가치를 결정하며 또한 그 행위를 되풀이할 필요성의 근거가 되는 것이라고 한다. "드러난 기능"은 행위자가 스스로 의식하는 것이지만, "숨은 기능"은 외부에서 객관적으로 관찰할 때 오히려 더 쉽게 인식되는 경우가 많다. 원시사회의 의례 참가자들이 자신들의 행위가 신화에 근거한다고 주장하는 것은 "드러난 기능"에 대한 설명이다. 한편, 그 의례의 "숨은 기능"에 대해서는 외부의 관찰자인 사회학자나 인류학자가 더욱 정확하게 식별해 낼 수 있다고 한다. 그 "숨은 기능"에도 여러 가지가 있겠는데, 그것을 사회적 기능과 생리적·심리적 기능, 그리고 심층심리적 기능이라는 세 가지로 묶어 볼 수 있겠다.

5. 종교의 사회적 기능

의례가 사회의 결속에 기여한다는 설명을 뒷받침하는 예는 이미 충분히 제시되었으며, 이 점은 논쟁의 여지가 없을 정도로 명백하다. 인간 사회는 성별, 연령층, 직업 계층, 경제적 계층, 정치 조직 등 수많은 하위 요소로 이루어진 복합적인 유기체이다. 생물 유기체의 경우에는 각 부분이 전체 조직 안에서 선천적인 생리에 따라 통합되어 자율적으로 작동하고 기능함으로써 그 유기체가 생명을 가지고 존속할 수 있다. 한편, 인간 사회의 경우에는 각 부분이 상당히 분화되어 있고 또 상대적인 자율성을 누리기 때문에 하나의 복합체로서의 사회 결속이 끊임없이 위협 받는다. 사회결속의 와해나 분열의 위협을 극복하는 한 가지 방법이 공동의 의식이나 의례를 행하는 것이다.

의례와 신화의 복합체가 사회결속의 기능을 행하는 방법은 대개 다음 여섯 가지로 나누어 볼 수 있다.

1. 의례와 신화는 사회의 구성 양태와 사회적 관계를 상징적으로 드러낸다. 원시사회의 신화와 의례를 조금만 살펴보아도 거기에 사회의 구성 양태가 반영되어 있음을 즉시 발견할 수 있다. 그런 현상은 몇 가지 특수한 경우에만 나타나는 것이 아니라, 일반적이고 보편적으로 쉽게 찾아볼 수 있다. 여러 문화에서, 신들과 정령들의 복잡한 서열 구조가 그 사회의 서열 구조와 거의 완전히 일치하는 경우가 많이 있다. 그 한 예가 티코피아의 문화이다. 거기에서는 "신들의 종교적인 피라미드 계층 구조"가 씨족들 사이의

사회적인 피라미드 계층 구조와 완전히 일치한다. 각 씨족은 나름의 씨족 신을 갖고 있으며, 그 가운데 아투아 이 카피카는 카피카족의 씨족 신이다. 그런데 이 신은 카피카족뿐만 아니라 모든 씨족이 그 우월성을 인정한다. 그리고 카피카족은 법으로 분명히 규정된 것은 아니지만 실질적으로 여러 씨족 가운데에서도 특별히 권위 있는 지위를 차지하고 있다. 이와 같이 신들 사이의 서열 구조는 사회의 현실을 매우 적확하게 상징적으로 표현한다고 할 수 있다.

 더 나아가서, 가장 권위 있는 씨족의 족장인 아리카 카피카는 종교 의례에서도 특별히 영예로운 역할을 담당한다. 예를 들자면 그는 "신들의 역사"라는 의례가 이제부터 시작되겠다고 선포하고, 그 첫 순서인 불의 의식을 주재하는 것이다. 그러나 그가 다른 씨족들까지 통치하는 독재자나 전제 군주인 것은 결코 아니다. 여러 의식이 진행되는 가운데 각 씨족과 그 족장들이 차례대로 주역을 맡게 된다. 씨족들 사이의 미묘한 사회적 관계가 이런 식으로 해서 신화와 의례로써 표현되는 것이다.

 2. 이제 설명할 신화와 의례의 두 번째 사회적 기능은 앞의 것보다 더욱 중요하다. 사회와 핵심 가치에 대한 인간의 복잡한 사고 구조에는 어떤 사회적 상황을 어쩔 수 없이 주어진 사실로 인정하는 데 만족하지 않는 면이 있다. 그럴 수밖에 없는 근거, 정당성의 근거를 요구하는 것이다. 신화와 의례는 이 요구를 분명하고도 명쾌하게 충족시킨다. 사회적 정황 그 자체만으로는 저절로 갖추지 못할 "정당성"을 인간 세계와 신의 세계를 연결시킴으로써 확보하는 것이다.

3. 의례와 신화의 세 번째 사회적 기능은 굳이 말을 붙이자면 연기적(演技的, performatory)인 기능이라고 할 수 있는 그런 것이다. 즉, 사회 집단의 각 부분 사이에 성립되어 있는 관계를 진술하고 표명하는 기능을 말한다. 의례에서 이 관계를 행위로 나타내고 연기하여 표현해 내는 것이다. 이것은 앞에서 이야기한 첫 번째 기능과 순환론적인 관계가 아니냐고 할 수도 있겠지만, 그렇더라도 이것은 다분히 정당한 순환론이다. 의례는 사회의 결속을 행위로 나타냄으로써 사회의 결속을 확립한다. 의례 행위를 함께 하기 위하여 사회의 여러 부문이 함께 모임으로써 그 사회가 하나의 통합체로서 유지되고 보존되며 또 강화된다. 함께 기도를 올리는 가족은 그런 종교행위를 함께 함으로써 함께 있게 되는 것이다.

4. 네 번째로 들 기능은 촉진(促進, heuristic)의 기능이라 부를 수 있는 것인데, 위의 기능들보다는 덜 분명하게 나타나지만 그래도 상당한 중요성을 갖고 있다. 즉, 의례는 인간의 주의와 노력을 집중시킴으로써 목적하는 것을 위해 최대한의 능력을 발휘하도록 해주는 기능을 한다. 메리 더글라스의 말을 빌자면, "겉으로 표현된 상징은 뇌와 육체가 함께 조화하여 작동하도록 도와주는 신비스러운 기능을 한다." 그녀는 계속해서 다음과 같이 말하고 있다.

딩카(Dinka)족의 목동은 저녁 식사를 위해 서둘러 집으로 돌아가면서 풀 한 묶음을 묶어서 길가에 던진다. 그것은 자기가 돌아갈 때까지 식사 준비가 늦어지기를 바라는 마음을 표현하는 것이다. 이 의례가 저녁 시간에 늦지 않도록 하는 주술적인 효과를 약속해

주지는 않는다. 하지만 그는 이제 그 행위가 효력이 있을 것이라고 여기면서 걸음을 재촉한다. 효력이 있을 테니 느긋하게 꾸물거리는 게 아니라 오히려 더 걸음을 빨리 하는 것이다. 그 의례 행위는 시간 낭비가 아니다. 저녁 식사 시간에 늦지 않으려는 희망에 그의 모든 주의를 더욱 집중시키도록 했기 때문이다.[12]

5. 의례는 또 개인과 사회의 갈등을 해결하는 데 직접적이고도 창조적인 기능을 발휘할 수 있다. 사회관계에서 일어나는 어려움을 해결해 주고 긴장을 완화시키며, 애매모호한 채 넘어가던 관계까지 드러내서 분명하게 정리해 줌으로써 사회 결속을 저해하는 요인을 제거시킨다.

종래의 기능주의 이론은 너무 정적(靜的)인 면에 치우쳐서, 인간 사회는 그 세부까지도 이미 다 결정되어 있고 의례는 단지 이미 고정되어 있는 그 현황을 확인하고 유지하기 위해 행하는 것일 뿐이라는 식으로 보는 경우가 많았다. 그러나 사실은 가장 전통적이고 변화가 없는 사회라 할지라도 동적(動的)인 요소가 없을 수 없다. 사람과 집단, 그리고 그들 사이의 관계는 끊임없이 변하기 때문이다. 매번 똑같이 치르는 것처럼 보이지만 의례도 사실은 그때그때 작으나마 변화가 있게 마련이다. 그런 작은 변화는 어떤 지도자나 씨족의 지위가 변했음을 "재확인"하는 것이거나, 아니면 그런 의례의 변화를 통해 사회적 관계가 조금씩 "수정"되어 가는 것

---

12) Mary Douglas, *Purity and Danger* (New York: Praeger, 1966), 63-64쪽.

일 수도 있다.

  퍼스도 티코피아의 의례에서 그 전체적인 형식은 고정되어 있으나 변경과 수정의 여지는 분명히 존재한다고 지적하면서 다음과 같은 결론을 내린다.

> 이와 같이 의례는 사회 질서를 대변하고 표현하며 유지하지만, 그뿐만 아니라 사회 질서를 새로이 형성하고 발전시키는 데 기여하기도 한다. 즉, 의례는 적응과 창조의 기능을 다 가지고 있다. 기존의 사회적 역할을 받아들이도록 하는 것은 적응의 기능이겠는데, 한편으로 그 역할들을 해석하고 수정할 기회를 제공하기도 한다. 그래서 의례에서의 재구성에 따라 사회 질서에서도 변화가 일어날 기회가 생긴다. 의례는 사회적 지위와 관계에 관한 메시지를 전달하는 까닭에, 한편으로는 사회 결속을 강화하는 반면에 또 한편으로는 경쟁과 분열을 야기시키는 원인이 되기도 한다. 어떤 사람에게는 명예가 되는 의례가 다른 사람에게는 굴욕이 되는 경우도 있는 것이다.[13]

  6. 마지막으로, 의례와 신화에는 유화(宥和)의 기능이 있다. 이것은 그다지 뚜렷하게 드러나는 기능은 아니지만, 상당히 중요한 가치가 있는 기능이다. 사회 관계의 현실을 의례나 신화 같은 간접적인 표현 수단을 통하지 않고 직접 분명하게 표현할 수 있지 않은가 하고 의아해 하는 이도 있을 수 있다. 그러나 그런 사람은 솔

---

13) *Work*, 23쪽.

직한 성품을 갖고 있음에는 틀림없겠지만 인간 감정의 미묘한 성질에 대해서는 둔감한 사람이라고 할 수 있겠다. 공자도 오래 전에 지적했듯이, 의례는 참가자들의 예민한 자아를 보호하는 완충기 역할을 한다. 예를 들어 누가 누구보다 우세하다는 불유쾌한 현실을 양쪽이 모두 기꺼이 받아들일 수 있는 방식으로 드러내 준다. 복잡하고 유쾌한 의례 과정을 통해서 진실의 날카로운 모서리가 둥글게 되는 것이다. 퍼스가 지적하듯이, 일상의 언어로 말한다면 딱딱하거나 기분 나쁠 수도 있을 것이 의례에서는 더욱 우회적으로, 또 좀 더 동적으로 "진술"될 수 있다. 퍼스는 다음과 같이 말하고 있다.

> 사람은 누구나 외부의 세계(자신이 속한 사회의 다른 성원들을 포함해서)와 관계를 맺으면서 거기에서 야기되는 감정의 파동이나 긴장을 가지고 있다. …… 의례는 그런 긴장을 표출하는 데에다가 일정한 관습적 절차를 부여하고 그에 따라 긴장을 해소시킬 수 있는 통로를 마련해 준다. 이로써 긴장을 닥치는 대로 아무렇게나 표출하도록 방치하지 않고 적절한 때와 장소에서 격식을 갖춘 언어와 행동으로 표출하도록 하는 것이다.[14]

---

14) 같은 글, 23, 25쪽.

6. 종교의 생리적·심리적 기능

의례는 사회적인 차원에서뿐만 아니라 인간의 생리적·심리적 영역에서도 중요한 기능을 한다. 생리적·심리적 영역이란 출생, 성장, 성생활 등을 중심으로 해서 인성과 관련된 문제, 또 생리적인 문제들이 얽혀 있는 영역을 말한다. 출생, 성장, 결혼 등의 과정에서 인간은 자기 "정체성"(正體性, identity)과 관련된 온갖 문제를 겪는다. 인간은 어린아이로서, 성인(成人)으로서, 소년으로서, 소녀로서, 남자로서, 또는 여자로서 자기의 존재에 알맞은 행동 양식을 취해야 한다. 그러기 위해서는 자기가 누구인지, 어떤 존재인지를 분명하게 인식해야 한다. 바로 그것이 정체성의 인식이다. 인간이 자기의 "궁극적"인 본질과 운명을 범우주적인 차원에서 찾으려 할 때에는, 다시 말해 자기의 위치를 우주적인 차원의 좌표에서 찾음으로써 자기 존재의 궁극적인 의미를 모색하는 경우에는 이 정체성이 매우 심오한 "형이상학적"인 차원에서 문제된다. 그러나 여기에서는 설명을 더욱 명확하게 하기 위해서 그런 심원한 차원의 정체성 문제는 다루지 않고, 다만 하나의 심리적, 생리적인 유기체로서의 정체성 문제에 우리의 관심을 한정시키고자 한다.

신화가 개인의 정체 의식 형성에 도움을 주는 데 대해서는 북미 인디언들 사이에 널리 퍼져 있는 트릭스터(Trickster)의 이야기에서 흥미롭고 생생한 예를 찾을 수 있다. 그 가운데 하나로, 트릭스터가 들소를 죽이는 이야기를 들어 보자. 트릭스터의 오른팔이 칼을 쥐고 들소를 찌르려는데 갑자기 왼팔이 들소를 가로채 버린다.

그러자 오른팔이 "내놔! 그건 내 거야!"라고 소리친다. 왼팔은 들소를 놓아 버리지만, 이번에는 곧장 오른팔을 잡아챈다. 그리하여 두 팔 사이에 격렬한 싸움이 벌어지고, 그 싸움에서 왼팔이 부상을 입는다.

또 어떤 이야기에서는 트릭스터가 자기의 항문을 하나의 독립된 개체인 양 취급하는 대목이 나온다. 오리를 몇 마리 사냥한 뒤에, 트릭스터는 자기 항문에게 자기가 자는 동안에 그 오리들을 잘 지키고 있으라고 말한다. 트릭스터가 잠을 자는 사이에 여우 몇 마리가 오리들을 노리고 다가왔다가 방귀 소리에 놀라 도망치고 만다. 그러나 그렇게 몇 번 한 뒤 여우들도 마침내 용기가 생겨서 도망치지 않고 오리를 다 먹어 치운다. 트릭스터가 잠에서 깨어나 오리를 모두 도둑맞은 것을 보고는 화가 나서 자기 항문을 꾸짖는다. 그리고 불이 붙은 나무 토막으로 자기 항문을 태움으로써 벌을 준다. 그러나 항문에 불이 붙자 트릭스터는 아파서 비명을 내지른다.

이 기이한 이야기는 무엇을 의미하는가? 메리 더글라스는 다음과 같이 말한다.

> 트릭스터는 처음에는 자의식도 없고 일정한 형체도 없는 존재로 나타난다. 그러나 이야기가 진행됨에 따라 그는 점차 자신의 정체를 찾고 자기 몸의 각 부분을 자기 것으로 인식하며 통제할 수 있게 된다. 성별로 보아도 처음에는 남성과 여성 사이를 오락가락하지만 나중에는 남성으로서의 역할을 확정하고 마침내 자기의 처지를 있는 그대로 볼 수 있게 된다. ...... 처음에 트릭스터는 고립되어 있고,

도덕과 자의식도 없으며, 서투르고, 무력하고, 동물보다 나을 것이 없는 천방지축의 존재였다. 그러나 여러 가지 일을 겪으면서 점차 자기 신체 기관들은 제 자리를 찾게 되고, 결국 그는 한 사람의 남자로 자기 정체를 찾게 된다. 그와 동시에 그는 더욱 안정된 사회관계를 갖게 되고, 물리적 환경에 대해서도 여러 가지 교훈을 얻는다. 어느 이야기에서는 그가 나무를 인간으로 오인하고 마치 인간을 대하듯이 하다가 마침내 그것이 동물이 아님을 알아차리게 된다는 내용이 있다. 그런 식으로 그는 점차 자기 자신의 기능과 한계를 깨달아 간다.[15]

괴물을 처치하고 처녀를 구해 낸다거나, 숨겨진 보물을 찾아낸다거나, 결국 자기 사회의 근본적인 문젯거리를 해결해 내는 젊은 영웅들에 대한 신화는 우리도 많이 알고 있다. 그런 신화들도 인간의 성장 과정과 개인, 또 사회의 정체성을 확립하는 과정을 반영하고 있다는 데에는 의심의 여지가 없다. 그리고 의례도 또한 그 과정에 중요하게 기여한다.

7. 입문의례

어떤 문화에서든 가장 중요한 의례는 아마도 입문의례(rites of initiation)라고 할 수 있을 것이다. 그 가운데에서도 가장 중요하다

---

15) Douglas, 위의 글, 79-80쪽.

고 할 수 있는 것이 어린아이로서의 위치를 벗어나 한 사람의 성인으로서 태어나는 의례, 즉 성인식이라고 할 것이다. 성인식을 거침으로써 그 어린아이는 바야흐로 공동체의 성인들에게 부여되는 모든 특권과 의무에 전적으로 참여하는 위치로 옮아간다. 이 의례는 세속적인 성격과 종교적인 성격을 모두 갖고 있다. 성인이 되기 위해서는 사회적 책임을 충분히 배워야 하는 한편으로 자기 종족의 종교적 전승에 담긴 의미를 더욱 깊이 배워야 하기 때문이다. 입문 의례에는 여러 종류가 있다. 여자들을 위한 것도 있고, 특별한 집단에 가입하기 위한 것도 있다. 그러나 가장 중요하고도 보편적인 것은 사내 아이가 바야흐로 완전한 성인 남자로 바뀌는 과정에서 치르는 의례이다.

아이안 호그빈은 뉴기니의 어느 마을에서 치르는 성인식에 대해서 자세하게 소개해 주었는데, 거기에서 일반적인 입문의식의 특징 몇 가지를 생생하게 볼 수 있다. 우선, 마을 사람들이 의례를 감독할 노인 두 명을 선출한다. 그리고 소년들이 묵을 큰 집을 한 채 숲 속에 짓는다. 감독들은 소년들에게 이제부터 몇 달 동안 누가 과연 괴물에게 바칠 제물이 될 것인가 심사 받게 될 것이라고 말한다. 모든 과정을 통과하여 자격을 갖추는 소년은 무사히 집에 돌아갈 수 있을 것이다. 그러나 자격을 갖추지 못하는 소년은 모두 괴물에게 먹혀 그 뱃속에 갇혀서 굶주리게 될 것이고, 그 다음에는 어떻게 될지 아무도 모른다는 것이다. 소년들은 약 석 달 동안 그 집에 함께 기거하며 혹독한 시련을 겪는다. 매를 맞기도 하고, 오랫동안 잠을 못 자고, 먹을 것과 마실 것도 아주 조금밖에는 못 받는다. 그 다음 과정에 대해서 호그만은 다음과 같이 서술한다.

> 드디어 괴물이 오는 날이 되었다. 온 마을에 금기가 선포되고, 많은 사람이 한데 모인다. 그들은 이후 마지막 의례가 끝날 때까지 참관하기 때문에 주최자의 재산이 상당히 축나게 마련이다.
>
> 괴물은 지하에 산다고 한다. 괴물들이 올라올 구멍을 하나 땅에 판다. 처음에는 조그맣게 웅웅거리는 것 같은 소리만 나는데, 여자들은 나무 뿌리가 스스로 자기 옆구리를 긁어서 나는 소리라고 쑥덕거린다. 곧 온몸이 흙투성이가 된 사람이 마을로 와서 괴물이 마침내 밖으로 나왔다고 알린다. 웅웅거리는 소리가 점점 커진다. 마침내는 여러 명이 돌려대는 그 불로어러(bullroarer)[16] 소리가 온 마을을 진동시킨다.
>
> 소년들은 그 뒤로 며칠 동안이나 그 소리를 듣고 있어야 한다. 마침내 소년들이 밖으로 나오게 되면, 감독들은 그제서야 그 소리가 어떻게 해서 나는 것인지 보여 준다. 이 때 여러 가지 인상 깊은 의례를 치른다. 그 다음에 소년들의 입 바로 앞에 독이 있는 물고기를 놓고는, 만약 거기에서 보고 들은 것을 한 마디라도 입에 담는다면 그 물고기의 치명적인 독을 삼킨 것처럼 그 자리에서 죽고 말 것이라고 경고한다.
>
> 그 다음에는 할례(割禮) 의식을 치른다. 내가 참관한 의례에서는 감독들이 표피를 잘라 주었지만, 그 뒤에는 모두 스스로 시행하는

---

[16] 역주: "불로어러"는 긴 줄 끝에 나무 조각을 달아서 줄 끝을 잡고 세차게 돌리면 소리를 내는 것으로, 오스트레일리아 및 남태평양의 원주민들이 의례에서 사용하는 악기의 일종이다.

것을 볼 수 있었다. 괴물을 상징하는 길고 납작한 오두막 안에는 두 사람이 흑요석(黑曜石)으로 만든 칼을 들고 기다리고 있다. 소년들은 차례대로 보호자의 등에 업혀 들어가서 수술을 받는다. 수술이 진행되는 동안 보호자는 조수 역할을 한다. 소년들이 가장 처음에 흘리는 피는 성스러운 것으로 여겨진다. 보호자는 그것을 나뭇잎에 받아 얼굴에 바르는 안료로 사용한다.[17]

그 다음에는 보호자들이 소년들을 목욕시키는 의식이 있고, 마지막으로 큰 연회가 벌어진다. 소년들이 앉아 있는 앞에서 친지와 친구들이 경의를 표하는 노래를 부르고 춤을 춘다.

입문 의례에 대한 설명으로는 아놀드 반 쥬넵의 연구가 고전적인 것으로 되어 있다. 그는 그것을 "통과의례"(rites of passage)라고 불렀는데, 그런 의례를 거치는 자는 "문지방을 넘음"으로써 하나의 세계에서 다른 세계로 옮아간다고 설명하였다. 이 의례의 기본 형식은 이전의 세계로부터 떨어져 나오는 격리의 과정, 다른 세계를 향해 옮아가는 이행의 과정, 그리고 새로운 세계 속에 들어가는 결합의 과정 등 세 단계로 이루어진다.[18] 격리와 이행은 곧 고립과 위험의 과정이다. 위에서 소개한 뉴기니 성인식의 경우에는, 소년들이 일상 생활로부터 떨어져 나와 숲 속의 집 안에 격리되고 괴물의 위협으로 고통을 받으며 나아가 할례 의식으로 상처를 입

---

17) H. Ian Hogbin, "Pagan Religion in a New Guinea Village" (John Middleton 엮음, *God and Rituals*, New York: Natural History Press, 1967), 57-61쪽.
18) Arnold van Gennep, *Rites of Passage* (Chicago: The University of Chicago Press, 1960), 20-21쪽.

는 등 죽음의 가능성이 매우 현실적으로 부각되는 과정이 이에 해당한다. 그런 과정을 거친 뒤에 소년들은 새로운 사회 현실과 결합하게 된다. 이 예에서는 이전의 세계로부터 새로운 세계로의 이행을 주로 사회적 차원에서 설명했지만, 입문의례는 정신적인 변화와도 관련된다. 인간의 정신을 범속한 상태로부터 성스러운 상태로 이행시키는 것이다. 입문의례를 치르는 사람들은 영혼의 암흑기를 상징하는 온갖 고난, 그리고 괴물의 뱃속으로 들어가는 것으로 상징되는 죽음, 새로운 존재로의 부활이라는 과정을 통해서 하나의 새로운 정체로 탈바꿈하고 재창조되며 재구성되는 것이다.

여러 종교의 역사를 더듬어 보면 이런 입문의례의 예를 매우 많이 발견할 수 있다. 종교예술과 신화, 신학은 이런 입문 의례의 전범을 끊임없이 보여 주고 있다. 종교라는 상징체계 안에는 관념적인 주제만 들어 있는 것이 아니라 그것을 바탕으로 해서 뻗어나가고 가시적으로 표현되는 인간의 상상력이 작용하고 있다. 그에 대해 어떻게 의례가 구조적인 기반을 제공해 주느냐 하는 것을 보여주는 매우 기본적이고도 설득력 있는 예의 하나가 바로 입문의례인 것이다.

아무튼, 여기에서 우리의 주요 관심사는 입문의례에 참가하는 사람이 그 의례를 통해서 어떻게 개인적인, 또 사회적인 정체성을 확립하는가 하는 데 있다. 입문의례에 대해서는 여러 가지 심리학적인 해석이 시도되어 왔다. 그 다양한 이론들을 서로 대립하는 것으로 볼 필요는 없다. 서로 중복되면서 보완해 주는 것으로 이해하면 더욱 도움이 된다. 예를 들어서 기능주의 이론에 의하면 원시사회에서 행하는 할례식은 육체와 정신의 고난 및 공포를 견디도록 무장시켜 주는 기능을 한다고 해석할 수 있다. 한편, 프로이트의 영향을 받은 인류학자들은 한 걸음 더 나아가, 성인식은 "아버지"에 의한 현실적인 위협을 상징 행위로 변형시켜서 표출함으로써 긴장을 해소하고 부자(父子) 관계를 결속시켜 주며 부자 사이에 도사린 적대감을 해소시켜 주는 통로로 기능한다고 해석하기도 한다.[19]

한편 브루노 베텔하임에 의하면, 할례식에서 중요한 것은 아버지 및 남성적인 것과의 관계보다는 어머니 및 여성적인 것과의 관계와 관련해서 소년의 정체성 문제를 해결하는 것이라고 한다. 남자들은 여자가 치르는 월경을 여자가 갖고 있는 어떤 불가사의한 힘 덕분이라고 생각한다. 그래서 남자들은 자기에게는 없는 그런 힘을 가진 여자들에게 질투심을 느끼게 되며, 자신들도 여자들처럼 피를 흘리는 의례를 행함으로써 그 질투심을 완화시키고 "열등감"을 보상한다는 것이다.[20]

아무튼, 그런 관행은 원시사회의 종교에서 아주 중요한 요소이다. 성(性)이라는 것은 어떤 철학이나 종교도 결코 무시할 수 없었던 인간 생활의 엄연한 현실이다. 원시사회의 사람들은 의례와 상징을 통해서 심리적인 갈등과 긴장을 해소하고 내면의 평정을 되

---

19) Geza Roheim, *The Eternal Ones of the Dream: A Psychoanalytic Interpretation of Australian Myth and Ritual* (New York: International University Press, 1945).
20) Bruno Bettelheim, *Symbolic Wounds* (New York: Collier Books, 1962).

찾으며, 자기의 사회적, 개인적, 그리고 성적 정체 의식을 찾는다. 현대인도 다분히 마찬가지이다. 현대인은 신화와 의례를 야만스러운 미신으로 여기며 거부해 버렸지만, 자아(自我)의 상(像)과 나름의 생활양식을 형성하며 살아야 하는 과제는 여전히 안고 있는 것이다. 다만, 현대인은 종교 문화의 상징적인 처방을 비웃으며 그 대신에 정신과 진료실을 이용한다. 그러나 그들이 거기에서 받는 치료도 역시 일종의 신화와 상징(정신의학에서 꿈의 영상이라고 부르는 것)을 통한 하나의 인격 변형인 것이다. 그것은 원시사회의 종교인들이 행하는 것보다 좀더 복잡하고 역사가 짧다는 차이가 있을 뿐, 결국은 똑같이 하나의 통과의례이다.

8. 종교의 심층심리적 기능

지금까지 설명한 종교의 기능은 대단히 흥미롭고 또 중요한 것임에 틀림없다. 종교의 기능에 대한 관심에서 핵심 주제가 되는 것은 역시 존재의 위험에 대한 일상적인 방어 수단이 제대로 효과를 발휘하지 못할 때 의례와 신화가 어떻게 그 난관을 해결하는 데 기여하는가에 있다고 하겠다.

토마스 오디아(Thomas O'Dea)는 그런 경우들을 간명하게 요약해서 우연성(또는 불확정성), 무력함, 그리고 결핍(또는 희소성)의 상황이라고 하였다. 우리는 우리의 안녕에 영향을 끼치는 여러 가지 일이 과연 어떻게 전개될지 확실하게 알 수 없는 경우가 많다. 또한 우리는 우리가 선택한 목표를 달성할 능력이 없을 때 자기가 무력함을 깨닫게 된다. 게다가 자연은 우리의 욕구를 충분히 충족시킬 만큼 풍요롭지 않다.

이런 상황은 인간을 좌절과 실의에 빠지게 한다. 그런 인간 경험을 다루는 데 여러 가지 방법으로 의례와 신화가 사용된다. 주문을 외움으로써 힘을 되찾으려 하기도 하고, 의례를 통해 희망과 신념을 확인하여 더욱 크게 노력하도록 고무되기도 한다. 또는 성스러운 이야기에서 위안을 얻고, 불변의 진리에 대한 신념을 붙듦으로써 불안과 고뇌에서 야기되는 인격의 붕괴를 막기도 한다.

그러나 요즘 종교연구자들은 그런 점에 대해 애써 초연하려고 하는 듯이 보인다. 그들은 자기 자신도 인간으로서 어쩔 수 없이 그런 상황에 처한다는 사실은 무시하고, 한 걸음 물러서서 보려고 하는 경향이 많다. 원시사회의 사람들이 그런 "한계상황"의 문제에 직면하는 것은 그들이 무지몽매하다든가 미신에 사로잡혀 있다든가 또는 과학 기술 지식이 모자라기 때문이 아니다. 역사의 여명기에서부터 지금에 이르기까지 인간과 그 환경 사이의 관계에는 늘 "우연성, 무력함, 그리고 결핍"이 도사리고 있었다. 그것은 다만 주관적인 공포감을 표현하는 데 불과한 것이 아니라 인간과 자연 사이의 관계를 객관적으로 지적하는 말이다. 현대인은 과학 기술의 발전을 통하여 능률을 높임으로써 점점 더 큰 능력을 갖게 되었다. 그러나 그렇게 커진 힘을 가지고도 우리는 자기 나라가 핵전쟁으로 멸망할지, 멸망한다면 언제가 될지, 국가의 번영이 과연 계속 유지될지, 그런 것을 확실하게 알 수 없다. 또 개인 역시 아무리 풍요한 사회에서 산다고 해도 언제 어떤 사고나 질병이 갑자기 닥쳐올지 모른다는 불안감은 여전히 남아 있다.

우리 자신도 직면하고 있는 이런 문제를 잠시라도 다시 떠올린다면, 원시사회 사람들이 종교적인 방식을 통해서 다루는 "심층적 문제"가 중요한 의미를 가지고 있음을 인정할 수밖에 없다. 물론, 그들의 해결 방식에 동조하고 말고 하는 것은 전혀 별개의 문제이다. 존 듀이가 이 점을 정확히 지적해 주었다.

> 신이 공포심의 산물이라는 것은 오래 전부터 있어 온 말이다. 그러나 그 말은 이미 습관으로 굳어 버린 독단적인 오해를 더욱 깊게 하는 데 기여할 뿐이다. 우리는 다짜고짜 인간은 고독하기 때문에 공포의 본능을 가지고 있다고 생각한다. 그래서 그 공포를 몰아내기 위해 자기의 환경을 탓하는(달리 말하자면 여기저기 환경에다가 두려움을 분산시키는) 불합리한 짓을 저지르고 미신을 만들어 낸다는 것이다. 그렇게 보면 그런 일을 행하는 것은 순전히 개인의 잘못에 기인하는 셈이 된다. 그러나 공포는, 본능적인 것이든 아니면 습득된 것이든 간에, 환경 때문에 일어난다. 인간이 공포를 일으키는 것은 두렵고 무서운 세상 안에 처해 있기 때문이다. 세상은 불안정하고 위험스러운 것이다. 원시인의 경험 내용이 그에 대한 아주 명백하고 좋은 증거가 된다. 그들의 목소리는 옛 사람의 목소리이지만, 그 손은 자연의 손이며 우리도 여전히 그 자연 속에 살고 있다.[21]

---

21) John Dewey, *Experience and Nature* (New York: Dover, 1958), 42쪽.

그리고 우리는 인간이 처한 그런 상황을 너무 단순하게 기계적으로 말해 버리지는 않도록 주의해야 한다. 인간이 부딪히고 있는 문제는 결코 단순하지 않다. 단순히 인간을 좌절시키는 자연의 세력을 극복하거나 눌러 버릴 힘, 또는 그 방법을 찾는 문제가 아니다. 물론 그런 수단적 욕구가 중요하지 않은 것은 아니다. 그러나 더욱 중요한 문제는, 인간이 자신의 신념체계와 가치 체계 안에 충분히 통합시킬 수 없는 비극적인 사건이 일어 났을 때 닥치게 되는 "위기"이다.

이것이 바로 "의미의 문제"이다. 이 문제는 실존주의 철학자들에 의해 더욱 복잡해졌으며, 여태까지도 현대인을 곤혹스럽게 하고 있는 문제이다. 많은 현대의 사상가들이 "의미의 문제"는 그 자체가 "무의미"하다고 주장하는 것도 사실이다. 그러나 여기에서 이런 철학적 논쟁에 관여할 필요는 없을 것이다. 우리에게 중요한 것은, 적어도 원시사회에서는 이 문제가 매우 현실적이며 실제로 대두하는 문제라는 점이다. 그 "의미의 문제"에 대한 철학적 논쟁에서 어느 쪽 의견이 지적으로 더 명료하며 논리적으로 더 설득력이 있다고 생각하는가 하는 것과는 상관 없이, 원시사회에 대한 여러 보고서들이 거짓이 아닌 한 이 점은 누구나 인정할 수밖에 없다. 그리고 덧붙이자면, 의미는 현대인에게도 역시 문젯거리이다. 그것은 의미의 문제가 그에게 논리적 혼란을 야기하느냐 않느냐 하는 것과는 상관없는 엄연한 사실이다.

의미의 문제는 근본적으로 온갖 사건이 광범하게 얽혀 있는 이 세상에서 개인이 겪는 운명과 관련된 문제, 그러니까 하나의 실존적인 문제라고 할 수 있다. 질병이나 재앙이 개인에게 덮쳐 오면 그의 존재는 혼란스럽고도 분열된 상태가 된다. 그런 상태에서는 "왜 그런 일이?"라든가, 또는 더 직접적으로 "왜 하필이면 내가?"라는 의문이 일어나게 마련이다. 그런 의문 그 자체의 의미는 무엇인가? 그런 의문에 대한 답을 찾았다고 해서 재앙이 해결되는 것은 아닌데 왜 그런 물음을 던지는가? 그 비운이 어떻게 닥쳐왔는지 인과관계를 알아낸다고 해도, 그 지식이 충격과 혼란, 그리고 소외감을 방지해 주지는 못한다.

그런 충격이 내면의 전위감(內面의 轉位感, inner dislocation)으로부터 비롯된다는 데에는 의심의 여지가 없다. 전위감이란 엄격한 논리 내지는 상식의 차원에서 느끼는 것이 아니라 정서와 가치판단의 차원에서 느끼는 인간과 주변 세계 사이의 단절감, 부조화의 느낌을 말하는 것이다. 자연의 사건들이 자기가 바라는 대로 수월하게 진행될 때, 인간은 자기 자신과 자기를 둘러싼 세계가 어떤 조화의 관계 속에 있다는 느낌을 갖게 된다. 반면에, 실패와 좌절의 경험은 내면에 부조화의 느낌을 일으킨다. 그럴 때 인간은 자연에서 일어나는 일들을 그 외면적 구조로는 여전히 잘 안다고 하여도 이제 더 이상 그것을 이해하거나 긍정할 수는 없게 된다. 그는 세상과 그 세상의 근원적인 의미로부터 정서적으로 소외되고, 가치 판단을 할 수 없는 상황에 빠지게 된다. "왜?"라는 의문은 바로 그런 소외감을 표현하는 것에 다름 아니다.

에반스-프리차드는 아잔데(Azande)족의 주술에 대해 연구해서 고전적인 업적을 남겼는데, 그의 연구를 빌려서 이 의미의 문제가 어떤 구조를 갖고 있는지 살펴보도록 하겠다. 아잔데족은 아프리카의 한 종족인데, 그들이 아무리 미개하다고 해도 여러 가지 사건들 사이의 일상적인 인과관계나 자연의 인과관계를 전혀 모른다거나 무시한다고 생각하면 전적으로 잘못이다. 예를 들어, 곡물 창고가 무너져서 그 아래 그늘에 앉아서 쉬던 사람이 다친 일이 생겼다고 하자.

아잔데 사람들은 그런 재난이 일어난 원인에 대해 충분한 상식을 가지고 있다. 예를 들어 흰개미가 창고의 기둥을 갉아 들어갔기 때문에 그런 일이 일어났다고 한다면, 아잔데 사람들도 그 사실을 충분히 안다. 그 사고로 다친 사람이 왜 거기에 앉아 있었는가 하는 데 대해서도 상식으로 충분히 이해할 수 있다. 그러나 아잔데 사람들은 여전히 그 밖의 설명이 더 필요하다고 느낀다. 그런 일이 일어나는 일반적인 원인에 대한 설명이 필요한 것이 아니라, 그 일이 왜 하필 바로 그 때 그 장소에서 그 사람에게 일어났는가 하는 설명이 필요하다. 그 설명을 위해 동원되는 것이 바로 주술이다. 에반스-프리차드에 의하면, 원시사회 사람들이 상식적인 설명을 모르기 때문에 대신에 그런 주술적인 설명을 하는 것이 아니다. 그보다는, 그 사건의 실존적 요인을 이해하기 위한 보충 설명으로서 주술이 동원된다. 그 점은 다음과 같은 아잔데 사람의 말에서도 엿볼 수 있다. "불은 뜨겁다. 불은 본래 뜨겁다. 주술 때문에 불이 뜨거운 건 아니다. 불은 원래 닿으면 태우게 마련이다. 그러나 그렇다고 해서 '너'가 불에 덴 것이 당연한 일은 아니다. 그건 일생에 한 번 정도 있을까 말까 한 일인데, 그건 바로 주술에 걸렸을 때에나 당하는 일이다."[22]

　원시사회 사람들의 그런 주술적인 설명이 과연 올바른 "답"이 될 수 있는가 아닌가를 판단하는 것은 우리의 일이 아니다. 이미 살펴보았듯이, 원시사회 사람들의 그런 설명은 지적(知的)인 원인 규명보다는 감정과 가치판단의 문제에 대한 관심을 바탕으로 한다. 그리고 그들은 자기들에게 부딪쳐 오는 정서적인 소외감을 여러 가지 의례와 신화를 통해서 극복하고, 그리하여 세상과 자기 자신의 관계가 다시 조화로워지도록 한다. 이렇게 본다면 원시사회 사람들의 그런 주술적인 설명은 어떤 차원에서는 문제에 대한 충분한 답이 된다고도 할 수 있다. 이에 대해 기어츠는 다음과 같이 말하고 있다.

　　종교의 한 주제로서의 고통의 문제는 다분히 역설적인 면을 가지고 있다. 즉, 고통을 어떻게 피하는가가 문제가 아니라, 어떻게 고통을 받아들이는가가 문제다. 육신의 아픔, 상실감, 좌절감, 또는 다른 사람의 고통을 덜어주지 못하는 무력감, 이런 고통들을 어떻게 하면 견딜 만하게, 지탱해 낼 수 있게, 감내할 수 있게 만들 수 있겠는가 하는 문제이다. ...... 종교는 인간이 풍부하게 가지고 있는 상징의 재원을 활용함으로써 그 문제를 해결하는 힘을 발휘하는데, 거기에는 두 가지 측면이 있다. 첫째는 현실의 포괄적인 모습을 권위 있는 개념으로 표상하고, 그런 실재에 대한 분석적 이념을 정식

---

22) E. E. Evans-Pritchard, *Witchcraft, Oracles and Magic Among the Azande* (New York: Oxford University Press, 1940), 69쪽.

화(定式化)해서 제시하는 것이다. 둘째, 설득력이 강한 취지, 그리고 종교 고유의 분위기를 통해서 정서―기분, 감정, 열정, 애정, 느낌―를 표현한다. 종교 상징은 이런 측면을 모두 포괄함으로써 우주적인 차원에서 세상을 이해할 수 있도록 해줄 뿐만 아니라, 그와 더불어 감정의 일정한 형식과 그 배출 통로를 규정해 준다. 그리하여 고통을 겪는 사람이 그 상황을 종교가 마련해 준 방식으로, 즉 침울한 분위기로든 즐거운 분위기로든, 또는 두려워하는 태도로든 아니면 호탕한 태도로든 견디어 나갈 수 있게 해준다.[23]

종교의례와 신화가 어떻게 그런 기능을 수행하는가? 이에 대해 완벽하게 설명한다는 것은 서론적인 성격을 갖는 이 책의 범위를 넘어서는 일이다. 그리고 아마도 아직까지는 아무도 그 물음에 대해 정식화된 답을 줄 수 없을 것이다. 우리는 좀 조심스럽게, 종교가 그런 기능을 완벽하게 수행해 낸다고 하기보다는 단지 그런 시도를 과감하게 해왔다는 식으로 생각하며 접근하는 것이 좋겠다.

의례와 신화는 고통에 빠진 사람도 그 모든 것이 한 개인의 일에 불과하지 않고 우주적인 드라마의 한 부분이라고 느끼게 한다. 그리고 자기가 당하고 있는 개인적 고통이 전혀 무의미한 고통이 아니라 우주의 의미 전체에서 볼 때 중요한 의미가 있다고 깨닫게 한다. 의례와 신화가 어떤 방식으로 그런 기능을 수행하는지에 초점

---

[23] Clifford Geertz, "Religion as a Cultural System" (M. Banton 엮음, *Anthropological Approaches to the Study of Religion,* New York: Praeger, 1966), 19쪽.

을 두고 관찰하면서 가설적인 설명을 모색해 본다면, 많은 양의 자료에 보편적으로 적용할 수 있고 또한 현대 종교학자들의 경향에 거슬리지도 않는 유용한 해석을 도출해 낼 수 있을 것이다.

문제가 되는 것은 고통 그 자체라기보다는 아무런 의미 없는 고통이다. 인간은 고통을 견딜 수는 있으나 혼돈(chaos)은 견디지 못한다. 기어츠는 살바도르 드 마다리아가(Salvador de Madriaga)의 말을 인용하여, 종교의 최소한의 정의는 "신은 미치지 않았다고 믿는 비교적 온건한 도그마"라고 할 수 있겠다고 말한다.[24] 도저히 설명할 수 없고 용인할 수 없는 일도 의례와 신화를 통하면 삶의 한 요소로 의미를 부여할 수 있으며, 그리하여 최악의 혼란, 즉 신이 미쳤다는 마지막 혼란의 공포를 피할 수 있는 것이다. 그렇다고 해서 고통 그 자체가 안 괴롭거나 덜 괴롭게 되지는 않는다. 고통은 여전히 고통이다. 그러나 이제 그 고통은 결코 견디어 낼 수 없는 고통이 아니고 의미 있는 고통, 견딜 수 있는 고통이 된다.

의례와 신화가 어떻게 그런 기능을 발휘하는가를 설명해 주는 흥미로운 예 하나를 레비-스트로스에게서 빌려 올 수 있겠다. 그는 쿠나(Cuna)족의 샤만(shaman, 비범한 능력을 소유한 부족사회의 종교전문가)이 난산(難産)의 고통을 겪는 산부(産婦)를 위해서 부르는 노래를 소개해 주었다. 그 노래의 내용을 보면, 샤만은 태아를 책임지는 신령인 무우(Muu)의 집으로 찾아간다. 무우는 여성 신령인데, 원래는 악령이 아니지만 어쩌다 심사가 비뚤어져

---

24) 같은 글, 13쪽.

서 사람의 신체 각 부분이 지닌 힘을 흐트리고 신체의 자연스러운 조화를 깨뜨림으로써 병을 일으키는 짓을 하게 되었다고 한다. 샤만은 무우가 있는 깊은 땅 속으로 위험한 여행을 한다. 앞에서 서술한 바 있는 입문 의례와도 비슷하게 분리, 하강, 귀환의 과정이 전개된다. 여기에서 흥미로운 것은, 그 여행 중에 만나게 되는 갖가지 신비로운 힘의 존재들이 분명히 여자의 각 신체 부분과 상응한다는 점이다. 그래서 산부의 고통과 신체의 이상을 더욱 더 넓은 우주적인 무대의 한 드라마로 구성해서 노래로 부르는 것이다. 산부는 그 노래의 신화적인 언어를 통하여 자기가 당하고 있는 고통의 세밀한 구석구석을 의식하고 직시하게 된다. 그렇다고 해서 그 고통을 벗어날 수 있는 것은 물론 아니다. 그러나 신비로운 힘의 존재이면서도 또한 산도(産道)와 자궁을 상징하는 무우와의 투쟁을 노래하는 신화와 의례에 참여함으로써 여인은 자기의 고통을 견디어 내기가 훨씬 수월하게 된다.

레비-스트로스는 그런 행위가 실제로 치료의 효과도 가져온다는 사실을 지적하고 있다. 즉, 샤만이 무우를 굴복시키고 무우의 요새로부터 개선할 때 산부는 무사히 아기를 낳을 수 있었다는 것이다. 무엇 때문에 그런 일이 생기는가?

> 그러니까, 원래 내면의 감정 차원에서 펼쳐지는 상황을 겉으로 드러냄으로써, 또 육체가 견디어 내기를 거부하는 고통을 정신이 받아들일 수 있게 만듦으로써, 치유가 이루어진다. ...... 수호령(守護靈), 악령(惡靈), 초자연적인 괴물, 그리고 주술적인 힘을 지닌 동물

들이 모두 원시사회 사람들의 우주관을 떠받치는 어떤 일관된 체계 속에서 활약을 한다. 아픈 여인은 그런 신화적 존재들을 인정하고 있다. 좀더 정확하게 말하자면, 그녀는 그런 신화적인 존재들에 대해서 의심을 품어 본 적이 전혀 없다고 해야 할 것이다. 그녀가 받아들이지 못할 고통이 있다면, 그것은 자기의 그런 사고와 가치, 신앙 체계와 모순되는 고통일 것이다. 그러나 이제 샤만이 신화에 근거하여 모순을 풀어 버리고, 모든 것이 의미를 가지며 상호 연관되어 있는 하나의 우주 속에 그 고통의 자리를 잡아 준다. 이로써 그 환자의 고통은 의미 있는 것이 되고, 따라서 견디어 낼 만한 것이 된다.[25]

레비-스트로스는 또 계속해서 다음과 같이 말한다.

  샤만은 표현되지 않은, 또는 표현할 수 없는 심리 상태를 직설적으로 나타낼 수 있는 언어를 사용한다. 그런 언어를 가지고 병든 여인의 심리 상태를 표현함으로써 그 여자가 치르고 있는 일련의 고통스러운 생리 과정을 낱낱이 표면화한다. 그 덕분에 그 고통은 견딜 수 있는 것이 된다. 그냥 두면 혼란스럽고 표현 불가능했을 고통의 실제 경험에다가 질서와 형식을 부여함으로써 수긍할 수 있는 것으로 만들고, 그리하여 그 여인이 겪어야 하는 출산의 육체적 고통을 바람직한 방향으로 재편성함으로써 위안을 준다.[26]

반드시 병 치료를 위한 의례가 아니라 할지라도, 의례는 일반적

---

25) Claude Lévi-Strauss, *Structural Anthropology* (Garden City, NY: Doubleday Anchor, 1967), 192-93쪽.
26) 같은 글, 193쪽.

으로 레비-스트로스가 설명한 것과 같은 기능을 할 수 있다. 대부분의 신화가 투쟁과 패배의 내용을 담고 있으며, 또한 의례에는 많든 적든 고통과 희생의 요소가 포함되어 있다는 점이 그것을 시사해 준다. 그러한 신화와 의례에 참가함으로써 사람들은 비극과 대면할 준비를 갖추게 된다. 자신의 시련에서 벗어나려고 애쓰는 것도 아니고 벗어나는 척하는 것도 아니다. 더욱 큰 하나의 우주적인 질서 속에 들어감으로써, 모든 것을 박탈해 버리는 듯한 고통을 완화하는 것이다. 그리하여 세상으로부터 소외되었다는 느낌을 극복하고 좌절을 이겨낸다. 그래서 인간은 고통을 겪으면서도 그 세계 속에 제 자리를 지키게 된다. 이런 관점에서 볼 때, 다음과 같은 수잔 랭거의 관찰은 매우 적절했다고 할 수 있다.

> 신화란 …… 인간이 자연과 갈등을 빚을 수밖에 없으며, 인간의 소망은 언제라도 인간 밖의 힘에 의해서 좌절될 수 있고, 늘 적대적인 억압의 힘이 인간을 짓누르며, 또는 인간의 소망이 서로 모순될 수 있다는 현실을 인식하는 것이라고 할 수 있다. 신화는 인간의 공통적인 운명인 출생, 정열적인 사랑, 그리고 죽음에 의한 패배 등의 이야기이다. 신화의 궁극적인 목적은 세계의 진상을 마음대로 왜곡해서 그리는 것이 아니다. 그보다는 오히려 세계의 기본적인 진상을 진지한 태도로 대면하려는 것이다. 즉, 문제로부터 도피하는 것이 아니라 도덕적인 관심을 바탕으로 해서 문제와 직접 부딪쳐 가는 태도라 할 수 있다.[27]

---

27) Susanne Langer, *Philosophy in a New Key* (New York: Mentor Books, 1964),

9. 의례와 신화의 표현 기능

  의례와 신화가 사회적인 기능을 갖고 있다는 점은 부인할 수 없는 명백한 사실이다. 그러나 지금까지 설명한 것에는 미처 포함되지 않은 무엇인가가 또 있는 것 같다. 의례와 신화의 기능을 분석할 때 별로 주목을 받지 못했던 또 다른 요소를 여러 사회학자와 철학자들이 강조하고 나섬으로써 새로운 연구의 길이 열리게 되었다. 기능주의 연구 방법의 문제점은 모든 인간의 행동을 순전히 실용적인 것으로, 즉 어떤 목적을 위한 도구로만 취급한다는 점이다. 기능성이라는 것은 도구성과 동일시되는 경향이 있어서, 모든 활동을 그 행위 자체가 아닌 다른 어떤 목적을 성취하기 위한 하나의 "수단"으로 여기는 것이다. 즉, 인간의 활동은 어떤 목적을 지향하며, 각각의 행위는 어떤 주어진 목적을 달성하기 위한 도구 또는 수단이라는 생각을 바탕으로 하는 개념이다.

  그러나 과연 모든 행위가 그런 뜻에서 도구 내지 수단에 불과한지는 의문의 여지가 있다. 만약 그렇다고 한다면, 우리의 목적은 결코 성취될 수 없는가? 인간은 목표에는 결코 도달할 수 없고, 늘 그것을 향해 가는 길 위에 놓여 있는가? 어떤 목적을 위한 수단이 아니라 그 자체가 목적인 행위는 없는가?

  인간의 여러 가지 활동 가운데 특히 두 가지 영역, 즉 놀이와 예술이 이 문제를 다시 생각해 보게 한다. 놀이의 기능은 무엇인가?

153쪽.

이 물음에 대한 해답을 찾아가는 과정에서, 우리를 난처하게 하는 위와 같은 문제들이 더욱 날카롭게 부각될 것이다. 어린아이들의 놀이도 분명히 생리적이고 심리적인 기능을 한다고 주장하고 싶을지 모른다. 놀이를 통하여 근육이 단련되고 긴장을 해소하며, 공부나 노동 등 피곤한 시간 사이에 휴식을 취한다거나 즐거운 분위기에서 학습이 이루어지게 된다는 등의 이야기를 할 수 있다. 많은 부모가 그런 점을 잘 알고 있으며, 또한 놀이의 "효용성"을 확신하면서 아이들에게 놀이를 권장한다. 그러나 만약 어린아이가 그런 목적을 의식하면서 놀이를 한다면, 놀이는 더 이상 기대하는 기능을 발휘하지 못할 것이다. 육체의 기능을 향상시키려고 의도적으로 노력하는 것은 운동이지 놀이가 아니다. 의도적인 휴식도 그저 휴식일 뿐이지 놀이가 아니다. 재능을 발달시키는 것은 그것이 아무리 즐거운 분위기에서 이루어진다고 해도 놀이가 아니라 어디까지나 학습이라 한다. 놀이가 지니는 독특한 성격은 그것이 자발적이며, 동기가 없고, 그 자체를 목적으로 하여 탐닉되는 행위라는 데 있다. 놀이는 목적이 없다거나(목적을 그 행위 밖의 어떤 것이라고 정의할 때), 또는 놀이의 목적은 그 행위 자체에 들어 있다고 말할 수도 있겠다. 그 행동의 목적은 그 행동 안에 있는 것이다. 놀이는 어떤 다른 목적을 달성하기 위한 수단이 아니라, 그 자체가 목적이다.

예술 또한 놀이와 마찬가지로 여러 가지 부수적인 목적을 위해서 그 기능을 발휘할 수도 있다. 교육을 위해서 이용하기도 하고, 정신 통일이나, 아니면 어떤 불쾌한 현실로부터 정신적으로 도피하는 데 이용하기도 한다. 그러나 작품을 제작하는 예술가들은 이런 종류의 목적에 일차적인 관심을 두지는 않는다. 예술가에게는 작품 제작 그 자체가 하나의 목적이며, 미적 실재인 예술 작품을 만드는 데에서 즐거움을 느끼는 것이다. 우리가 사는 집에서도 이와 관련된 예를 찾아볼 수 있다. 집은 자연으로부터 우리를 보호하기 위한 것이다. 그러나 그 집안의 예술적인 장식품들은 그런 실용적인 용도를 갖고 있지 않다. 그럼에도 불구하고 우리는 그 장식품들을 귀하게 여기며 아끼고 감상한다. 그것이 그 집에서의 생활을 오로지 실용성에만 얽매인 행위가 아니라 하나의 풍부한 인간적 경험이 되도록 해준다.

이런 설명만으로 예술에 관한 미학의 이론을 적절하고도 충분하게 피력했다고는 할 수 없을 것이다. 그러나 인간의 문화적 활동에서는 실용성에 못지 않게, 아니 어쩌면 그 이상으로 놀이와 예술이 매우 중요하다는 점을 이야기하는 데에는 이 정도로도 충분하지 싶다.

존 듀이는 다음과 같이 말하였다.

인간의 경험 전반에서 가장 특징적이고 두드러지게 나타나는 현상은 유흥, 향연과 축제, 치장, 춤, 노래, 연극, 이야기 등에 탐닉하는 것이다. 이러 현상은 충분히 주목할 만한 가치가 있다. 그러나 철학자들은 인간의 지적, 또는 도덕적 사유와 활동에만 관심을 쏟았지 그런 현상에는 거의 주의를 기울이지 않았다. 심지어는, 쾌락이 인간의 유일한 관심사라든가 행복의 획득이 인간의 궁극적인 목적이라고 생각하는 철학자들조차도, 그러면 쾌락이란 무엇인가, 행복은 어떻게 추구하는 가 하는 데 대하여 설명할 때에는 기묘하게도 점잖고 단조로운 태도를 고수하였다. 공리주의자(公利主義者)들만 보더라도, 열심히 땅을 일구고 실을 뽑고 또 옷감을 짜는 데에만 몰두했지, 인간이 들에 핀 백합처럼 즐거움에 휩싸여 있다고는 전혀 생각하지 않았다. 행복이란 계산과 노력에 관련되며 산술적인 부기(簿記)를 통해서 행복을 안내할 수 있다는 것이 그들의 생각이었다. 그러나 인간의 역사는 인간이 가능한 한 적절하게 향락을 누리려고 한다는 사실을 보여 준다. …… 옷을 입기 전에 우선 몸부터 치장하며, 자기가 사는 집은 돼지 우리 같더라도 사원과 궁전은 아름답게 꾸며야 한다. 필수품보다 사치품을 귀중하게 여긴다. 그런가 하면 고기잡이나 사냥을 일종의 경기로 변형시키기도 한다. …… 가능하다면 언제라도 실용적인 노동을 의식이나 의례를 통해 변형시키며, 즐거움을 직접 누리기 위한 유흥의 일종으로 만드는 것이다.[28]

듀이는 놀이라는 요소가 철학자들의 주목을 제대로 받지 못했다고 지적했지만, 호이징하나 랭거 같은 예외도 있다. 호이징하의 「호모 루덴스」는 놀이를 문화의 핵심 요소로 중시하며 연구한 고전적인 저술이다. 그는 놀이를 다음과 같이 정의하고 있다.

놀이는 자발적으로 몰두하는 행위로서, 한정된 시간과 장소에서

---

28) Dewey, 위의 글, 78-79쪽.

행하여진다. 거기에는 일정한 규칙이 있다. 그 규칙은 참가자들이 자발적으로 채택하는 것이지만 절대적인 구속력을 행사한다. 그리고 놀이에는 그것이 "일상생활"과는 "다른 것"이라는 인식이 수반된다.[29]

놀이에는 일상생활과는 "다른 것"이라는 인식이 수반된다는 점에 주목할 필요가 있다. 호이징하에 의하면, 놀이와 종교의례 사이에는 흥미로운 유사성이 있다. 우선, 다른 일반 장소와는 구별된 특정 장소—"놀이터" 또는 "성스러운 곳"—에서 벌어진다는 점이다. "성스러운 행사를 위해서 특별한 공간을 따로 마련하는 것과, 순전히 놀이를 하기 위해서 어떤 공간을 따로 마련하는 것 사이에는 아무런 형식상의 차이가 없다. 경마장, 정구장, 체스판, 그리고 길바닥에 그린 돌차기 놀이판 등은 적어도 형식상으로는 사원이나 주술의 장소와 다를 것이 전혀 없다."[30]

놀이와 의례 사이의 또 다른 유사성은 그 둘이 모두 "연극적"인 성격을 보여 준다는 점이다. 소꿉장난처럼 놀이 참가자들이 각자 본래의 자기가 아닌 다른 역할을 "연기"하는 것은 놀이가 곧 드라마(영어에서는 보통 "a play"라고 하는데, 이 말이 "놀이"도 가리키고 "연극"도 가리킨다는 점 또한 흥미롭다)의 형식을 갖는 대표적인 예이다. 종교 의례에서도 참가자들이 특별한 복장—예를 들자면 예복 같은 것—을 입고 평소와는 다른 역할을 하는 면이 있다. 앞에

---

29) John Huizinga, *Homo Ludens* (Boston: Beacon Press, 1950), 28쪽.
30) 같은 글, 20쪽.

서 소개했듯이, 티코피아의 추장은 의례가 진행되는 동안 자신은 신이 된다고 한다. 이에 대해서는 여러 가지 설명이 가능하겠지만, 여기에서 강조하고자 하는 것은 그 추장의 행동이 연극에서 배역을 맡은 배우의 행동과 흡사하다는 점이다.

또한 놀이와 의례는 모두 "다른 세계"를 만들어 낸다. 그 "다른 세계"에서는 모든 행위가 일상적인 관심으로부터 벗어나 "가상," "공상," 또는 "주술"의 영역으로 들어가게 된다. 의례를 수행하는 사람들은 우리를 일상의 실제 생활과는 "전혀 다른 세계"로 초대한다. 의례와 신화가 놀이의 형식을 취한다는 점은 앞서 소개한 예에서도 이미 볼 수 있었다. "뜨거운 음식"의 의례에서는 신과 연회를 같이한다는 엄숙한 분위기 속에서도 뜨거운 얌을 누가 먼저 먹느냐를 겨루는 일종의 경기가 벌어진다. 그리고 마지막에는 엄숙한 분위기도 풀어지고 즐거운 판이 되는 것이다. 한편 뉴기니아의 성인식에서는 소년들이 처음에는 괴물 이야기와 그 소리에 잔뜩 겁을 먹었다가, 나중에는 그 괴물이 사실은 자기들의 아버지라는 사실을 깨닫게 된다. 그리고는 그 "속임수"에 대해 화를 내는 것이 아니라 그 연극에 참가하게 되었음을 즐거워한다.

놀이와 예술을 이런 관점에서 분석하는 데에는 어의상의 난점이 다소 있다. 그런 활동을 두고 "목적이 없다"고 할까, 아니면 "목적이 그 행위 자체에 들어 있다"고 해야 할까? 어떤 사람이 그 행위 자체 이외에는 아무런 목적이 없이 움직일 때에도, 우리는 여전히 그가 그런 행위를 하는 데에는 어떤 "목적"이나 "이유"가 있게 마련이라고 말하고 싶어하지 않는가? 철학자 임마누엘 칸트

(Immanuel Kant)는 그런 행위의 특징을 "목적이 없는 목적성"이라고 말하였다. 아무튼 이런 용어들을 사용하기 위해서는 우선 그 기본적인 용법을 정확하게 정해 놓을 필요가 있다. 모든 행동은 예외 없이 어떤 "기능"을 가진다고 말할 수도 있을 것이다. 행동이란 무엇인가를 하는 것이며, 과연 무엇을 하고 있는지를 제대로 판별해 내면 바로 그 행동의 기능을 판별해 내는 셈이 된다. 그렇게 판별되는 인간 행위의 기능 가운데 많은 것이 "도구적"인 기능이다. 즉, 행위 그 자체 이외의 무엇인가를 목적으로 하는 수단으로서 그 행위를 하는 경우가 많다. 그러나 인간 행위의 또 다른 기능으로 "표현"의 기능이 있다. 그런 기능을 수행하는 행위는 그 행위 이외의 어떤 목적에 비추어서 평가되는 것이 아니라, 처음부터 행위 그 자체 안에 이미 정당성을 갖고 있다는 점에서 순전히 수단으로서 기능하는 행위와는 다른 면이 있다. 아울러, 하나의 행위가 수단이면서 동시에 표현일 수도 있다는 점도 염두에 두어야 한다.

 문화에 담겨 있는 놀이의 요소를 꿰뚫어 보면 종교를 더욱 깊이 이해하는 길이 많이 열릴 것이다. 그렇다고 해서 의례에서 놀이의 요소를 너무 과대평가하는 일은 피해야 한다. 놀이와 의례가 밀접한 관계에 있는 것은 사실이지만, 그 둘을 결코 같다고 볼 수는 없다. 예를 들어 대부분의 의례가 지니는 엄숙한 분위기와 엄격한 절차는 놀이의 자발적이고 즉흥적인 성격과는 전혀 다른 것이다. 그리고 놀이는 일상생활의 도구적 측면을 배제하는 것이 아니라 보충해주는 한편, 종교는 수단과 표현 양면을 다 지니고 있는 듯하다. 종교행위에도 실용적인 목적을 위한 측면이 있고 또한 동시에 표현을 위한 축제의 요소도 거기에 얽혀 있어서, 종교를 그 어느 한 편에 치우쳐 해석하는 것은 곤란하다.

이 문제와 관련해서, 인류학의 문헌에서 자주 거론되는 주술과 종교 사이의 관계는 시사하는 바가 많다.

10. 주술과 종교

고대종교에 대해서 프레이저가 피력한 견해는 그 뒤의 학자들에 의해서 대부분 부인되고 말았다. 그러나 주술에 대한 그의 설명만큼은 아직도 높은 평가를 받고 있다. 프레이저에 의하면, 원시사회의 주술은 두 가지 원칙을 바탕으로 하고 있다고 한다. 그 가운데 하나가 이르바 유사성의 원칙이고, 이에 근거를 두는 것이 유감주술(類感呪術, homeopathic magic)이다. 이 주술은 어떤 대상에게 영향을 끼치기 위해서 그 대상과 비슷한 형상을 사용한다. 예를 들어서 어떤 사람의 모습을 본뜬 인형에다가 핀을 꽂으면 그 사람이 상처를 입게 된다는 것이다. 주술의 두 번째 원칙은 이른바 감염(感染)의 법칙이다. 이 법칙은 물리적인 접촉에 근거해서 주술적인 영향력이 발휘된다는 것이다. 어떤 사람의 머리카락이나 손톱 조각, 옷 조각, 심지어 발자국이라도 있다면, 주술사는 그것을 가지고 그 사람에게 해를 끼칠 수 있다. 이 경우에는 각 사물들의 개체성이 무시되는 듯하다. 별개의 사물일지라도 서로 어떤 관련이 있으면 서로 통하는 것으로 취급된다. 부분(예를 들어 머리카락)

이 곧 전체(머리카락의 주인)가 될 수 있고, 또 한 부분에 가해진 행위가 전체에도 영향을 끼친다는 것이다.

프레이저에 의하면, 순수한 주술 그 자체는 종교와는 별개이다. 종교는 물리적 우주의 자연 질서를 초월하는 정령이라든가 신, 또는 그 밖의 초자연적인 존재들에 대한 태도이다. 그러나 "주술사는 자기보다 더 강력한 힘에 애원하는 것이 아니다. 그는 변덕스럽고 마음 내키는 대로 행동하는 신적인 존재에게 나 좀 잘 봐 달라고 간청하지 않는다. 주술사 자신이 자기의 의도를 밀고 나갈 방법을 알고 있다. 그렇다고 해서 그가 독단적으로 아무렇게나 할 수 있는 무한한 힘을 가진 것은 결코 아니다. 오로지 주술의 규칙, 즉 주술사가 자연의 법칙이라고 믿는 그것에 충실히 따라야만 그런 힘이 발휘될 수 있다.

프레이저는 또 주술사는 종교인보다는 과학자에 더 가깝다고 주장했다. 주술사와 과학자는 모든 현상이 "완전히 규칙적이고 확실하며 불변하는 법칙에 따라 결정되므로, 그 법칙의 운용을 정확히 예측해 낼 수도 있다고 본다. 또한, 자연의 운행에는 변덕이라든지 우연, 우발적인 일은 있을 수 없다고 믿는다."[31] 주술사와 과학자가 다른 점이란, 단지 주술사는 "인과 관계를 지배하고 있는 구체적인 법칙들의 성질을 완전히 잘못 알고 있다"는 점뿐이다. 유사와 감염이라는 원칙이 정말로 자연의 인과관계를 결정하는 바탕이 될 수

---

31) James Frazer, *The Golden Bough*, 1권, 축소판 (New York: Macmillan, 1958), 56쪽.

는 없기 때문이다.

말리노브스키도 이러한 의견을 대체로 받아들였다. 그러나 몇 가지 부분에 대해서는 주목할 만한 수정을 가하였다. 우선, 주술과 종교의 관계에 대해서 말리노브스키도 기본적으로 프레이저의 입장을 받아들이지만, 거기에다가 주술은 개인적이며 종교는 현저하게 사회적인 성격을 갖는다는 점을 덧붙였다. 종교는 의례와 신화로 표현되는데, 의례와 신화는 사회적인 의미를 갖고 있어서 부족 전체가 거기에 참여한다. 반면에 주술은 보통 개인이 자기의 적을 죽이고 싶다거나, 이성의 사랑을 구한다거나, 아니면 질병을 치료하거나 재산을 얻고자 하거나 또는 싸움에서 이기고자 하는 등 특정의 개인적인 목적을 달성하기 위해서 주술사에게 의뢰하는 것이라고 한다.

이렇게 본다면 주술은 자연의 힘을 조작할 수 있는 능력을 얻고자 하는 것이라고 하겠다. 주술은 자연의 힘을 개인의 목적을 위하여 조종하려고 하는 것이다. 한편, 종교는 단순한 비인격적인 힘 이상의 존재라 할 수 있는 정령이나 신과 "공동체적인" 관계를 맺으려고 하는 것이다. 종교에서도 어떤 목적을 위해서 신의 도움을 청하는 경우가 있다. 그러나 그것은 결코 명령이 아니라 간청일 뿐이다. 우리는 이런 구분을 마틴 부버(Martin Buber)의 유명한 범주, 즉 "나와 그것," 그리고 "나와 당신"이라는 두 가지 관계의 범주를 이용해서 더 확대시켜 볼 수도 있다. 순수한 형태의 주술은 자연을 조작하려는 목적하에 그 자연과 "나와 그것"의 관계를 맺는다. 한편, 종교는 인격적인 만남을 추구하여, 자기가 신으로부터 도움을 받고 싶은 만큼 신에게 봉헌하고 예배하는 "나와 당신"이라는 인격적인 관계를 열망한다. 또는 바로 앞 장에서 사용한 용어를 써서 말한다면, 주술은 본질적으로 삶의 수단적인 영역에 관련된 반면에, 종교는 표현적인 면을 강조한다고도 할 수 있다. 그래서 말리노브스키는 주술은 그 자체 이외의 어떤 목적을 위한 수단으로 행하는 것이고, 종교는 보통 그 자체를 하나의 목적으로 하는 사회적 의례를 발달시킨다는 점을 지적한다. 그는 다음과 같이 설명한다. "주술은 어떤 분명한 목적을 달성하기 위한 수단으로서 행한다. 따라서 주술은 일종의 실용적인 기술이라고 할 수 있다. 한편, 종교는 일단의 자기 충족적인 행위로 이루어지는 것으로서, 그런 행위 자체가 그 행위의 목적을 달성하는 셈이 된다."[32]

　종교와 주술을 이런 식으로 구별하는 것도 경우에 따라서는 쓸모가 많을 수 있다. 그러나 이런 구분은 종교와 주술을 너무 멀리 떨어뜨려 놓는 데 문제가 있다. 사실 종교와 주술은 그렇게 분명히 구분할 수가 없는 것이다. 프레이저가 서술하는 인격적인 성격의 정령이나 신의 영역과 전혀 무관한 주술의 예는 실제 인간 사회에서는 전혀 또는 거의 찾아볼 수 없다. 주술이 순전히 조작적인 성격만 갖고 있는 것도 아니며, 종교도 조작적인 성격을 완전히 배제하고 있지는 않다. 또한, 종교도 역시 개인적일 수 있으며, 주술적인 의식 가운데에는 공동체나 사회를 단위로 해서 행하는 것도 있다. 예컨대 레인몬드 퍼스는 다음과 같은 티코피아의 사례를 보고

---

32) Malinowski, 위의 글, 88쪽.

해 주고 있다.

아리카 카피카가 곡물을 살찌울 비를 내리게 해 달라고 기도할 때에는 땅에 물을 붓는다거나 구름이 몰려오는 모습을 묘사하는 주술적인 동작을 하지 않는다. 그는 애원하듯이 구름과 비에 대하여 이야기한다. 거기에서는 구름이나 비를 상징하는 투박한 기호를 사용하지 않는다. 그 대신에 언어로 그것을 상징화한다. 그 밖에도 티코피아 고유 종교의 사제들은 의례를 집전하고 주문을 외울 때, 프레이저가 묘사하는 것처럼 공적인 기능인으로 행동하기보다는 "시적"(詩的)으로 말하고 행동한다.[33]

사실상 인류 문화에서 "나와 당신"이라는 대화 내지 교합의 요소가 없이 "순전히" 조작적인 성격만 갖고 있는 주술은 그 예를 찾을 수 없다. 마찬가지로, 개인의 욕구와 목적은 전혀 고려하지 않은 채 오직 "나와 당신"의 관계만 강조하는 순수한 종교도 그 예를 찾을 수 없다. 그보다는 수단의 요소와 표현의 요소, 또한 조작의 요소와 교합의 요소가 서로 영향을 끼치며 역동적으로 얽혀 있음을 볼 수 있다.

이 점에 입각해서 윌리엄 구드(William Goode)는 주술과 종교를 상호 배타적인 별개의 "현상"으로 보지 말고 다만 두 가지 양극적 성격으로 보자고 주장한다. 즉, 종교와 주술을 양극으로 하는 하나의 연속선을 그려 보자는 것이다. 주술은 순전히 조작의 성격

---

[33] Work, 17-18쪽.

을 나타내는 한쪽 끝점이고, 반면에 종교는 교합의 표현을 나타내는 다른 쪽 끝점이다. 대부분의 실제 현상은 그 양극 사이를 잇는 선 어디엔가에 위치하며 어느 양쪽의 성격이 균형을 이루거나 아니면 한쪽의 성격이 다소 우세하거나 하면서 주술과 종교가 복합된 모습을 드러낸다.

  토마스 오디가 주술과 종교의 이런 관계를 명쾌하게 요약해 주고 있다.

> 기능주의 이론은 종교를 비경험적인, 또는 초경험적인 목적을 달성하기 위하여 비경험적인, 또는 초경험적인 수단을 동원하는 것이라고 정의 내리는 한편, 주술에 대해서는 경험적인 목적을 위해서 비경험적인, 또는 초경험적인 수단을 동원하는 것이라고 정의해 왔다. 그러나 종교의 정의에 "목적 달성을 위해 수단을 동원한다"는 말을 사용하는 것은 적절치 못하다. 그런 말로는 인간의 종교적 태도를 적절하게 서술하지 못하기 때문이다. 종교는 어떤 하나의 신이나 여러 신들, 또는 그 밖의 초월적인 존재 등 실재의 초경험적인 영역과 관계를 맺는 길을 제시한다. 한편, 주술은 본질적으로 "목적 달성을 위해 수단을 동원"하는 성격을 갖고 있다는 점에서 종교와 일단 구별된다. 그러나 주술의 행위도 역시 인간이 초경험적 실재와 종교적인 관계를 맺을 때에 특징적으로 드러나는 분위기, 즉 두려움과 존경, 놀람과 경이의 분위기에서 행하여진다는 점을 간과해서는 안 된다.[34]

---

34) Thomas O'Dea, *The Sociology of Religion* (Englewood Cliffs, NJ: Prentice-

종교를 사람들 사회의 일상적인 사회관계와 대비시켜 본다면 이해에 도움이 될 것이다. 우리가 다른 사람과 특별히 의미 있는 관계를 맺을 때, 그 동기는 과연 무엇인가? 그 사람으로부터 "무엇인가를 얻으려고" 하는 순전히 조작적인 동기에서 그런 행위가 이루어질까? 인간 사이의 관계를 온통 그런 식으로 보는 것도 불가능한 일은 아니다. 왜냐하면 사랑과 같은 이타적인 충동도 "사랑을 얻으려는 욕구"로 바꾸어 볼 수 있으며, 그러므로 누구를 사랑하는 것은 그 사람과 관계를 맺음으로써 그 욕구를 충족시키기 위함이라고 설명할 수도 있겠기 때문이다.

　그러나 이것은 왜곡된 관점이다. 실제로 일어나는 현상의 복합적인 여러 측면을 다 보지 않고 오직 한 측면만을 보기 때문이다. 친구를 하나의 "수단"으로 이용하는 일은 전혀 있을 수 없다고 주장한다면 그것은 사실 너무 비현실적인 주장이다. 그러나 우리가 우정을 귀중하게 여기는 것은 그것이 어떤 목적을 충족시켜 주기 때문이지 그 자체가 원래 소중하기 때문은 아니라고 주장한다면, 그것도 정확한 얘기는 못 된다. 우리는 친구와의 관계에서 무엇을 얻고자 하기도 하지만, 또한 무엇을 주고자 하기도 한다. 즉, 실용적인 관심과 교합의 관심이 한데 얽혀 있는 것이다. 이와 마찬가지로 종교적인 관계도 주술적인 요소와 교합적인 요소를 모두 포함하고 있으며, 그 둘이 여러 가지 모양으로 서로 작용하고 있는 것이라고 할 수 있다.

　Hall, 1966), 7쪽.

위에서 논의한 것과 같은 종교와 주술의 구분에는 또 하나의 문제점이 있다. 주술은 덜 인간적인 반면에 종교는 인간성을 풍부하게 해주는 유익한 현상이라는 전제를 깔고 있는 듯한 점이다. 목적달성을 위한 수단으로서의 조작적 성격과 초월적 실재와의 교합을 추구하는 성격을 극단적으로 양분해서 객관화하는 범주로서는 그런 구분이 유용할 수도 있다. 하지만 종교현상에는 그 양극이 다 들어있다. 종교도 어떤 특정 목적을 위해서 신에게 아첨하고 간청하며, 술수를 쓰거나 강요하는 형태를 띨 수 있다. 물론 종교에는 훨씬 더 광범한 차원도 있고 이타적인 면도 분명히 있지만 말이다. 한편 주술도 역시 보통 우리가 알고 있는 것보다는 덜 조작적이며, 오히려 표현적인 요소도 많이 갖추고 있다. 수잔 랭거는 다음과 같이 주장한다.

> 주술적인 행위가 어떤 목적을 위하여 행하는 것이든 간에, 그 직접적인 동기는 어떤 커다란 개념들을 상징으로 나타내고자 하는 욕망에 있다. 주술이라는 가시적인 행위를 통해서 풍부한, 그러나 물론 원시적인, 상상력이 표출되는 것이다. 주술은 결코 어떤 실용적인 동기에서 비롯된 것이 아니고 일종의 의례로서 시작되었다고 생각한다. 주술의 핵심 목적은 실존의 진상을 상징화하는 것이고, 어떤 종교적인 우주관을 형상화하는 데 있다. ...... 주술은 일상적인 분위기에서 행하는 것이 결코 아니다. 우리는 일상생활에서도 늘 인과율에 입각해서 사고하고 행위하지만, 주술은 그런 일상적인 인과율로 채용되는 것이 아니다. 이렇게 보면 인과율을 잘못 이해한

데에서 "주술의 방법"이 비롯되었다고 하는 통설은 부정되고 만다. 자기 형제에게 달라붙은 학질을 쫓아내기 위해 북을 두드리는 야만인이라 할지라도, 사냥할 때 화살을 거꾸로 끼우고 쏜다거나 고기를 잡을 때 꽃을 미끼로 쓰는 짓은 하지 않는다. 주술 의례를 행하는 것은 인과율을 무시하기 때문이 아니라, 실용적인 관심보다 더 강하고 중요한 어떤 관심이 있기 때문이다. 그런 관심이 주술이라는 신비행위를 통해 표현되고 있는 것이다.

그러므로 주술은 수단이 아니라 하나의 언어이다. 주술은 종교의 언어라고도 할 수 있는 의례라는 더 큰 현상의 일부이다. 의례는 다른 매체로써는 적절하게 표현할 수 없는 경험들을 상징적으로 변형시켜 표현한다. 의례는 인간의 본질적인 욕구에서부터 나오는 자발적인 행위이다. 즉, 의례는 어떤 의도적인 목적을 위해서 행하는 것이 아니다. 의례의 발생과 발전은 계획된 것이 아니다. 아무리 정교하고 복잡한 의례라 할지라도 전저으로 자연스럽게 그렇게 형성된 것이다. 의례는 결코 "강제로 주어진 것"이 아니다. 마치 벌들이 군집 생활을 하고 새가 둥우리를 지으며 다람쥐가 먹이를 모으고 고양이가 제 얼굴을 핥듯이, 사람은 저절로 의례를 행하게 된 것이다. 어느 누가 히브리어나 산스크리트어, 또는 라틴어를 만들어 낸 것이 아니듯이, 의례도 어느 누가 만든 것이 아니다. 인간이 자기 경험을 표현하는 형식들―말, 몸짓, 노래, 제사―은 같은 종류의 심성을 가진 사람들이 함께 살아가다가 어떤 단계에선가 자연스럽게 만들어 낸 상징물이다.[35]

---

35) Langer, 위의 글, 52쪽.

그러니까 우리의 결론은, 종교현상을 제대로 설명하려면 수단의 요소와 표현의 요소를 모두 고려해야 한다는 것이다. 그 두 요소를 멀리 떨어뜨려 놓을 수가 없다. 실제로, 어떤 목적을 위한 수단으로 사용되는 상징도 일말의 표현적인 요소를 지니고 있고, 반대로 표현적인 성격의 상징도 기능적인, 어떤 의미에서는 수단적이라고 할 수 있는 요소를 가지고 있다. 종교적 상징이 지니고 있는 표현으로서의 성격을 염두에 둔다면, 종교를 너무 따분하고 심각한 것으로만 여겨서 종교의 생기발랄하고 창조적이며 심지어 놀이로서의 성격을 간과하게 되는 오류는 피할 수 있을 것이다. 많은 종교 행위와 상징이 어떤 목적을 위한 수단이면서 또한 동시에 그 자체가 목적이 되는 그런 것들이라는 점을 간과해서는 안 된다.

IV

신화의 해석
상징적 표상으로서의 종교

1. 종교에 대한 해석학적 연구

앞장에서는 인간의 개인생활과 사회생활에서 의례가 수행하는 여러 가지 기능에 대해서 살펴보았다. 의례의 기능을 검토하는 가운데 우리는 행위와 의미가 불가분하게 얽혀 있음을 알게 되었다. 의례 행위는 그 자체가 매우 상징적이다. 더구나 신화나 문장(紋章) 등 그 밖의 여러 가지 상징적 장치들이 의례와 함께 복잡한 의미를 전달하는 데 사용되곤 한다. 이 장에서는 종교현상을 무엇보다도 우선 상징적 표현의 양식으로 다루어 보고자 한다.

최근 여러 분야의 학자들이 인간의 상징체계에 대해서 많은 관심을 보이게 되었다. 심리학자들은 인간의 꿈에서 형성되는 여러 가지 상징을 연구하고, 고고학자들은 고대 문화의 유적지에서 발굴된 것들을 가지고 그 의미를 캔다. 수학자와 논리학자들은 추상적인 기호 체계가 어떻게 작동하는지 설명하는 데 크게 기여했다. 언어학자와 문헌학자, 어의학자 들은 언어의 의미가 지니는 기능을 탐구해 왔다. 또한 몇몇 현대 철학자들은 언어의 "용법"에 관한 문제에 관심을 기울이고 있다. 특히 수잔 랭거는 「철학의 새 열쇠」(*Philosophy in a New Key*)라는 저술에서, 현대 사상을 전체적으로 살펴볼 때 새롭게 나타난 "핵심적인 경향"은 상징을 강조하는 점이라고 주장한다. 인간이 무엇을 말하는가 하는 문제에서부터, 인간이 그것을 말할 때 사용하는 상징 양식에 관한 문제로 관심의 초점이 옮아간 것이다. 물론 이 두 측면이 밀접하게 관련되어 있다는 점을 무시할 수는 없다.

여기에서 "해석학적" 관점이라고 한 것은 이런 연구 방법 전체를 가리키는 말이다. 우리는 그것을 기호학적 방법이라고 부를 수도 있다. 그러나 그것은 상징체계를 연구하는 여러 학문 분야들 가운데에서도 어느 한 특정 학파와 관련된 용어가 되어 버렸다. "해석학"이라는 용어도 경우에 따라서는 문헌 자료의 의미를 해석하는 기술이라는 좁은 뜻으로 사용되기도 한다. 예를 들어, 유대교와 기독교에 대한 연구 분야에서는 성서를 해석하는 것을 해석학이라고 부른다. 그러나 더 적절한 용어를 찾을 수 없기 때문에, 이 책에서는 해석이라는 용어를 상징의 의미를 해석하려고 하는 시도라면 어떤 종류의 것이든 모두 그 안에 포괄하는 넓은 의미로 사용하고자 한다. 이와 관련해서 엘리아데는 다음과 같이 말하고 있다.

해석학을 제대로 이용하면, 종교의 역사가 제 자리를 되찾게 될 것이다. 즉, 더 이상 굳어 버린 화석이나 폐허의 유물, 또는 기적을 보여 준다는 진부한 물건들을 모아 놓은 박물관에 머물지 않고 생명을 찾을 것이다. 달리 말하자면, 종교의 역사는 이제 해독과 이해를 기다리는 일련의 "메시지"로 우리 앞에 나타나게 되는 것이다.[1]

그러므로 상징화라는 현상을 통해서 인간을 연구하려는 방법은 종교를 연구하는 데에도 매우 중요한 의미를 갖는다. 우선 이 연구 방법이 전제로 하고 있는 사항 몇 가지를 살펴보기로 하자.

2. 상징을 만드는 동물

인간에 대한 정의에는 여러 가지가 있다. 예컨대, 이성적 동물, 종교적 동물, 또는 도구를 만드는 동물 등의 정의가 있다. 그런데 현대 사상의 추세에서 보면, "상징을 만들고 사용하는 동물"이라는 정의가 자주 강조되고 있다. 상징(symbol)은 부호(signal)나 신호(trigger)와는 구별해야 한다. 동물도 신호에 반응한다. 특정한 소리나 냄새 같은 것을 신호로 해서 특정 방식으로 반응하는 것이다. 예를 들자면, 육식 동물에게는 사냥감의 냄새가 먹이의 방향을 알려 주는 하나의 "신호"로서의 역할을 한다.

---

[1] Mircea Eliade, *The Quest* (Chicago: The University of Chicago Press, 1969), 서문.

인간도 물론 신호나 부호에 반응한다. 그러나 인간은 거기에 그치지 않는다. 인간은 기호 자체와 그 기호가 의미하는 것을 서로 구별할 줄 안다. 그리고 기호와 의미 사이의 관계, 즉 상징관계를 인식할 줄 안다. 또한 소리를 조합하여 자기의 여러 가지 경험 내용을 의미하는 대응물, 즉 상징으로 사용한다. 그러나 그 소리와 그것이 의미하는 것 사이에는 아무런 필연적 관계도 없다. 둘 사이의 관계는 기호 그 자체와 그 기호가 의미하는 것을 혼동하지 않고 구별할 줄 하는 인간의 능력에 의하여 맺어진 하나의 상징 관계이다.

인간이 상징으로 사용하는 것에는 소리 이외에도 여러 가지가 있다. 예를 들어 얼굴의 표정도 여러 가지를 상징할 수 있다. 미소는 즐거움이나 긍정을 나타내고, 찡그림은 불쾌함이나 불만을 의미한다. 사냥꾼은 길을 표시하기 위해 나무에 표지를 달거나 땅에 나뭇가지를 놓는다. 뒤에 오는 사람이 그 상징의 의미를 해석하고 앞에 간 사람이 어느 방향으로 갔는지 알아낸다. 또 어떤 사회에서는 몸의 색칠이나 의복으로 그 사람의 지위나 역할을 나타내기도 한다.

인간이 행하는 상징적 행위의 사례가 매우 뚜렷하고도 광범위하게 나타나는 영역 중 하나가 바로 종교이다. 종교는 여러 가지 자연물이나 인공물을 가지고 복잡한 의미를 전달하는 상징적 장치로 사용한다. 몇 가지 예를 들어보자.

1. "소리." 종교 의례에서는 흔히 여러 가지 소리가 중요한 상징으로 사용된다. 원시종교에서 어떤 고함 소리를 성스러운 소리로 여기는 예를 흔히 보며, 인도의 우빠니샤드에서는 "옴"

이 성스러운 소리이다.

2. "언어로 표현되는 신화." 이미 언급했듯이, 성스러운 이야기는 복잡한 의미를 담고 있는 경우가 많다.

3. "언어로 표현되는 신앙." 많은 종교에서 인간, 세계, 그리고 신에 대한 일련의 진술들이 구두(口頭)나 문헌으로 전승되고 있다.

4. "의례." 앞 장에서 살펴본 바와 같이, 의식(儀式) 행위는 종교적 의미를 전달하는 기능을 갖고 있다.

5. "색깔." 어느 한 색깔, 또는 여러 색깔을 조합하여 상징으로 사용할 수 있다. 예를 들어 초록은 풍요를 뜻하고 빨강은 희생을 의미하는 것으로 사용할 수 있다.

6. "문장"(紋章). 십자가, 만자(卍字), 태극 등과 같은 독특한 무늬 형식으로 복합적인 의미를 전달할 수도 있다.

7. "자연물." 바위, 나무, 강, 산 등은 여러 종교에서 성스러운 의미의 상징으로 사용되어 왔다.

8. "건물." 종교적인 목적으로 지은 건축물은 실용적인 기능뿐 아

종교상징의 예: (위에서 아래로) 키로(chi-rho : 십자가에다가 그리스도라는 희랍어의 첫 글자 x를 겹친 것), 스와스티카(십자가의 변형, 불교의 卍자는 획의 방향이 반대이다), 음양의 상징으로 구성된 태극도형, 그리고 만다라.

니라 상징적인 의미를 갖고 있는 경우가 많다. 그리스도교 교회 건물 가운데에는 의도적으로 십자가 형상을 본떠 만든 것도 있고, 이슬람 사원은 메카를 향하고 있다는 점 등을 그 예로 들 수 있겠다.

북미 북서해안지역 인디언들의 전형적인 토템기둥.
(미국자연사박물관)

이런 짤막한 목록만 가지고는 결코 종교상징을 다 망라할 수 없다. 자연현상이나 인간의 사상 가운데 종교에서 상징적 기호로 사용된 적이 없는 것은 아마 하나도 없을 것이다.

종교상징에 대한 연구는 근래에 상당히 진전되어 많은 업적이 나왔다. 그러나 아직도 남아 있는 한 가지 문제는, "기호"(記號, sign)라든가 "상징"(象徵, symbol)이라는 용어를 학자마다 다른 뜻으로 사용하기도 하기 때문에 초심자들을 혼란케 한다는 것이다. 상징을 연구하기 위해서는 학자들이 그런 용어의 뜻을 각자 어떻게 규정하며 어떻게 사용하는지를 파악해야 한다.

"기호"와 "상징"이라는 용어는 흔히 의미를 전달하는 수단이 되는 것이라면 무엇이든 다 포괄해서 가리키는 말로 사용된다. 때때로 "기호"는 하나의 의미를 직접적으로 전달하는 데 비해 "상징"은 많은 의미를 복합적으로 전달하는 것이라고 구별하기도 한다. 예를 들어 수잔 랭거는 여러 가지 의미를 하나의 포괄적이고 통합된 형태 속에 담는 것을 표상적 상징(presentational symbol)이라고 부른다. 예를 들어, 동물은 물방울 하나가 튀어 오르는 것을 보고 가까이에 강이 있다는 신호로 삼는다. 한편 인간은 거기에서 한 걸음 더 나아간다. 바로 그 같은 강을 두고서, 언어 기호로 "강"이라든가 "물"이라는 개념을 사용하는 것이다. 거기서 더 나아가, 그 강을 그림으로 그릴 수도 있다. 그 그림은 강을 표상적으로 상징한다. 그러면, 그 상징이 의미하는 것은 무엇인가? 상징의 의미는 복합적이고 다양하다. 자연물로서의 강 그 자체의 모습을 표현할 뿐만 아니라, 더러운 것을 씻어 내어 깨끗하게 한다는 물의 일반적인 기능을 의미할 수도 있고, 또한 인간 생활에서 물이 얼마나 중요한지 상기시키는 기능을 할 수도 있다. 나아가, 그 그림을 사원에 걸어 놓고는 영원한 생명의 성스러운 물에 대한 갈증을 표현할 수도 있다. 아니면, 도덕적으로 타락한 것을 의례로써 정화할 필요를 상기시키는 상징으로 해석될 수도 있다. 이 경우에는 도덕적인 깨끗함이나 정신적인 갈증이 그 상징의 우선적인 내용이 되고, 자연물로서의 강 그 자체는 부차적인 것이 된다. 많은 종교에서 물의 상징은 이와 같이 복합적인 의미로 사용된다.

틸리히도 랭거와 똑같지는 않아도 비슷한 방식으로 기호와 상징을 구별한다. 틸리히에 의하면, 기호는 주로 기계적이고 형식적인 방식으로 어느 하나의 대상만을 가리킨다. 한편, 상징은 그 대상을 가리킬 뿐만 아니라, 그 상징을 사용하는 사람에게는 상징 자체가 그 대상에 참여하는 것으로 취급된다. 예를 들면 "미합중국"이라는 말은 하나의 특정 국가를 가리키는 "기호"이다. 한편, 미국의 국기는 하나의 상징으로서, 그것이 나타내는 실체에 참여한다. 그리하여 국기에 대하여 경의를 표하는 것은 곧 국가 자체에 대하여 경의를 표하는 것과 같은 셈이 된다. 이처럼 "상징"과 "상징된 것"은 서로 완전하게 연결되어 있다.

 세계의 여러 종교가 풍부한 상징을 가지고 있다는 것은 잘 알려진 사실이다. 불교의 연꽃, 중국의 태극 문양, 유대교의 다윗의 별, 기독교의 십자가 등이 그 대표적인 예이다. 어떤 종교를 제대로 해석해 내려면 그 종교의 주요 상징들을 이해할 수 있어야 한다. 문장(紋章)과 성상(聖像), 건물, 색깔, 그리고 바위나 산 등 자연물은 그것을 사용하는 종교에 따라 여러 가지 상징적인 의미를 지니게 된다. 종교의 상징적인 면을 염두에 둔다면, 우리는 종교의 형태들을 단순하게, 또는 환원론적으로 해석하는 실수를 피할 수 있을 것이다. 우리는 그 동안 종교적인 표현을 두고 그것이 마치 단순히 하나의 의미만을 담고 있는 것으로 취급하는 경우가 많았다. 즉, 가시적인 물질 세계의 어떤 요소에 대한 이해를 표현하는 것일 뿐으로서 문자 그대로 이해하면 된다는 식으로 생각했던 것이다.

 그러나 위에서 살펴보았듯이, 의례와 신화는 서로 연관된 많은 의미를 상징에다가 압축해서 한꺼번에 전달할 수 있다. 그렇다면 위에서 소개한 의례에 대한 여러 가지 해석들은 서로 배타적인 것이 아니라 서로가 서로를 보충해 주는 것임을 알 수 있다. 티코피아의 의례를 예로 든다면, 그것은 인간 실존의 여러 차원을 하나의 통합된 상징 형태로 압축시켜서 드러내는 것이다. 즉, 사회적 관계, 개인의 문제, 한계 상황에 관한 심층심리적인 의미 문제, 그리고 신의 영역 등을 동시에 담고 있는 것이다.

3. 종교에 대한 기호학적 연구

근래에 많은 학자가 기호학이라고 하는 새로운 분야를 개척하기 위해 애써 왔다. 기호학은 언어학과 밀접한 관계를 갖고 있으나, 둘이 똑같은 것은 아니다. 언어학은 언어의 구조를 연구하는 학문이다. 야콥슨(R. Jakobson), 할레(M. Halle), 촘스키(N. Chomsky) 등이 이 분야에서 중요한 업적을 남긴 학자로 손꼽힌다 언어학의 개척자 가운데 한 사람인 소쉬르(Ferdinand de Saussure)는 언어 이외의 다른 의미체계들까지 다 포함해서 더욱 포괄적인 상징체계를 연구하는 데 관심을 가졌다. 그리하여 그의 관심을 이어받은 제자 가운데 한 사람인 롤랑 바르트(Roland Barthes)는 기호학을 다음과 같이 정의하였다.

기호학은 모든 기호체계를 연구 대상으로 한다. 종류와 범주가 어떤 것이든 상관없다. 여기에는 의례나 관례, 대중적인 오락 등을 구성하는 형상, 몸짓, 음향, 물체, 그리고 이들 사이의 복잡한 관계가 모두 포함된다. 비록 언어는 아니지마는, 이들도 적어도 의미의

체계를 구성하기 때문이다.[2]

이 마지막 구절이 중요하다. 소리만 모아 놓는다고 해서 언어가 되지는 않는다는 점은 누구나 잘 알고 있다. 언어가 되기 위해서는 음성들이 음성학의 법칙에 따라 단어로 편성되어야 하고, 그 다음으로 단어들이 구분의 법칙에 따라 배열되어야 한다. 예를 들어 명사와 동사가 일정한 법칙에 따라 배열되어 음운의 체계를 이루어야만 언어가 된다. 언어를 연구하는 것은 각 음소(音素)나 그 음소들로 구성된 단어를 연구하는 데 그치지 않는다. 언어학자는 단어들이 의미 있는 구조 또는 체계로 배열되는 형태 또한 연구하는 것이다.

한편, 기호학자들은 소리 이외에 다른 상징물들도 일정한 구조의 법칙에 따라 배열되어 있다고 주장한다. 그것들도 역시 일종의 "언어"라고 할 수 있을 것이다. 바르트는 그것들을 좀더 정확하게 "의미의 체계"(system of signification)라고 부르자고 제안하였다. 어쨌든 그런 상징들도 언어와 비슷한 구조의 법칙을 가지고 있다는 점에서 언어와 유사하다.

상징적인 장치들이 어떻게 언어와 유사한 구조를 가지고 있는가를 명확하게 설명하기 위해서 간단한 예를 몇 가지 들어보기로 하자. 거리에서 흔히 볼 수 있는 교통신호등을 생각해 보자. 초록색은 '가시오', 빨간색은 '멈추시오', 노란색은 '주의하시오'라는 뜻이

---

[2] Roland Barthes, *Elements of Semiology* (London: Cape, 1967), 9쪽.

다. 세 가지 행동을 나타내기 위해 세 가지 색을 사용하고 있다. 여기에서 중요한 것은 세 가지 색 사이의 관계가 세 가지 행동 사이의 관계를 나타낸다는 점이다. 즉, 사용된 상징의 표면적인 특징보다는 구조적 관계가 중요한 것이다. 색깔은 어떤 것이든 상관없다. 초록, 빨강, 노랑 외의 다른 세 가지 색을 사용해도 무방하다. 중요한 것은, 사람들이 그 세 가지 색깔 사이의 구조적인 관계를 인식한다는 점, 그리고 그 구조적 관계가 사람들이 수행할 세 가지 행위 사이의 구조적 관계를 지시하는 것으로 이해된다는 점이다.

또 하나 좀 더 복잡한 예로서, 서구 사회에서 요리가 구조화되는 방식을 살펴보기로 하자. 식당의 차림표에는 여러 가지 요리가 일정한 형식에 따라 배열되어 있다. 오데브르(hors d'oeuvre, 식사 전에 먹는 간단한 음식)는 메인 코스와 구분이 되고, 메인 코스는 디저트와 구분된다. 게다가 요리의 배열 방식에는 많은 상징적인 기능이 들어 있다. 그래서 특정 육류나 생선 요리에는 그것과 조화되는 특정 포도주가 선택된다. 더구나 무엇을 어떻게 주문하는가 하는 것은 단순히 음식과 음료 사이의 조화뿐만 아니라 주문하는 사람의 사회적 신분을 나타내기도 한다. 원시사회에서도 굽고 끓이고 볶는 등 조리 방법에 따라서 음식을 배열하고 그런 배열에 여러 가지 의미가 부여되는 예를 볼 수 있다.

음식뿐만 아니라 의류도 하나의 의미 체계를 이룰 수 있다. 유행의 세계에서는 어떤 모자는 어떤 특정 옷이나 구두하고만 조화를 이룬다는 식으로 개개의 의류가 일정한 양태에 따라 특정한 의미를 지니고 배열된다. 또한 어떤 옷을 입느냐에 따라 그 사람이 사업 가인지 학생인지, 또는 바쁘게 일하는 사람인지 아니면 한량인지 등을 알 수 있다. 원시사회에서도, 복장과 그 색상은 사회 구성원의 다양한 역할을 상징하는 기능을 하는 뚜렷한 예들을 볼 수 있다.

 이상에서, 자연물이나 인공물이 조합되어 "의미 체계"를 이루는 방식에 대해서 살펴보았다. 기호학 이론은 그 방식을 매우 전문적인 용어로 설명해 주고 있다. 그런 이론을 자세히 이해하기 위해서는 랑그(langue)와 빠롤(parole), 기의(記意, signifi , signifier)와 기표(記標, signifiant, signified), 그리고 구문의 단위(syntagm)와 문장의 체계(system), 외연(denotation)과 내포(connotation) 등 몇 가지 중요한 개념의 구분을 충분히 알아야 할 것이다. 기호학에서는 기호, 상징, 체계, 구조 등의 용어를 매우 분명하게 정의해 놓고 있다. 그러나 여기에서는 다만 "의미화의 체계"와 "구조"라는 것이 가리키는 매우 일반적인 뜻을 소개하는 데 그치고자 한다. 관심이 있는 독자들은 참고문헌 목록을 참조하면 이 분야를 좀더 자세히 알아보는 데 도움을 받을 수 있을 것이다.

 프랑스의 저명한 인류학자 끌로드 레비-스트로스는 기호학 이론에서 영향을 많이 받은 학자 가운데 한 사람이다. 그는 기호학의 이론을 원시사회 사람들을 연구하는 데에 적용하려고 하였다. 레비-스트로스와 같은 학자들이 채용한 연구방법은 흔히 "구조주의"라고 불린다. 이 학풍은 현재 종교현상의 연구에도 큰 영향을 끼치고 있으며, 많은 통찰을 제공해 주고 있다. 그러므로 종교의 상징체계를 연구하는 데 구조주의 방법이 제공하는 몇 가지 중요한 통찰을 좀 더 고찰해 보는 것이 좋을 것이다. 여기에서는 종교

상징의 일종인 신화를 살펴보면서 구조주의 학자들이 그것을 어떻게 분석하는지 알아보기로 하자.

4. 아스디왈의 이야기

레비-스트로스는 신화 연구에 많은 관심을 기울였다. 세 권으로 출판된 그의 기념비적인 저서 「신화학」(*Mythologiques*)을 보면, 그가 신화를 어떻게 분석하고 있는지를 배울 수 있다. 그러나 그가 신화 연구에 구조주의 방법을 적용한 예들 가운데 초보자들도 가장 분명하고 쉽게 이해할 수 있는 것은 "아스디왈의 이야기"라는 논문이다.[3]

아스디왈의 이야기는 북미 인디언 침쉬안(Tsimshian)족의 신화이다. 그들은 알래스카 바로 남쪽 캐나다의 브리티쉬 콜롬비아(British Columbia) 지역에 살고 있는데, 그 지역은 태평양의 북서 연안으로서 내스(Nass) 강과 스키나(Skeena) 강 유역을 포함하고 있다. 역시 인류학자인 프란츠 보아스(Franz Boas)는 레비-스트로스가 다룬 그 이야기가 몇 가지 다른 형태로 존재하고 있음을 발견하고 그 이본(異本)들을 기록하였다. 다음은 그 이야기를 매우 간략하게 압축 요약한 것이다.

---

3) Claude Lévi-Strauss, "The Story of Asdiwal" (G. Leach 엮음, *The Structural Study of Myth and Totemism*, London: Tavistock Publications, 1967), 1-48쪽.

어떤 어머니와 딸이 스키나 계곡에 살고 있었다. 어머니는 서쪽의 강 아래쪽에서 남편과 함께 살았고, 딸은 자기 남편과 동쪽의 강 위쪽에서 살고 있었다. 그런데 그들의 남편이 모두 굶어 죽었다. 겨울이 오고 기근이 닥쳤다. 두 여인은 다시 함께 살고 싶었다. 그들은 얼어붙은 스키나 강 위를 걸어서 어머니는 동쪽으로, 또 딸은 서쪽으로 향해 갔다. 그들은 중간에서 만나 오두막을 세웠다. 밤에 하세나스(길조의 새를 뜻한다)라는 이름의 이방인이 찾아와 두 여인 가운데 딸을 아내로 삼았다. 그들로부터 아스디왈이라는 아들이 태어났다. 그의 아버지는 절대로 과녁을 빗나가지 않는 활과 화살, 그리고 화살통, 창, 바구니, 설화(雪靴), 나무 껍질로 만든 비옷, 쓰면 남에게 보이지 않게 되는 모자 등 여러 가지 주물(呪物)을 그에게 주었다. 아스디왈은 그것들을 이용해서 자기 가족들이 아무리 먹어도 다 못 먹을 만큼 식량을 마련해 주었다. 하세나스는 사라져 버리고, 아스디왈의 할머니도 죽었다. 그래서 아스디왈과 그의 어머니는 어머니가 원래 살던 마을을 향해서 서쪽으로 여행을 떠났다. 어느날 아스디왈은 흰 암곰 한 마리를 만나서 그 암곰을 따라 하늘로 향한 사다리를 타고 올라갔다. 그 꼭대기에는 풀과 꽃으로 덮인 천상의 초원이 펼쳐져 있었다. 그 곰은 예쁜 여자로 변신했는데, 그 여자의 이름은 "저녁 별"이었다. 그 여자는 사실은 "태양"의 딸이었다. 아스디왈은 "태양"이 내놓은 일련의 시험을 통과하여 "저녁 별"과 결혼할 수 있게 되었다.

   그런데 살다 보니 아스디왈은 자기 어머니가 그리워졌다. 그리하여 그와 그의 아내는 함께 땅 위로 돌아가도록 허락을 받고, 굶고 있는 어머니의 친족들에게 줄 음식을 잔뜩 가지고 돌아갔다. 그 뒤

아스디왈은 마을의 어떤 여인과 관계를 맺게 되었는데, 이에 화가 난 "저녁 별"은 하늘 위의 자기 집으로 돌아가 버리고 말았다. 아스디왈은 그녀를 좇아 올라가지만, 중간에서 아내가 한 번 뒤돌아 쳐다보는 바람에 그 자리에서 죽고 만다. 그러나 하늘 위에 있는 그의 장인이 그를 다시 살려 주었다. 그래서 그는 다시 하늘 위에서 잠시 아내와 함께 살게 되었다.

그러나 그는 다시 땅을 그리워하게 되었고, 마침내 다시 땅 위로 돌아오게 된다. 그의 아내는 그를 땅까지 배웅하고 나서는 그에게 작별을 고하고 돌아가 버렸다. 땅 위로 돌아온 아스디왈은 자기 어머니가 이미 죽었음을 알게 되었다. 그는 강을 따라 내려가다가 다른 마을에 도착하여 그 곳에서 추장의 딸과 결혼한다. 그의 아내에게는 네 명의 남자 형제가 있었는데, 그들과 아스디왈은 서로 경쟁하며 싸워댔다. 아스디왈은 산에서 곰 사냥을 할 때 그의 처남들보다 우수한 솜씨를 보여 준다. 이에 굴욕감을 느끼고 화가 난 처남들은 자기네 누이를 데려가 버렸다.

아스디왈은 또 다른 네 명의 형제들과 만나 그들의 누이와 결혼하게 되었다. 그래서 그는 아들을 하나 얻게 된다. 그러나 여기에서도 경쟁이 벌어진다. 아스디왈은 이번에는 바다사자를 사냥하는 데에 뛰어난 솜씨를 보여 준다. 그리고 이 과정에서 아내의 도움을 받아 그에게 적의를 품고 있는 그 네 형제들을 죽여 버린다.

아스디왈은 또 다시 자기가 자란 마을로 가 보고 싶은 욕망을 느끼게 되어서 아내를 버려 두고 스키나 계곡으로 돌아간다. 거기에서 그는 자기 아들을 만나 자기의 활과 화살을 주어 버린다.

겨울이 돌아왔을 때, 아스디왈은 산으로 사냥을 하러 떠났으나 그만 설화(雪靴)를 잊고 가는 바람에 오도 가도 못하게 되어 버렸다. 지금도 그 큰 산의 꼭대기에 서 있는 그의 모습을 볼 수 있다.[4]

이 신화를 어떻게 해석할 것인가? 구조주의의 특징적인 해석 방법을 살펴보기 전에, 우선 다른 여러 가지 가능한 분석 방법들을 생각해 보기로 하자.

복장을 갖추어 입은 침쉬안족.　(미국자연사박물관)

프로이트 학파라면, 모든 학자들이 공통적으로 가지고 있는 외디푸스 콤플렉스(Oedipus complex)가 이 신화에서 표현되고 있

---

4) 같은 글, 4-7쪽에서 요약.

음에 주목할 것이다. 프로이트에 의하면, 모든 남자들은 어릴 때 어머니에게 강한 애정을 느끼고 아버지를 경쟁자로 생각하는 심리 과정을 겪는다고 한다. 그러다가 뒤에는 자신과 아버지를 동일화할 수 있게 되고, 그리하여 어머니에 대한 심리적 집착에서 벗어나게 된다고 한다. 고대 희랍의 외디푸스 신화는 이 동일화의 과정에 완전히 성공하지 못하는 상황을 보여 준다. 일련의 비극적인 실수로 인하여 외디푸스는 아버지를 죽이고 자기 어머니와 결혼한다. 그 결과 그는 벌을 받아 장님이 되는데, 그것은 그가 한 사람의 성인으로 성숙할 길이 막혀 버렸음을 의미한다.

프로이트의 이론을 따르는 학자라면, 아스디왈의 이야기에서도 그런 문제의 흔적을 찾아낼 수 있을 것이다. 아스디왈은 어머니를 떠나 하늘 위의 세계에 사는 "태양"이라는 아버지에게 간다. 그러나 결국은 어머니에게 돌아가고 싶은 격세유전적(隔世遺傳的)인 갈망 때문에 다시 일련의 고난을 겪어야 하는 것이다.

융 학파의 학자들도 이와 같은 해석에 일단 동조할 것이다. 그러나 그들은 거기에 또 다른 이야기를 덧붙이려고 할 것이다. 융은 신화와 꿈에서 나타나는 많은 상징들이 인류의 집단무의식(集團無意識, collective unconsciousness)의 일부분인 원형(原型, archetypes)의 형상이라고 생각했다. 그에 의하면, 이 원형의 상징들은 모든 인류 공통의 사건 또는 심리의 양태를 나타내는 것이라고 한다. 그래서 융 계열의 학자라면, 아스디왈을 두고 자아의 통합을 성취하고 인간 사회의 문제를 해결하며 질서를 확립하기 위하여 여러 가지 시련을 극복하는 원형적인 영웅 이야기의 하나라고 해석할 것이다. 아스디왈이 곰을 추적하는 대목에서, 우리는 영웅이 괴물을 굴복시키고 권력과 권위를 장악한다는 내용의 원형적인 신화의 주제를 볼 수 있다. 그리고 아스디왈이 태양과 만나는 것이라든가, 그 뒤에 일어나는 그의 죽음과 부활도 또 다른 원형적인 주제를 나타내고 있다.

한편, 엘리아데는 신화란 원시사회와 고대 문명에서 전해 온 전형적인 성스러운 이야기로서, 인간 생활의 속된 세계와 신들의 성스러운 세계 사이에는 어떤 근본적인 관계가 있다는 신념을 표현하고자 한 것이라고 본다. 그는 다음과 같이 말하고 있다.

> 그런 사회에서는 신화가 절대적인 진리를 표현한다고 믿는다. 왜냐하면 신화는 성스러운 역사를 말해주기 때문이다. 즉 신화는 "위대한 시간"의 여명, 다시 말해서 모든 것이 시작되던 태초의 성스러운 시간(in illo tempore)에 일어난 초인간적인 계시이다. 신화는 "실재적"이고 "성스러우며" 하나의 전범(典範)으로서 "끊임없이 되풀이된다." 왜냐하면 신화는 모든 인간 행위의 모범과 정당성의 근거를 제공하기 때문이다. 바꾸어 말하면, 신화는 시간이 시작될 때 일어난 일들을 서술하는 "진실한 역사"로서, 인간 행위의 양태를 정해 준다. 신이나 영웅의 모범적인 행위를 따라 함으로써, 또는 단지 그들의 모험담을 다시 이야기함으로써, 고대 사회의 사람들은 속(俗)의 시간을 떠나서 "위대한 시간," 즉 성(聖)의 시간으로 되돌아가게 된다.[5]

---

5) Mircea Eliade, *Myths, Dreams and Mysteries* (New York: Collins, 1968), 23쪽.

아스디왈의 이야기를 이런 관점에서 해석한다면, 하늘 위의 성스러운 세계와 인간계, 또 자연계가 하나의 사다리로 연결되어 있다는 주제를 강조하게 될 것이다. 세계 도처의 여러 신화에서 하늘 위의 세계와 땅 위의 세계를 연결하는 사다리라든가 밧줄, 또는 장대가 등장한다. 아스디왈의 이야기도 태고의 영웅이 신들의 성스러운 세계와 접촉한 뒤 인간에게 문화라고 하는 선물을 가져다 준다는 이야기의 하나로 해석될 수 있다.

이제 레비-스트로스가 이 이야기를 구조주의의 관점에서 어떻게 해석하는가를 살펴보기로 하자. 우선 알아 두어야 할 것은, 이 이야기의 등장 인물이나 사물들(예를 들어 사다리, 곰, 태양, 영웅 등)이 무엇을 의미하는가 하는 세부 사항에 관한 한 레비-스트로스의 분석과 다른 학파의 분석이 별로 다르지 않다는 점이다. 그러니 그는 신화의 여러 요소와 대목들이 서로 이떻게 관련을 맺고 있는가 하는 데 초점을 두고 연구를 출발해야 한다고 주장한다. 다시 말해서, 그는 신화의 각 요소들이 어떤 의미를 갖고 있느냐 하는 것보다는 그 요소들이 어떤 식으로 서로 관련을 맺고 있느냐 하는 데에 더 많은 관심을 기울인다. 다른 말로 표현하자면, 각 기호들의 개별적인 의미보다는 그 기호들을 하나의 의미 있는 전체로 결속시키는 "의미화의 체계"에 더 깊은 관심을 두는 것이다.

이런 맥락 속에서 레비-스트로스는 또 하나의 흥미로운 비유를 전개하고 있다. 프랑스 사회에는 "브리콜뢰르"(bricoleur)라는 개념이 있는데, 이것은 내버린 기계의 부속품처럼 잡다한 물건을 모아서 그것을 독창적으로 이용하는 일종의 재간꾼을 뜻한다. 예를 들어 폐품을 가지고 굴뚝 소제 도구를 만들어 내는 것이다. 레비-스트로스는 신화를 만드는 사람도 일종의 브리콜뢰르라고 본다. 신화를 만드는 사람은 자기 문화에서 사용되는 여러 가지 이미지와 상징들을 독창적으로 조합하여 자기의 의도를 전달하기 때문이다. 레비-스트로스가 말하고자 하는 요점은, 신화의 각 부분을 따로 떼어 놓고 보면 안 된다는 것이다. 그 각 부분이 어떻해 조합되어서 하나의 "의미 체계"를 이루는가 하는 점이 중요하다는 것이다.

신호등을 다시 예로 들어 보자. 왜 정지를 의미하는 것으로 빨간색이, 또 가시오 하는 데에는 초록색이 선택되었을까 생각해 볼 수 있다. 빨간색을 부정으로, 초록색을 긍정으로 사용하는 데에는 어떤 심리적인 이유라도 있는 것일까? 빨간색에서는 피와 죽음을, 그리고 초록색에서는 식물의 풍요로운 생기를 연상하게 되는 것은 아닐까? 아마 그럴 수도 있을 것이다. 그러나 구조주의자들은 그런 면보다는 교통신호라는 특수한 체계 속에서 이루어지는 색깔의 배열이나 구조에 더 많은 관심을 쏟을 것이다. 어떤 색깔이 사용되더라도 마찬가지 기능을 할 수 있다. 사실, 반드시 색깔을 사용해야 할 필요도 없다. 그 대신 점을 사용할 수도 있다. 점 하나는 서시오, 둘을 가시오, 셋은 주의하시오를 나타낸다는 식으로 정하기만 하면 된다. **중요한 것은 각 부분 그 자체가 아니라 그 부분들이 배열되는 구조이다.** 신화에서도 마찬가지로, 각 부분 자체의 의미보다는 그 부분들 사이의 배열 관계를 살피는 것이 더 중요하다.

이런 관점이 실제로 신화 분석에 어떻게 적용되는가를 살펴보기 위하여, 아스디왈의 이야기에 대한 레비-스트로스의 분석을 소개하기로 하자. 그는 이 이야기에 담겨 있는 여러 가지 도식을 식별해 낸다. 우선 지리상의 도식이 있다. 이 이야기에 등장하는 인물들이 이동하는 방향을 다음과 같은 도식으로 나타낼 수 있을 것이다.

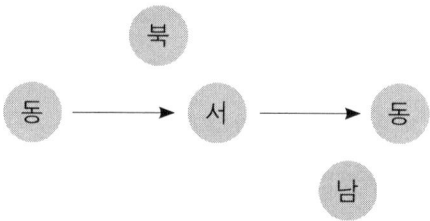

다음으로 우주 전체의 도식을 하나 그릴 수 있다.

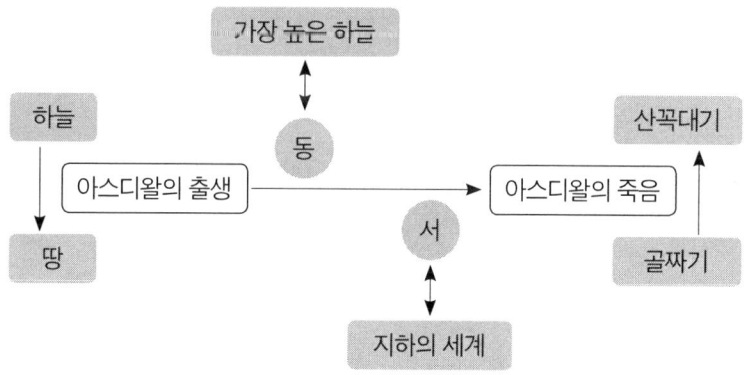

그리고 양극의 대립과 통합을 나타내는 또 하나의 도식을 끌어낼 수 있다.

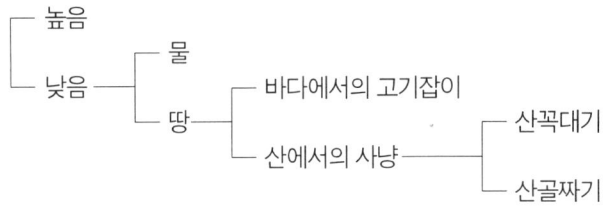

레비-스트로스에 의하면, 이 세 도식들과 그 밖에 또 그릴 수 있는 여러 도식으로 나타나는 복잡한 관계들이 서로 작용하여 하나의 복합적인 전체를 형성하고 있다고 한다. 음악을 예로 들면 이해에 도움이 될 것이다. 악보에는 각 음들이 수평적으로 관계를 이루고 있는 선율이 있고, 그와 함께 수직적인 관계로 하모니가 있다. 또 대위법을 사용하는 경우에, 하나의 선율은 수평적으로 전개될 뿐만 아니라 다른 선율과 수직적으로 서로 작용한다. 레비-스트로스에 의하면, 신화도 악보와 비슷하다고 한다. 즉, 수직과 수평의 구조들이 서로 작용하면서 많은 복합적인 의미를 한꺼번에 전달하고 있다는 것이다.

이 점을 좀 더 분명히 하기 위해, 레비-스트로스가 아스디왈 이야기에서 끌어낸 또 하나의 도식을 살펴보기로 하자. 이것은 사회적인 관계의 도식이라고도 할 수 있는 것으로, 다음과 같다.

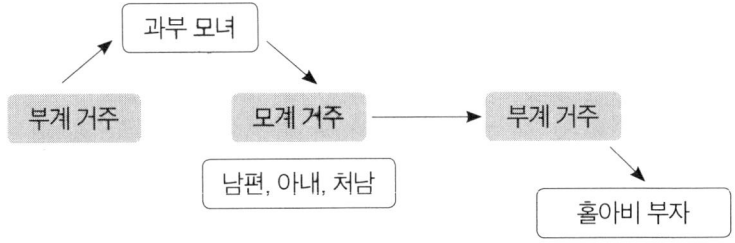

이 도식이 의미하는 것은 무엇일까? 침쉬안 인디언들은 혈통은 모계에 따르고 거주는 부계에 따르는 제도를 가지고 있다. 즉, 남자와 여자가 결혼하면 그 부부는 남자의 마을에서 함께 살게 된다. 그러나 두 사람 사이에서 태어나는 어린아이들은 아버지의 혈통이 아니라 어머니의 혈통에 속하게 된다. 이런 사회에서는 세대 사이에 여러 가지 현실적인 갈등이 생겨나리라는 것을 쉽게 짐작할 수 있다. 아이들은 아버지의 마을에서 살면서도 문화적으로는 어머니의 혈통에 따라야 하기 때문이다.

아스디왈의 이야기에서는 이런 갈등이 위에 제시한 도식의 구조적인 배열을 통해서 나타나고 있다. 이야기의 처음 부분에서 어머니와 딸은 각자 남편이 죽게 되자 남편의 거주지를 버리고 모계의 거주지로 돌아가게 된다. 그리고 하세나스는 그 딸과 결혼해서 함께 산다(모계 거주). 아스디왈은 "저녁 별"과 결혼해서 그녀의 아버지와 함께 산다(모계 거주). 아스디왈의 두 번째, 세 번째 결혼에서도 처남들과 같이 사는 모계 거주가 이루어진다. 그러나 이런 상황은 갈등으로 가득 차 있다. 레비-스트로스는 다음과 같이 지적한다.

> 아스디왈은 자기 아내를 버리고(그 이전의 결혼에서는 그가 아내로부터 버림을 받았다) 자기가 태어났던 스키나 계곡으로 돌아가는데, 그 곳에서 자기 아들만이 그와 함께 살게 됨으로써 결국 부계 거주 제도가 승리하게 된다. 그러므로 이 신화는 자신들의 남편, 또는 "부계의 부족"으로부터 벗어난 "어머니와 딸의 재결합"이

야기에서부터 시작하여, 아내 또는 "모계의 부족"으로부터 벗어난 "아버지와 아들의 재결합" 이야기로 끝나는 것이다.[6]

레비-스트로스에 의하면, 아스디왈의 이야기는 침쉬안 인디언들이 경험하는 사회적 갈등의 해결책을 제시해 준다기보다는, 위에서 설명한 구조적 배치를 통하여 그것을 구명하고 표출하는 것이라고 한다. 마지막에 아스디왈이 바위로 변하여 움직일 수 없게 되는데, 그것은 부계 거주와 모계 혈통이라는 관행 사이의 갈등에 대하여 완전히 만족스러운 해결책은 없음을 나타내는 것이다.

또 다른 갈등이 이 이야기의 구조에서 드러난다. 예를 들어, 풍요와 기근이 번갈아 찾아오는 것은 침쉬안 인디언들의 실제 생활 여건을 반영한다. 즉, 그들은 여름 동안에는 산에서 곰과 산양을 사냥하고 강에서 물고기를 잡아 그 고기를 말리거나 훈제하여 저장한다. 그러나 겨울이 끝날 때쯤 저장한 고기가 바닥이 나면, 봄이 와서 다시 물고기를 잡을 수 있을 때까지 혹독한 굶주림을 견디어 내야 한다. 또 침쉬안 인디언들은 겨울을 지내는 촌락과 여름에 물고기를 잡는 지역 사이를 계절에 따라 이동하며 산다. 이런 구조가 아스디왈이 이동해 다니는 지리상의 움직임에 반영되어 있다.

그 밖에도 레비-스트로스는 이런 여러 도식들에 관하여 상세하게 연구하고 있으나, 여기에서 그것들을 모두 살펴볼 수는 없는 일이다. 그렇지만 구조주의의 분석이 전개되는 방식을 살펴보기에

---

6) Lévi-Strauss, 위의 글, 12-13쪽.

는 지금까지 소개한 것만으로도 충분할 것이다. 다시 또 음악에 비유해 보자면, 신화에서도 화음과 선율, 또는 대위법상의 두 개의 선율이 같이 몇 가지 방식으로 교차하면서 전개된다. 그렇게 함으로써 침쉬안 인디언들이 살면서 겪게 되는 복합적인 경험을 보여주고 있다는 것이 레비-스트로스의 주장이다.

중요한 것은, 레비-스트로스의 구조 분석이 우리가 위에서 소개한 여러 가지 신화 해석과 서로 배타적인 관계에 있는 것이 아니라는 점이다. 신화는 심리적인 주제, 또 사회적인 주제, 그리고 우주론적이거나 초월적인 것에 관한 주제를 모두 다룰 수 있다. 아스디왈의 이야기에서도 이런 것들이 분명하게 나타나고 있다. 다만, 구조주의 방법은 신화를 이루는 이런 제반 요소들을 도식이나 구조로 조직화해서 신화의 의미를 밝히는 데 기여한다. 구조주의자는 이렇게 구조를 구성하는 개별 요소들보다 구조 그 자체를 강조한다. 그러나 구조주의자도 역시 의미를 문제 삼는다. 그 구조가 무엇을 의미하는가에 관심을 기울이는 것이다. 레비-스트로스는 아스디왈 이야기를 다루면서 이 점을 분명히 언급하고 있다. "우리는 이 이야기에서 여러 가지 암호를 뽑아냈다. 그 다음에 우리는 그 메시지의 구조를 분석하였다. 이제 남은 일은 그 의미를 해독해 내는 것이다." 의미를 해독하는 작업에 관해서는 앞에서 이미 몇 가지 예들을 살펴보았음을 독자들은 기억할 것이다.

5. "전논리적" 심성

앞에서 살펴본 구조주의의 방법은 종교상징의 특성을 전반적으로 이해하는 데에 중요한 통찰을 제공해 준다. 현대인의 눈으로 볼 때, 원시사회의 신화에서 사용되는 표현들은 명확한 의미도, 또 논리적 질서도 없어서 아주 낯설게 느껴지는 경우가 많다. 예를 들어, 아무런 핵심 줄거리도 없이 사건들을 무질서하게 늘어놓은 것처럼 보인다. 위에서 소개한 아스디왈 이야기의 요약은 사실상 많은 세밀한 부분을 생략한 것인데, 그것들을 빠뜨리지 않고 모두 적어 놓고 본다면 그런 느낌을 더욱 강하게 받았을 것이다. 곰곰 생각해서 풀어놓은 이야기라기보다는 일종의 백일몽 이야기처럼 형식조차 갖추지 않은 듯하다는 인상을 받았을 것이다.

더구나 신화에서는 매우 기본적인 차이조차 제대로 구분하지 않는 듯하다. 앞 장에서 소개한 티코피아 사람들의 의례에서, 아리카족의 추장이 사실은 인간임에도 불구하고 자신이 신(神)이라고 선언하는 것을 보았다. 또한 쿠나(Cuna)의 샤만은 신의 세계로, 또 난산을 겪고 있는 산부의 몸 속으로 동시에 여행을 한다.

원시 문화에서 그런 식의 표현이 구사되는 것은 우연한 일이 아닌 듯하다. 원시 문화에서는 어디서나 그런 표현이 발견되며, 각 사물 사이의 차이, 또 현실의 여러 차원들 사이의 구분을 전혀 무시하는 것 같다. 몇몇 학자들이 "원시사회 사람의 심성"은 문명인의 심성과는 좀 다른 식으로 작동하는 것 같다고 추측하게 된 것도 바로 그런 표현 방식 때문이다. 그 한 예로, 레비-브륄은 원시인이 갖고 있는 사고의 특징을 이른바 참여의 법칙(law of participation)이라는 것에서 찾았다. 그는 그런 사고 방식을 다음과 같이 설명하고 있다.

> 우리로서는 이해하기 어렵겠지만, 그들에게는 사물, 존재, 현상들이 그것 자체인 동시에 또 다른 어떤 것일 수 있다. 이것도 마찬가지로 이해하기 힘든 이야기인데, 그들은 그 사물, 존재, 현상들이 제 자리에 머물러 있는 채로, 또한 바깥에 감지되지 않는 채로, 어떤 신비스러운 힘이나 효능, 성질, 영향력 등을 주고 받을 수 있다고 여긴다.[7]

레비-브륄은 이런 사고를 "전논리적"(前論理的, prelogical) 사고라고 부르고, 다음과 같이 설명한다.

> 그런 사고 방식은, 우리의 사고 방식과는 달리 모순에 구애받지 않는다. 모순을 피하려고 하지 않는 것이다. 그런 사고 방식에서 중요하게 작용하는 것은 논리적 정합성보다는 이른바 참여의 법칙이다. 그리하여, 모순된 것을 드러내 놓고 즐기는 것은 아니지만(만약 그렇다면 우리 눈에는 단지 어리석은 짓으로 보일 것이다), 그것을 피하려고 애쓰지도 않는다. 모순에 대해 전적으로 무관심한 태도, 그것 때문에 우리는 그들의 사고 방식을 이해하기 어려운 것이다.[8]

---

7) Lucien Lévy-Bruhl, *How Natives Think* (New York: Washington Square Press, 1966), 61쪽.
8) 같은 글, 63쪽.

철학자 카시러(Ernst Cassirer)도 이런 견해에서 영향을 받았다. 그의 주장에 의하면, 원시인들은 나름의 독특한 신화를 만들 뿐만 아니라, 신화적인 방식으로 자신의 세계를 꾸민다고 한다. 이런 신화적인 사고 방식에서는 서로 다른 개체들을 구별하는 감각이 존재하지 않는다. 신화적인 사고 방식에서는 하나의 사물이 다른 사물로 쉽게 바뀔 수 있으며, 더 나아가서는 하나의 사물이 동시에 다른 사물일 수도 있다. 우리는 아스디왈의 이야기에서 곰이 동시에 여인이었던 것을 기억한다. 사실상, 신화적인 사고 방식에서는 그런 변신이 전혀 놀랄 만한 일이 될 수 없다. 카시러가 주장하듯이 신화적인 사고의 법칙에 의하면 그런 변신은 매우 자연스럽기 때문이다. 그 여자의 아버지 역시 하늘에 떠 있는 태양이면서 동시에 하늘 위 초원에 사는 원형적인 아버지의 모습을 동시에 갖고 있는 것이다.

레비-브륄은 나중에는 "전논리적"인 정신 상태라는 자기 자신의 개념에 대해서 회의를 품게 되었고, 현대 인류학자들도 대부분 그런 개념을 부정하고 있다. 이 개념이 지닌 문제점은, 원시인과 현대인의 의식이 근본적으로 다르다고 설정한 데 있다. 서구인은 아직까지 아리스토텔레스 논리학의 전통을 고수하고 있는데, 아리스토텔레스는 논리학의 기준 세 가지를 제시한 바 있다. 동일률(A=A), 배중률(A는 A이거나 A가 아니지 그밖에 다른 가능성은 없다), 그리고 모순율(A는 A이면서 동시에 A가 아닐 수는 없다)이 그것이다. 과연 원시인들은 그런 구별에 전혀 무관심하다고 할 수 있을까? 인류학자들의 자료에 의하면, 원시인들도 사실상 문명인

못지 않게 섬세한 구별과 사려 깊은 분류 능력이 있음을 쉽게 알 수 있다.

어떤 생물이 이를테면 뜨거운 것과 차가운 것, 친구와 적, 음식물과 독을 구별할 능력이 없다면, 그 생물은 생존할 수 없을 것이다. 그러므로 생존의 여부는 그런 차이를 구분할 능력이 있느냐 없느냐에 달려 있다고도 할 수 있다. 게다가 원시인과 문명인 사이에 생리 구조 및 신경계, 두뇌 구조에 큰 차이가 있는 것도 아니다. 그러므로 원시인이라고 해서 문명인들과는 전혀 다르게 대상을 보면서 자신의 세계를 인식한다고는 말할 수 없는 것이다.

인류학의 구체적인 연구 결과가 이 점을 뒷받침해 준다. 물론, 원시인들이 문명인들과 똑같은 분류 의식을 같고 있지는 않을 것이다. 그러나 원시인도 날카롭고 섬세한 눈을 가지고 있으며, 자기 나름의 목적과 관심에 따라서 여러 현상을 주의 깊게 구분할 줄 안다. 예를 들어 필리핀의 하누노오(Hanunoo)족은 그 지방의 조류를 75종으로 구분하고 있다. 또 그들은 뱀을 약 12종으로, 어류를 60여 종으로, 해수 및 담수의 갑각류를 12종으로 구분한다. 또 류큐 열도의 어린이들은 조그만 나무 조각의 껍질이나 냄새, 강도(強度) 등을 살펴보고 그들 나름의 분류 범주에 따른 구분을 할 수 있다. 그런 예는 거의 무한정으로 많이 있다.

더구나 주의 깊게 관찰해 보면, 언뜻 보기보다는 훨씬 더 미묘하고 세련된 표현이 원시 문화에서 사용되고 있음을 알 수 있다. 예를 들어, 우리는 언어 표현에서 단순명제(왕은 국가의 통치자이다)와 환유(국가는 왕관에 의해 지배된다), 직유(왕은 사자와도 같다), 그리고 은유(왕은 사자이다) 등을 구별한다. 원시인의 언어에도 종종 이와 비슷한 갖가지 형태의 표현 양식이 나타난다. 물론 우리에 비하면 문자 사용이 그다지 보급되지 않았다.

  이와 관련해서, 에반스-프리차드는 누어(Nuer)족의 사회와 같은 원시사회에서는 "—이다"라는 표현을 우리와는 좀 다르게 쓰기도 한다는 점을 지적하였다. 우리의 언어에서 "—이다"라는 말은 주어와 보어 사이의 동일성을 의미한다. 그런데 누어족은 경우에 따라 오이를 소라고 말하며, 따라서 제사를 지낼 때 소 대신 오이를 제물로 사용할 수 있다고 말한다(자세한 것은 다음 장 참조). 그렇다고 해서 그들이 소와 오이가 서로 다른 물체라는 사실을 모르는 것은 아니다. "오이는 소이다"라고 말한다고 해서 오이와 소를 같은 물건으로 착각하는 것은 아니다. 이것은 다만 경우에 따라서(예를 들면 제사 지내는 사람이 너무 가난해서 소를 잡을 수 없을 때) 오이를 "소처럼" 여길 수 있다는 의미일 뿐이다.

  레비-브륄의 "전논리적" 심성이라는 개념이 이른바 원시인은 구조와 질서의 원칙을 무시하고 자기들의 생각이나 느낌을 표현한다는 뜻이라면, 그 개념은 틀린 것이다. 그렇지만 중요한 것은, 원시사회의 언어 구조와 표현에도 은유와 환유의 형식이 있으며, 다만 그것들은 "과학적"인 언어라기보다는 "시적"인 언어로서, 반드시 형식논리를 위반하는 것으로 볼 필요는 없다는 점이다. 존 비티는 이 점에 대하여 다음과 같이 말하고 있다.

  레비-브륄이 비록 자신의 가설을 지나치게 과장하기는 했지만,

"원시적"인 사고에는 시적이며 유추적인 특성이 존재함을 강조한 점에서는 타당성이 있다고 해야 할 것이다. 서구인들처럼 과학적인 실험이나 논리적인 방법에 큰 관심을 두지 않는 사람들은 과학적이라기보다는 상징적이고 "문학적"인 사고로써 자신의 세계를 이해하는 것이 더 중요할 수 있다. 다만, 현대를 지배하는 과학 만능의 풍조로 말미암아 우리가 그들의 사고 방식을 제대로 이해하지 못하고 있을 뿐이다. 이 점은 멀리 아프리카나 오세아니아의 원시 문화뿐만 아니라, 유럽의 농촌 문화에 대해서도 마찬가지이다. 삼단논법이나 귀납 추리의 법칙에 따르는 언어만이 의미 있는 표현일 수 있다고 주장한다면, 언어가 지닌 미묘한 암시의 능력이나, 감정 또는 행위를 환기시키는 힘이 부당하게 무시되고 말 것이다. 상징적인 사고 방식도 과학적인 사고 방식과 마찬가지로 분명히 조리가 있을 수 있다. 그런 점을 염두에 둔다면, 시적 언어를 과학 이론의 원칙에 따라 다루는 잘못은 피할 수 있을 것이다.[9)]

더구나, 원시사회의 의례와 신화에서는 인간이 세계를 수단으로 "조종"한다기보다는 인간과 세계가 서로 "참여"하는 관계가 표현되고 있다. 예를 들면, 현대 과학의 영향 아래 있는 사람들이 아주 당연한 것으로 받아들이는 생물과 무생물의 구분은 원시 문화에서는 거의 찾아볼 수 없다. 이 점에 관한 원시사회 사람들의 태도는 설명하기가 참으로 곤란하며, 더 자세한 연구가 필요하다. 그러나 분명한 것은, 원시사회 사람들은 우리가 무생물이라고 부르는

---

9) John Beattie, *Other Cultures* (New York: Free Press, 1964), 68-69쪽.

것들, 예를 들면 바위 같은 것을 살아 있는 물체처럼 취급한다는 점이다. 즉, 자연물 전체가 생명과 활력을 지니고 있다고 여긴다.

그러나 이 점에 관한 원시인들의 의식을 너무 단순하게 생각해서는 안 된다. 그가 만나는 모든 사물에 자신과 똑같은 인격적인 영혼이 있다고 생각하지는 않는다. 어빙 할로웰에 의하면, 북미 인디언 오집웨이(Ojibwa)족의 사고방식에서는 "인격"(personhood)이라는 개념이 일종의 "문화적으로 형성된 인식틀"(a cultural constituted cognitive set)에 해당하며, 바위까지도 그 개념에 포함될 수 있다고 한다. "우리는 어떤 경우라도 바위가 생물의 속성을 지닌다는 생각은 전혀 할 수 없다. 그러나 오집웨이족은 어떤 특정 상황에서는 어떤 사물들이 생물화될 수도 있다는 생각을 선험적으로 갖고 있다."[10] 할로웰이 한 노인에게 바위는 모두 살아 있는 것이냐고 물었을 때, 그 노인은 "그렇지 않다. 그러나 어떤 바위는 살아 있다"고 대답하였다. 그리고 그 노인은 자기 아버지가 겪은 경험을 이야기해 주었다. 그 내용인즉, 어느 종교 의식이 거행되고 있을 때 크고 둥근 바위 덩어리 하나가 그의 아버지 뒤를 따라다니더라는 것이다.

그러니까 할로웰에 의하면, 과학 문명 속에 사는 사람들이 무생물이라고 부르는 것들을 두고 오집웨이족은 인격적인 존재로서 움직일 수도 있다고 여긴다는 것이다. 그러나 그들이 그런 믿음을

---

10) A. Irving Hallowell, "Ojibwa Ontology, Behavior, and World View" (S. Diamond 엮음, *Culture in History*, New York: Columbia University Press, 1960), 24-25쪽.

갖고 있다고 해서, 그들이 비논리적이고 무질서한 "심성"을 갖고 있다는 증거로 삼을 수는 없다. 오히려 할로웰이 주장하듯이, 그 믿음을 일종의 특수한 구조의 "인식 틀"로 볼 수 있다.

원시사회 사람들은 그런 태도를 취함으로써 인간과 자연 사이의 강력한 연대감을 조성할 수 있다. 도로시 리는 다음과 같이 관찰하고 있다.

> 사냥을 한다거나 땔감을 모으는 일, 또한 농사를 짓고 먹을 것을 저장하는 것과 같은 모든 경제 활동은 인간과 대자연 사이의 관계를 전제로 해서 성립한다. 이 관계가 다분히 종교적인 성격을 띠고 있음을 여러 문화에서 볼 수 있다. 그런 문화에서는 대자연에 일종의 정신적인 가치나 존엄성을 부여한다. 이 경우에 대자연은 지배나 정복 또는 착취의 대상이 될 수 없다. 의례를 행하는 시간은 강렬한 친교(親交)의 시간이며, 넓은 의미에서 자연계의 힘과 사교하는 일이라고도 할 수 있다. 그 자리에서 그들은 자연의 힘을 달래거나 회유하거나 또는 그 힘에 감사한다기보다는, 자연의 힘과 함께 정식으로 교제의 자리에 참여하여 즐기는 것이다.[11]

원투(Wintu)족의 한 노파는 도로시 리에게 다음과 같이 말하였다.

---

11) Dorothy Lee, "Anthropology" (Hoxie N. Fairchild 외 공저, *Religious Perspectives in College Teaching,* New York: Ronald Press, 1952), 340-41쪽.

> 백인들은 토지나 사슴, 또는 곰을 전혀 중요하게 여기지 않는다. 우리는 동물을 잡으면 그 고기를 조금도 남기지 않고 다 먹는다. ...... 또 우리는 도토리나 송과(松果)가 필요하면 나무를 흔들어서 떨어뜨리지, 나무를 잘라 버리지는 않는다. 그리고 목재가 필요하면 죽은 나무를 갖다가 사용한다. 그러나 백인들은 땅을 다 헤치고 나무를 뽑아 버린다. 모든 것을 다 죽인다. 나무가 "그러지 마세요, 아파요, 상처를 내지 마세요" 하고 애원하는데도 나무를 잘라서 토막 내 버린다. 그래서 토지의 정령은 백인들을 미워한다. ...... 어떻게 좋아할 수 있겠나? 백인들이 땅을 건드릴 때마다 땅은 괴로워한다.[12]

여기에서 중요한 것은, 인간과 자연이 서로 교합하고 있다는 이런 인식과, 신화와 의례에 대해 구조적으로 분석할 때 발견되는 것이 일치한다는 점이다. 레비-스트로스와 같은 구조주의자들은 원시사회 사람들이 현대 기술문명사회의 인간들과는 다른 원리에 따라서 자신의 세계를 이해한다는 점을 인정한다. 구조주의자들이 주장하는 요점은, 원시사회 사람들의 신앙에도 나름의 "조직"과 "구조"가 있으며, 그들의 구조가 우리의 것과는 전혀 다르다고 할지라도 아무튼 그 나름의 구조를 가지고 있다는 점에서 그들도 일종의 논리적이고 합리적인 사고를 한다는 것이다.

결론적으로 말해서, 레비-스트로스와 같은 구조주의자들의 연구 성과는 다음과 같은 명제를 확인하는 데 중대한 기여를 하였다. 즉, 원시인이든 현대인이든, 종교적이든 세속적이든 간에, 인간은

---

12) 같은 글.

모두 상징 매체를 사용한다. 그런데 상징 매체를 사용하는 방식에는 일정한 질서가 있으며, 거기에는 각 부분들 사이의 분명한 구분과 또한 그 부분들 사이의 관계에 대한 정확한 인식이 전제되어 있다는 명제이다. 우리가 앞에서 살펴본 아스디왈 이야기에서와 같이, 표면상으로 보면 사건이 불합리하게 나열되어 있는 듯이 보이는 이야기도 좀더 자세히 검토해 보면 매우 치밀한 질서를 가지고 있는 일련의 정확하고 복합적인 구조로 이루어져 있음을 발견할 수 있다. 앞으로 우리는 어떤 종교현상이라 할지라도 논리와 질서가 결여된 맹목적인 감정이나 공허한 상상의 표현으로 취급해서는 안 될 것이다.

이 책은 개론적인 수준의 설명을 목적으로 하기 때문에, 여기에서 미처 다루지 못하는 문제들이 많이 남아 있는 것이 사실이다. 예를 들어 레비-스트로스는 모든 인간이 어떤 보편적인 정신 구조를 공통으로 가지고 있으며, 인간이 사용하는 모든 상징적 표현에서 그것이 드러난다는 점을 여러 차례 주장하였다. 그러나 이 문제는 앞으로의 연구에 맡겨 둘 수밖에 없다. 여기에서는 다만, 어떤 종교상징체계를 다룰 때에도 방법론상의 최대 공약수로서 항상 그 밑에 깔려 있는 의미의 양태를 찾아야 한다는 원칙을 말하는 것으로 그칠 수밖에 없겠다. 이런 연구 원칙을 염두에 둔다면, 처음에는 매우 황당무계한 것으로 보이는 관념이나 이미지, 그리고 이야기들이 그 문화의 맥락 속에서는 중요한 의미를 가지고 있다는 점, 또 그것들이 우리 자신의 문화와도 밀접한 관련을 맺고 있는 경우가 많다는 점을 발견하고는 놀라게 될 것이다.

원시종교
누어족과 딩카족의 종교

1. 원시사회의 특징

시인 워즈워드(William Wordsworth, 1770-1850)는 "우리는 해부하기 위해 살인까지 저지른다"고 지적한 적이 있다. 3장과 4장에서는 여러 가지 의례, 신화, 그리고 상징들을 단편적으로나마 살펴보았다. 종교가 구체적인 상황 속에서 어떻게 기능하는가에 대해서도 유익한 공부를 하였다. 그러나 우리는 아직 이런 요소들이 어떻게 서로 작용하여 하나의 통일된 전체로서의 종교를 이루는가에 대해서는 고찰하지 않았다. 여기에서는 종교가 특정 사회의 생활 가운데에서 어떻게 하나의 총체적 체계로서 기능하는지 살펴보기로 하겠다. 그리고 이를 위해서 현존하는 여러 원시사회로부터 적당한 예를 끌어 오도록 하겠다.

그런데, 우선 "원시사회"라는 개념부터 분명하게 정의해 놓을 필요가 있겠다. 그 용어는 특징적인 성격을 지닌 특수한 종류의 사회구조를 가리키고 있다. 원시사회는 규모가 작으며, 더 큰 광범위한 차원의 문명으로부터 격리되어 있다. 그런 사회에서는 대개 친족 구조가 그 사회조직의 근간이 되고 있다.

그리고 사회의 "기능 분화"가 비교적 덜 이루어져 있다는 것도 또 하나의 특징이다. 이에 대해서 마샬 살린은 다음과 같이 지적하고 있다.

> 부족사회의 구조는 총괄적이며, 바로 여기에 그 사회의 원시성이 있다고 할 수 있다. 전문적인 정치기구는 고사하고, 독립된 경제 부문이라든가 분리된 종교조직도 따로 존재하지 않는다. 부족사회에서는 각 제도들이 독자적으로 분화되어 있지 않고, 하나의 제도가 여러 가지 다른 기능을 동시에 수행하고 있다. 예를 들자면, 출계(出系, lineage) 제도 하나가 다양한 여러 가지 기능을 수행한다. 토지 소유권은 개인이 아니라 혈족이 갖고 있다. 그러므로 혈족은 하나의 경제적인 단위이다. 그리고 분쟁을 벌일 때에는 정치적인 집단이 되고, 또 조상에게 제물을 바치며 제사를 지낼 때에는 하나의 종교집단이 되는 것이다.[1]

그 밖에 원시사회의 특징으로는, 전체 사회구조에서 종교가 지니는 비중이 매우 크다는 점, "고급" 기술, 특히 문자를 사용하는

---

1) Marshall Sahlin, *Tribesmen* (Englewood Cliffs, NJ: Prentice-Hall, 1968), 15쪽.

기술이 없다는 점, 그리고 도시가 없다는 점 등을 들 수 있다. 그런 사회는 신석기시대 내지는 그 이전부터 존재해 왔으며, 지금도 북미와 남미, 안다만 군도, 오스트레일리아, 그리고 태평양의 여러 섬에서 존속하고 있다. 그러나 규모가 크고 기술이 발달되었으며 사회의 기능 분화가 이루어진 문화로부터 받는 엄청난 충격 때문에, 그런 사회가 급속히 소멸해 가고 있는 실정이다.

"원시적"이라는 말을 열등성을 암시하는 부정적인 의미로 사용하는 데 대해서는 최근에 많은 인류학자들이 경고를 하고 있다.[2] 특정 용어의 용법이 문제일 뿐만 아니라, 사실은 그것을 사용하는 사람들의 태도가 문제이다. "원시사회"에 처음 들어간 "문명"의 대표자들(탐험가, 무역상, 선교사 등)은 자신들이 침범한 "원시사회"를 경멸하였다. 그러나 이제 우리는 원시사회의 사람들이 문명사회와 다르기는 하지만 결코 열등하지는 않은 인간관계와 삶의 방식을 가지고 있으며, 그 문화적인 업적도 결코 열등한 것이 아니라고 평가하게 되었다. 그렇게 본다면 우리는 더 이상 "원시적"이라는 말을 열등함을 의미하는 것으로 사용하지 말아야 한다. 어떤 말을 사용하는가는 중요한 문제가 아니다. 그들을 열등하게 생각하는 한, 어떤 다른 말을 사용하더라도 결국에는 여전히 똑같은 부정적인 의미를 담게 될 것이다. 예를 들어, 많은 학자들이 "원시적"이라는 말 대신에 "무문자"(無文字, preliterate)라는 말을 쓰자고 제

---

2) Ashley Montague 엮음, *The Concept of the Primitive* (New York: Free Press, 1968).

안하였다. 그러나 우리가 문자를 사용하는 데 대해 우월감을 느끼면서 문자가 없는 것과 "무식한 것"을 같은 것으로 보고 경멸하는 태도를 버리지 않는 한, "원시적"이라는 말을 사용할 때와 똑같은 문제에서 벗어날 수 없을 것이다. 그 문제에 대한 해결책은 말을 바꾸는 데 있지 않고, 우리 것 이외의 문화에 대해 공감적으로 이해하는 폭을 넓히는 데에 있다.

2. 누어족과 딩카족의 종교적 신념체계

"원시사회"라는 말을 집합명사로 사용하면, 세계 각지의 원시사회들 사이의 다양성이나 서로 다른 특질들이 모호해질 위험이 있다. 사실 정확히 말하자면, 우리가 연구하고 있는 것은 추상적인 종교가 아니라 구체적인 여러 종교들이다. 이와 마찬가지로 우리는 "원시종교"라고 싸잡아 부를 수 있는 하나의 동질적인 단일 현상에 대해 연구하는 것이 아니라 원시사회의 구체적인 "여러 종교들"에 관해 연구한다. 원시 부족사회의 종교형태는 세계 각지마다 서로 다른 모습을 보이고 있다.

우선 지리상으로 서로 가까이 붙어 있는 두 사회의 종교체계를 간략히 살펴보기로 하자. 아프리카에 있는 누어(Nuer)족과 딩카(Dinka)족의 사회가 바로 그 대상인데, 이들 문화가 아프리카 부족사회 전체를 대변하는 "전형적"인 문화라고는 할 수 없다. 오히려 이들은 자기 나름의 독특한 사회 형태와 종교적 관행을 가지고 있다. 그러나 이 두 사회는 특정 원시종교의 체계를 "구체적으로" 고찰하고자 하는 우리의 목적을 충족시켜 줄 수 있을 것이다.

누어족은 이집트령 수단 남부의 늪지대와 초원에서 소를 기르며 사는 종족이다. 딩카족이 사는 지역은 누어족 지역의 남쪽과 서쪽으로 나일강 중부 분지의 늪지대이다. 숙련되고 재능 있는 인류학자들 덕분에 이들 사회의 종교에 대한 상세한 자료가 축적되었다. 에반스-프리차드는 누어족의 연구에서, 그리고 린하르트는 딩카족의 연구에서 예리한 통찰력을 보여 주었다.[3]

여기에서는 이들의 연구 성과를 이용하여 두 부족의 신앙과 의례, 신화를 자세하게 소개하기로 하겠다. 이런 작업을 하는 이유는 종교행위가 구체적으로 어떤 형태로 표현되는가를 신앙과 의례, 그리고 신화라는 세 가지 차원에서 조감해 보기 위해서이다. 독자들은 세밀한 부분까지 주의를 기울여 읽기를 바란다. 바로 여기에 종교의 생명과 활력이 들어 있기 때문이다.

그 다음에는 이 두 부족의 종교체계를 총괄적인 관점과 분석적인 관점 양쪽 모두에서 검토할 것이다. 즉, 한편으로는 그 체계를 하나의 역동적인 종합체로 보면서, 동시에 거기에서 서로 작용하는 여러 부분들에 대해서도 의도적으로 주의를 기울이고자 한다. 그러므로 종교체계의 여러 "요소들"―신념, 의례, 신성하게 취급되는 사물들, 종교전문가(성직자), 에토스(ethos), 생활양식, 기본적

---

3) E. E. Evans-Pritchard, *Nuer Religion* (Oxford: Clarendon Press, 1956); Godfrey Lienhardt, *Divinity and Experience* (Oxford: Clarendon Press, 1961).

인 사고방식 등—을 모두 구체적인 사례를 통하여 살펴볼 것이다.

3. 종교적 신념체계

누어족의 종교에는 정령들(kuth)이라는 개념이 있는데, 이것은 정령(kwoth)이라는 말의 복수이다. 이 정령들은 하늘(위)의 정령들(kuth nhial)과 땅(아래)의 정령들(kuth piny)이라는 두 개의 범주로 나누어진다. 하늘의 정령으로는 뎅(Deng), 테니(Teny), 위우(Wiu)가 있는데, 이들은 매우 강력한 힘을 가지고 있다. 경우에 따라서 이들은 특정 가족이나 개인에게 붙어 다니기도 한다. 또 이들은 사람에게 들어가 일시적으로, 또는 영구히 그의 정신을 지배할 수도 있다.

땅의 정령으로는 토템의 정령, 자연의 정령, 그리고 주물(呪物)의 정령 등이 있다. 토템은 동물일 수도 있고 식물일 수도 있다. 또는 그 밖의 물체가 토템인 경우도 있다. 토템은 특정 씨족과 동일시된다. 누어족은 토템에는 여러 다양한 정령들이 연관되어 있다고 믿는다. 비엘리(bieli)라고 하는 자연의 정령은 운석, 강, 또는 불과 같은 자연 현상과 연관되어 있으며, 이는 비교적 힘이 약한 존재이다. 주물의 정령은 나무토막과 같은 특정 물건과 연관된다. 어떤 학자들은 "주물"이라는 용어를 원시인들이 숭배의 대상으로 삼는 물건 그 자체를 가리키는 의미로 사용하기도 한다. 그러나, 누어족의 경우에도 "말하는 약"이라고 불리는 물체가 있기는 하지만, 그들이 숭배하는 것은 그 물체 안에 들어 있는 주물의 정령이지 그 물건 자체가 아니다.

그러나 이런 것이 누어족 신앙의 핵심이라고 할 수는 없다. 그들의 신앙에서 핵심이 되는 것을 파헤치기 위해서는 "정령"이라는 개념을 다시 검토해 볼 필요가 있다. 누어족이 이 단어를 단수의 고유명사(Kwoth)로 사용할 때에는 세계를 창조하고 세상만사를 결정하는 〈정령〉(이하 고유명사로서의 "정령"은 여기처럼 꺾쇠 안에 표기한다)을 가리킨다. 에반스-프리차드는 그것을 최고의 "신"(God)이라고 번역하였다. 그러나 그리스도교의 신 개념과 혼동하는 오류를 피하기 위하여, 여기에는 〈정령〉이라는 말을 택하기로 한다.

〈정령〉은 하늘과 밀접히 연관되어 있다. 그는 어디에나 있다고 믿어지지만, 특별히 하늘 위에 자리한다. 누어족은 그것이 "바람과 같다," 또는 "공기와 같다"고 말한다. 그 〈정령〉은 또 흔히 "하느님"(하늘의 정령, Kwoth Neahl), 또는 "하늘님"(하늘에 있는 정령, Kwoth a nhial)이라고 불린다. 그는 인격적인 존재(ran)이며, "할아버지," "조상님," 또는 "우리 조상을 낳은 〈정령〉"이라고 불린다. 그는 모든 것을 보고 들으며, 화를 내기도 하고 사랑도 한다. 그러나 그가 인간과 똑같은 모습을 하고 있다는 뜻에서 신인동형적(神人同形的, anthropomorphic)인 존재인 것은 아니다. "나는 누어 사람에게서 그 〈정령〉이 사람과 같은 형태를 하고 있다는 말을 들어 본 적이 없다"고 에반스-프리차드는 말한다. 한편, 린하르트가 관찰한 딩카족에서는 사람의 모습을 한 정령의 개념이 있다. 자기

수호령을 보았다고 주장하는 딩카인이 말하기를, "그는 노인 같았는데, 몸에는 빨간색과 파란색의 반점이 있고 머리는 흰색이었다"고 하더라는 예를 기록하고 있다.[4]

〈정령〉은 이른바 그 세계의 도덕 질서라고 할 수 있는 것을 지키는 존재이다. 좋은 일을 한다고 해서 반드시 즉각 보상이 오는 것도 아니고 또 나쁜 짓을 하면 반드시 금방 벌을 받게 되는 것도 아니라는 사실을 누어족 사람들도 잘 알고 있다. 그러나 긴 안목으로 본다면 언젠가는 〈정령〉이 정당하게 보살펴서 좋은 일을 한 사람에게는 보상을 주고 나쁜 짓을 한 사람에게는 벌을 내릴 것이라고 믿는다. 그리고 불행으로 말하자면, 어떤 것은 자연의 상황에 따라서 불가피하게 일어나기도 하므로 아무도 불행을 완전히 피할 수는 없다고 생각한다. 인간의 능력으로 어쩔 수 없는 그런 불행은 〈정령〉의 뜻이라고 받아들인다. 그러나 또 어떤 불행은 인간이 "잘못"(duer)을 저질렀기 때문에 벌을 받는 것이다. 예컨대 종교적인 금기를 깨뜨리거나, 남에게 해를 입힌다거나, 또는 정령들과 조상들에 대한 의무를 제대로 이행하지 않은 데 대해서 벌을 받는 것이다. 만약 "잘못"을 조금도 저지르지 않고 항상 옳은 일만 한다면, 〈정령〉이 그를 심한 고통과 불행으로부터 지켜 줄 것이다. 그러나 의례나 주술을 통해서 인간이 〈정령〉을 조종할 수는 없다. 인간의 운명에 대한 최후의 결정권은 〈정령〉에게 있으며, 그의 결정은 항상 옳다.

---

4) *Divinity and Experience*, 46쪽.

딩카족은 자신들의 정령을 다른 말로 부르지만, 그들의 정령들도 누어족의 것과 거의 똑같은 양상을 보여 준다. 린하르트에 의하면, "딩카족의 종교를 연구하는 사람이 가장 먼저, 그리고 가장 흔하게 듣게 되는 단어는 니알릭(nhialic)일 것"이라고 한다. 이 말은 하늘을 뜻하는 것으로, 딩카족의 종교에서는 "조물주"(aciek)라거나 "아버지"(wa)라고 일컬어지며, 기도를 올리고 제사를 지내는 대상이 되는 강력한 힘을 가진 존재를 가리키는 이름으로 사용된다.

린하르트는 "니알릭"이라는 말이 이런 의미로 사용될 때에는 그것을 "신격자"(Divinity)라고 번역하자고 제안한다. "신격자"라는 용어는 "신"이라는 말보다는 좀더 융통성 있고 폭 넓은 뉘앙스를 갖고 있기 때문이다. "신격자"에 해당하는 딩카족의 말은 원래 "족크"(jok)인데, 이것은 "정령"이라고 번역할 수도 있겠지만 린하르트는 "힘"이라고 번역한다. 딩카족에 의하면 이 세상에는 많은 "힘"들이 존재한다고 하며, 그런 "인간과 관계를 맺고 있는 힘들"을 전체적으로 가리키는 집합 명사로 "이쓰"(yeeth)라는 말을 쓴다. 그것은 "신격자들"이라고 번역할 수 있을 것이다. 린하르트는 딩카족의 신격자들이 크게 두 종류로 나뉜다는 것을 발견하였다. 그 하나는 씨족 신들로서, 특정 출계 집단과 특별한 관계를 맺고 있는 것들이다. 또 하나는 자유로운 신들로서, 아무하고나 관계를 맺는 것들이다.

우리는 누어족의 〈정령〉과 다른 여러 정령들 사이의 관계, 그리고 딩카족의 〈신격자〉와 다른 많은 "힘"들 사이의 관계에 대해서 모두 비슷한 의문을 제기할 수 있다. 어떤 면에서 보면 두 경우 모두 유일신교적인(하나의 신을 지향하는) 종교의 성격을 보여 주고 있다. 그러나 다른 측면에서 보면 다신론적인(많은 신을 믿는) 양상을 보인다. 또한 신성한 실재가 자연계의 모든 존재와 실체에 스며 있어 생기를 불어넣는 힘으로 작용한다는 범신론적(汎神論的)인 개념도 엿볼 수 있다.

린하르트는 이처럼 신 관념이 애매모호한 데 대해서 예를 하나 들고 있다. "딩카족 사람들은 누구나 할 것 없이 〈신격자〉는 하나(nhialic ee tok)"라고 주장한다. 그렇지만 그들은 또한 각각의 특정 신격자에 대해서도 "그는 〈신격자〉"(ee nhialic)라고 말한다. 이에 대해 린하르트는 다음과 같이 설명하고 있다. "딩카족 사람들의 언어와 생활에서는 〈신격자〉가 하나이면서 동시에 여럿이라는 것이 전혀 문제가 되지 않는다. 그러나 딩카 사람들의 그런 말을 영어로 번역하려면 논리와 의미상에 문제가 일어날 수밖에 없다."[5] 누어족의 표현에서도 이와 똑같은 모호성이 나타난다. 그러나 누어족의 종교에서는 여러 정령들이 분명히 다신교적인 계층조직을 이루고 있다. 〈정령〉은 대기(大氣)의 정령들 가운데서도 가장 우월한 것들의 아버지이며, 또 그 정령들은 같은 대기의 정령들 가운데서도 열등한 것들의 아버지라고 한다. 그리고 계층 구조의 아래 부분에 속하는 토템 정령들은 〈정령〉의 외손자들이다. 주물의 정령들은 그보다 더 하위에 있으며, 대기의 정령인 "뎅"의 외

---

5) 같은 글, 56쪽.

손자들이다.[6]

한편, 에반스-프리차드는 누어 사람이 말하는 정령들의 이런 계층 구조가 어디까지나 은유적인 의미를 지닌 데 불과하다고 주장한다. 〈정령〉과 정령들 사이의 실제 관계는 좀 더 복잡하다는 것이다. 그는 주로 이와 관련된 언어를 분석함으로써 문제를 밝혀 내려고 했는데, 그런 시도는 참으로 절묘한 것이었다. 그에 의하면, "쿼쓰"(Kwoth)는 결코 고유명사가 아니라 단지 "하늘에 있는 〈정령〉"이며, 이름이 없는 조물자를 일컫기 위해 사용되는 말이라고 한다. 그래서 대기와 땅의 다른 정령들을 가리키는 데에도 똑같은 말이 사용되는 것이다. 그러나 "하늘에 있는 〈정령〉"은 역시 다른 정령들과 같은 계층에 속하지는 않는다. 누어 사람들에게 이 말은 단수로서 "하늘에 있는 〈정령〉"을 가리키기도 하고 복수로서 그 밖의 정령들을 가리키기도 하는데, 그러나 앞의 것이 뒤의 것들 가운데 하나인 것은 결코 아니다. 다시 말해서, 〈정령〉은 정령들 가운데 하나가 아니라, 오히려 〈정령〉의 변형 또는 특정 형태들이 여러 정령으로 나타나는 것이다. 이것을 일종의 범신론이라고 할 수도 있겠지만, 에반스-프리차드는 양식론(樣式論, modalism)이라는 용어가 더 낫겠다고 제안한다. 그는 다음과 같이 말하고 있다.

신이 여러 가지 형태를 취하고 나타나는데, 그것을 각자 별개로 생각할 수도 있고 동시에 모두 하나라고 생각할 수도 있는 그런 관

---

6) Nuer Religion, 119쪽.

념이 〈정령〉의 개념에 들어 있다. 서로 다른 많은 정령들이 있음에도 불구하고 〈정령〉은 어디까지나 하나라고 하는 점에서는 유일신관이라고 할 수 있을 것이다. 그러나 그들은 엄연히 〈정령〉은 하나임에도 불구하고 그 작용과 관계에 따라 다르게 나타난다고 생각한다. 그러므로 그들의 신관은 또한 양식론적이라고도 해야 할 것이다.[7]

그들은 〈신〉을 "쿼쓰"라고 부른다. 그런데 그 밖의 다른 정령들도 역시 "쿼쓰"라고 부른다. 그 모두가 〈신〉이다. 다만, 그 정령들은 각자 특별한 방식으로 〈신〉이다. 그 여러 정령들은 〈신〉이 특정의 사건, 사람, 또는 집단과 관계를 맺으면서 굴절되어 나타난 것이라고 생각하면 누어 사람들의 신앙을 이해하는 데 도움이 될 것이다.[8]

누어 사람들은 의례 중에 어느 특정 정령과 만나는 것은 곧 〈정령〉과 만나는 것과 같다고 생각한다. 〈정령〉과 정령들은 서로 구분되기는 하지만 근본적으로는 같은 것이다. 누어 사람들은 〈정령〉의 정체가 무엇이라고 꼭 집어 말하지는 않는다. 그러나 그들은 〈정령〉이란 "저 위"에 있는 궁극적인 힘이며, 정령들이건 인간이건 간에 모든 피조물들은 그로 인하여 이 세상에 존재할 수 있는 것이라고 믿는다.

---

[7] 같은 글, 316쪽.
[8] 같은 글, 107쪽.

4. 영혼, 유령, 내세

누어족은 인간 존재의 여러 가지 요소들을 가리키는 다양한 어휘를 가지고 있다. 예를 들어 "링"(Ring)은 육체를 가리키는 말이며, "이그"(Yiegh)는 생명이나 호흡을 가리킨다. 이그는 생명의 원천으로서, 사람이 죽으면 〈정령〉에게 되돌아간다고 한다. 한편, 개개인의 사람을 가리키는 말로는 "란"(Ran)이 있다. 개인의 정체성은 주로 친족 관계에 의하여 결정되는 사회적 신분을 바탕으로 한다. 이해를 돕기 위해서 예를 들자면, 쌍둥이는 하나의 "란"을 공동으로 소유한다. 마지막으로 "티"(tie)라는 말이 있는데, 이것은 "영혼"(soul)이라는 말에 가장 가까운 의미를 지니고 있다. 그것은 인간의 지적, 도덕적 기능을 모두 포함하는 뜻을 지니며, 어떤 사람의 "영리함," 또는 "지혜"를 가리키는 경우도 종종 있다. 그리고 그것은 개인으로서, 또한 동시에 사회의 한 구성원으로서 그 사람의 인격을 이루는 핵심 되는 것을 가리킨다.

그러나 누어족 사람들이 이런 개념들을 언제나 분명하게 구분해서 사용하는 것은 아니다. 인격을 두고서 "티," "조아그"(joagh), "란," "티프"(tiep) 등 여러 가지 개념을 사용하지만, 그들이 인격을 그런 여러 가지 독립된 부분으로 분해해서 이해한다고 생각하는 것은 잘못이다. 현대 서양인들도 인간에 대해서 자기(self), 인격(personality), 자아(ego), 지성(intellect), 생명(life), 영혼(soul), 정신(spirit), 마음(mind), 의식(consciousness) 등 여러 가지 개념을 사용하지만 인간을 그렇게 여러 가지 독립된 부분으로 분해하지는 않는 것과 마찬가지이다. 우리는 그런 다양한 용어를 그때그때 문맥에 따라 인격의 여러 가지 기능을 가리킬 때 사용하는 것이다. 누어인들도 마찬가지이며, 그들도 각 부분을 구별하는 용어뿐 아니라 전체를 표현하는 말도 가지고 있다. 예를 들어 "푸옹"(pwong)은 모든 창조물, 유기체 전체를 가리키며, "란"은 인격 전체를 가리키는 말로 사용된다.

누어인들은 사람이 죽으면 그 육신은 땅에 묻히지만 유령(joaph)은 계속 살아 남는다고 믿는다. 그들은 인간이 죽은 뒤의 상태에 대해서 여러 가지 상세한 개념을 가지고 있으나, 그것을 하나의 통일된 체계로 정리하고 있지는 않다. 그래서 때때로 전혀 다른 얘기가 나오기도 한다. 어떤 때에는 사람이 죽으면 "그 사람은 이제 유령이 되었다"고 말하고, 또 어떤 때에는 "그 사람은 이제 〈정령〉에게 돌아갔다"고 하고 "그의 영혼은 저 위로 올라가고 육신만이 땅에 묻힌다"고 말한다. 그러니까, 누어인들의 사고 속에서는 유령이 되어 돌아다니면서 꿈에 나타나기도 하고 생시에도 살아 있는 사람들 앞에 나타나기도 하는 그런 영혼과, 한편 이승을 완전히 떠나 〈정령〉에게 아주 돌아가 버린 영혼이 구별되고 있는 셈이다.

에반스-프리차드는 이와 관련해서 매우 특이하고도 극적인 사례 한 가지를 기록하고 있다. 누어족이 사는 지역의 서부에서, 그는 "허술한 옷차림에 슬픈 표정을 짓고 있는" 어떤 사람을 만났다. 그 사람은 몇 년 전에 여행을 떠났는데, 오랜 세월이 지난 뒤 그의 마을에 그가 죽었다는 소문이 도는 바람에 그를 위해 장례식까지 치렀다는 것이다. 그가 돌아옴으로써 그 소문은 사실이 아니었음이 밝혀졌지만, 마을 사람들은 그를 "살아 있는 유령"으로 취급하였다. 마을 사람들은 이렇게 말했다. "그의 영혼은 떠났다. 그의 영혼은 (장례식에서 제물로 바친) 소의 영혼과 함께 떠나 버렸다. 그의 육체만 남아 저렇게 돌아다니는 것이다." 즉, 그는 육체와 생명은 아직 가지고 있지만 영혼은 지니고 있지 않다는 것이다. 이것은 곧 그가 모든 사회적 역할을 상실하였고, 그러므로 종교 의례에 참석할 수 없게 되었음을 의미하였다. 한 누어인은 다음과 같이 설명하였다. "그는 우리 마을에 산다. 그러나 우리는 그를 마을 사람으로 여기지 않는다. 그는 죽은 사람이기 때문이다. 오래 전에 그의 장례식을 이미 치렀다."[9]

누어족이 영혼의 존속을 믿는 것은 분명한 사실이다. 그렇지만 누어족의 종교에서 중시해야 할 것은, 관심의 초점은 영혼이 있고 없고 하는 데보다는 역시 자기 마을의 안녕에 있다는 점이다. 죽은 사람에 대해서도 그들이 살아 있는 사람들에게 영향을 끼친다고 생각되는 범위에서만 관심을 가진다. 의례를 보더라도, 유령을 저승으로 아주 보내서 다시는 이승에 나타나거나 살아 있는 사람들을 괴롭히지 못하도록 하는 데 목적을 둔 것이 많다. 그래서 장례식에서는 사람들이 유령에게 다음과 같이 외친다. "가시오! 저기 덤불 숲 쪽으로 얼굴을 돌리시오! 다시는 우리를 쳐다보지 마시오! 당신 것은 모두 돌려주었으니까 이제 우리에게서 멀리 떠나시

---

[9] 같은 글, 153쪽.

오!"¹⁰⁾

　레인몬드 퍼스는 다음과 같이 말한다. "원시사회 사람들은 죽은 뒤에 자기의 영혼이 어떤 운명을 겪을지에 대해서는 별로 관심이 없다." "죽은 뒤에도 영혼이 존속해서 어떤 역정을 겪게 된다고 하는 관념은 죽음을 피하고 싶어하는 태도에서 비롯된 것이 아니라, 현세에서의 삶을 더욱 적극적으로 살려고 하는 관심에서 나타난 것이다. …… 살아 있는 사람들이 자유롭게 행동할 수 있어야 한다는 것이 가장 중요한 관심거리이다."¹¹⁾

　퍼스의 견해는 누어족에도 그대로 적용될 수 있다. 에반스-프리차드가 지적하듯이, "그들은 특정 개개인이 죽은 뒤에 유령으로 존속하는가 어쩌는가에는 별로 관심을 두지 않는다. 그들은 다만 사회적인 인격이 그 사람의 이름으로 존속되는 데에만 관심을 둔다." 그들이 원하는 것은, 먼 옛날부터 이어져 왔으며 개인이 죽은 뒤에도 면면히 계속될 혈통의 연속선에 참여하는 것이다. 그러므로 어떤 사람이 자손을 남기지 못한 채 죽으면, 그와 가장 가까운 친족이 자기 자신의 부인을 맞기 전에 그 죽은 사람의 이름으로 한 여인과 결혼해야 하는 의무를 지게 된다. 원칙적으로 모든 남자는 하나 이상의 아들을 낳아 혈통을 이어야 하는 것으로 되어 있다. 죽은 뒤의 영혼들도 살아 있는 사람들의 혈연관계와 똑같은 관계를 유지하며, 영혼들 사이의 관계도 살아 있을 때의 관계와 비슷하

---

10) 같은 글, 149쪽.
11) Raymond Firth, "The Fate of the Soul," *Tikopia: Ritual and Belief* (London: G. Allen, 1967), 334쪽.

다. 그러므로 살아 있는 사람들과 죽은 사람들이 모두 하나의 우주적인 차원에서 사회적 존재로서 제 자리를 갖고 있는 것이다.

5. 희생제의

종교에서 의례가 아주 중요한 비중을 차지한다는 점은 3장에서도 이미 강조한 바 있다. 누어족과 딩카족의 경우에도, 그들이 가진 신앙의 구체적인 특징과 색조는 의례와 연결해서 고찰할 때에 비로소 생생하게 드러날 것이다. 특히, 그들의 의례 가운데에서도 가장 핵심적인 위치를 차지하는 동물 공희(供犧)를 살펴볼 필요가 있다.

누어족의 희생제의에서 제물을 찌르고 신령에게 마지막 기도를 하는 장면
(E. E. Evans-Pritchard, *Nuer Religion*)

누어인들이 제물로 사용하는 것으로는 산양이나 암양 등 동물과, 옥수수나 기장 등의 식물이 있다. 그러나 원래는 황소가 사용되는 것이 원칙이다. 희생제의는 거의 예외 없이 하나의 공통된 절차에 따라 진행된다. 첫 번째 절차는 "피봇트"(pivot)라는 것으로, 땅에 말뚝을 박고 제물로 쓸 동물을 거기에 묶는 것이다. 다음에 행하는 것이 "북크"(buk)인데, 이것은 제물을 재로 문질러서 부정(不淨)을 떨치고 성스럽게 만드는 절차이다. 그 다음은 "이암"(Iam)이라 하는데, 이것은 제의 집행자가 오른손에 창을 쥐고서는 이제 성스럽게 된 제물에게 깃들여 있는 〈정령〉에게 도움을 청하는 기도를 한다. 마지막은 "캄 양"(kam yang)이라고 하는데, 제물을 바치는 절차이다. 소의 오른쪽 옆구리를 익숙한 솜씨로 찔러서, 대개는 몇 초 안에 오른쪽으로 쓰러지게 한다. 나중에 그 고기는 마을 사람들이 나누어 먹는다.

희생제의는 대개 다음 두 가지 경우에 행한다. 하나는 잘못된 행위 때문에 빚어질 재앙을 막거나 줄이기 위해서 행하는 것으로, 속죄의 희생제의(piacular sacrifice)라고 할 수 있는 것들이다. 또 하나는 성인식이나 결혼식과 같은 통과 의례에 수반되는 희생제의이다. 이것은 그 행사의 정당성을 승인하고 축복하는 효과를 기대하는 것이므로, 승인의 희생제의(confirmatory sacrifice)라고 할 수 있을 것이다.

이런 두 종류의 희생제의는 누어인의 신앙에 서로 반대되는 관념이 나란히 들어 있음을 잘 나타내 주는 예라고 하겠다. 이것은 사실 누어인의 종교뿐만 아니라 대부분의 종교에서 공통적으로 많이 나타나는 현상이다. 즉, 승인을 위한 희생제의는 〈정령〉이 인간의 일에 참여하도록 기원하는 것이므로, 곧 그와 가까이 접촉하고 싶어하는 욕구를 표현한다고 할 수 있다. 그 반면에, 속죄를 위한 희생제의는 〈정령〉의 영향으로부터 벗어나려는 것이다. 〈정령〉은 인간에게 곤경을 가져다 줄 수도 있는 위험한 존재라는 관념이 거기에 작용하고 있다. 인간이 잘못을 저지르는 경우에 〈정령〉이 쫓아다니며 괴로운 벌을 준다. 희생제의를 치러야만 〈정령〉이 그를 떠나가게 되고, 그는 다시 정상적인 생활로 돌아갈 수 있게 된다.

한편, 이런 희생제의의 의미를 충분히 이해하기 위해서는 누어족과 딩카족에게 소가 얼마나 중요한 동물인지를 이해할 필요가 있다. 누어족과 소의 관계는 대단히 친밀하다. 진정한 마음에서 우러나온 관계로서, 거의 인격적인 관계라고까지 할 수 있다. 무엇보다도 우유는 이들의 식생활에 필수품이다. 그들이 사는 지역은 자연 환경이 거칠고 천연 자원이 빈약한 곳으로, 그런 상황에서는 인간과 소 가운데 어느 한 쪽이 없으면 다른 쪽도 생존할 수 없다. 따라서 인간과 소 사이에 돈독한 상호 의존 관계가 맺어질 수밖에 없다.

더구나 소를 통해서 인간의 사회적인 신분이 결정된다. 딩카족의 언어에서는 기본적인 사회 집단 단위를 나타내는 용어가 인간의 집단과 소의 집단 양쪽 모두에 대해 사용된다. 각 씨족은 소의 이름을 갖고 있다. 희생제의에 사용된 동물의 고기는 각 출계 집단 별로 분배된다. 그리고 어떤 소를 얼마나 소유하는가 하는 것이 그 사람의 사회적 신분과 권위, 권력을 결정짓는다.

개개인의 정체성도 소와 관련되어 있다. 소년들이 성인이 되기 위한 통과의례를 치르고 나면 소의 이름을 하나 받게 되며 자기의 재산으로 실제 소도 한 마리 받게 된다. 그는 이제 자신을 그 소와 한 몸으로 여긴다. 소는 그의 친구이자 동료가 되는 것이다. 딩카족 사람들은 그들 자신의 삶이 소의 삶과 똑같다고 생각한다. 인간은 소를 모방한다는 것이다. "특히 딩카족이 사는 지역의 서부 지방에서는 젊은이가 춤을 출 때나 혼자 자기의 소떼를 몰고 있을 때 흥겨운 몸짓으로 팔을 구부려서는 머리 위로 치켜드는 모습, 즉 소를 흉내 내는 모습을 종종 볼 수 있다."[12] 또, 기근이나 가뭄 등 심각한 사태가 아니면 희생제의 이외의 목적으로 소를 죽이거나 잡아먹는 일이 절대로 없다.

누어인들은 희생제의의 의미를 여러 가지로 설명하고 있다. 그들은 희생제의를 "콕크"(kok)라고 부르는데, 이 말은 빚을 갚는다거나 배상이나 값을 지불한다는 의미를 갖고 있다. 즉, 상업적인 거래의 의미가 배후에 깔려 있는 것이다. 한편, "로르"(lor)라는 말도 희생제의를 가리키는데, 이 말은 문자 그대로는 "만나러 감"이라는 뜻이며, 그 만나는 대상을 존경한다는 뜻이 깔려 있다. 또 "키에르"(kier)라는 말도 사용한다. 이것은 속죄의 행위를 뜻하므로, 인간의 "잘못"으로 인해 일어나는 〈정령〉의 분노를 달랜다는 의미에서 사용하는 것이다. 이와 비슷한 것으로 "콜"(col)이라는 말도 사용된다. 이것은 다른 사람에게 해를 입힌 데 대하여 보상한다는 의미를 가지고 있는 말이다.

---

12) *Divinity and Experience*, 16쪽.

에반스-프리차드는 누어족의 희생제의에서 작용하는 가장 핵심적인 관념은 대속(代贖, substitution), 즉 자기의 죄를 제물로 대신해서 갚는 것이라고 한다. 다시 말해, 소의 생명으로 인간의 생명을 대신한다는 관념이다. 〈정령〉에게 바치는 소의 생명은 그 소 주인의 생명을 대신한다. 누어족 사람들은 자신의 생명과 소의 생명을 동일시하여, 희생제의에서 〈정령〉에게 황소의 형태를 빌어 자기 자신을 바친것이다. 그리하여 〈정령〉이 그 의례를 받아들이면 인간이 요청하는 대로 잘못을 용서해 주는 것이다. 누어인과 딩카인은 희생제의를 통하여 〈정령〉이나 〈신격자〉라는 궁극적인 실재와 강렬한 일체감을 경험한다. 그러므로 희생제의는 곧 그들로 하여금 세계의 의미, 또 그 세계 안에서 자신들이 처한 위치의 의미를 표현하고 또 이해하게 해준다. 희생제의는 그들의 삶 전체에서 매우 중추적인 역할을 맡고 있다.

6. 성스러운 창

종교에서는 여러 가지 상징이 사용된다. 신화나 제의뿐만 아니라 사물도 종교적인 의미를 나타내는 상징으로 사용된다. 누어족의 종교에서는 특히 창(槍)이 중요한 위치를 차지하고 있다.

누어족에게 창은 도구이자 무기로서, 그들은 항상 창을 갖고 다니면서 부지런히 갈고 닦는다. 그들은 창을 마치 생명이 있는 물건처럼 다룬다. 그것은 창이 "인간의 힘, 활력, 덕성을 나타내는 오른손의 분신이자 상징"이기 때문이다. 즉, 창에다가 자아를 투사하는 것이다. 창을 던질 때 "내 오른손아!"라고 외치거나, 자기와 동체로 여기는 소의 이름을 외친다. 종교 의례에서도 창은 중요한 역할을 한다. 성인식을 치른 소년은 소와 함께 특별한 전투용 창도 한 자루 받게 되는데, 이 두 가지는 그가 이제 어엿한 성인이 되었음을 상징한다. 희생제의에서도 제주(祭主)는 제물 옆을 왔다 갔다 하면서 창을 쥐고 휘두른다.

에반스-프리차드는 창과 창의 이름이 누어족 사람들에게 매우 중요한 상징 기능을 수행한다는 점을 지적한다.

> 어떤 창이 효력을 발휘하는 것은 그것이 "우리 선조들의 창"이기 때문이지, 그 물건 자체가 힘을 갖고 있어서 그런 것은 아니다. 따라서 어떤 창이라도 제의에서 사용할 수 있다. 다만, 그것은 자기 씨족 조상의 창을 대표하는 것이다. 씨족 전체가 그 창으로 상징되는 것이다. 어떤 창이라도 좋다. …… 그러나 어쨌든 창은 있어야 한다. 누어족 사람들이 내 막사에 앉아 기도의 내용을 설명해 줄 때, 그들은 마치 오른손에 창을 들고 있는 듯한 몸짓을 하였다. 그들로서는 기도(pal)를 할 때 꼭 창을 든 손을 뻗어 위 아래로 흔드는데, 기도의 내용을 내게 설명할 때에도 그런 몸짓을 하지 않고는 이야기하기가 힘든 모양이었다.[13]

누어족 사람들이 창과 맺고 있는 그런 관계에서, 우리는 상징의

---

13) *Nuer Religions*, 240-41쪽.

표현 기능이 작용하고 있는 또 하나의 예를 볼 수 있다. 창은 개인적, 또 사회적인 삶을 조상과의 관계, 또한 인간 생활을 좌우하는 초월적인 힘과의 관계 속에서 표현해 주고 있는 것이다. 그런 상징으로서의 창은 관념과 몸짓을 하나로 묶어 주는 강력한 기능을 한다. 상징 이외에 다른 매체는 그런 강력한 기능을 할 수 없을 것이다.

7. 종교전문가

종교는 추상적이고 미묘한 관념의 영역에서만 떠도는 신앙이나 의례의 집합물이 아니다. 종교는 구체적인 인간들에 의해서 실제로 행하여지는 것이다. 따라서 어떤 공동체 안에서 특정의 종교적 역할을 수행하는 사람들, 즉 종교적 기능인들은 아주 중요한 의미를 갖는다. 공동체 속에서 그 사회의 종교적 관행을 유지시키는 종교전문가들을 연구하는 것도 종교를 살펴보는 좋은 방법의 하나가 될 수 있는 것은 바로 이 때문이다.

에반스-프리차드는 누어족의 종교에서 특별히 중요한 종교전문가들을 두 가지 부류로 나누고 있다. 첫 번째는 "쿠아르"(kuaar)라고 하는 것으로, 이것은 "사제"(司祭, priest)라고 번역할 수 있다. 희생제의를 집행하는 것은 대개 씨족이나 부족의 우두머리이다. 그러나 신성한 금기를 깨뜨리는 행위가 포함되는 희생제의는 "쿠아르 투악"(kuaar twac), 즉 "표범 가죽의 사제"에게 맡기는 것이 안전하다고 한다. 예를 들어 어떤 사람이 살인을 했을 때, 그는 죽은 사람의 친족들로부터 보복 당하는 것을 피하기 위해 얼마 동안 사제의 집에 피신할 수 있다. 사제는 성스러운 사람으로서, 그의 주변은 성역이므로 거기에서 소란을 피워서는 안 되기 때문이다. 사제는 그 사람이 죽은 사람의 친척들에게 보상을 하도록 하며, 또 희생제의를 집전하여 그의 살인 행위 때문에 화가 났을 〈정령〉과 만나서 속죄하도록 한다.

누어 사회 종교전문가의 또 한 종류는 "구안 쿼쓰"(gwan kwoth), 즉 "정령을 지닌 자"라고 불리는 사람들이다. 에반스-프리차드는 이것을 "예언자"(prophet)라고 번역하였다. 이들은 〈정령〉에 지펴서 〈정령〉의 대변자가 된 사람들이다. 신 들린 상태가 되면 이리저리 뛰어다니며 〈정령〉의 말을 전한다. 경우에 따라서는 평범한 사람도 그런 경험을 할 수 있다. 그러나 영구하게 〈정령〉에 지핀 사람들만 "쿠안 쿼쓰"라고 부른다. 딩카족에서는 그런 사람들을 "란 니알릭"(ran nhialic), 즉 "신성한 사람"이라고 부른다. 이들은 〈정령〉에 지폈으므로 비범한 힘을 가지고 있다. 전쟁이 벌어졌을 때에는 어떻게 해야 이긴다는 신의 교시를 전해 주며, 병을 치료하기도 하고 악귀를 몰아내는 일도 한다. 미래의 일에 대해서 예언을 하며, 마을 사람들이 개인적인 문제를 가지고 상의하러 오면 도움말을 주기도 한다.

딩카족의 종교에서 예언자는 사제보다 훨씬 뒤에 나타났음에 틀림없다. 사람들은 예언자들을 경원하면서도 또 동시에 가까이하려는 이중적인 태도를 취한다. 예언자 안에는 〈정령〉이 직접 들어와 있다고 믿기 때문이다. 〈정령〉은 인간을 돕기도 하지만, 그와 만나는 것은 역시 위험스러운 일이다.

딩카족과 누어족의 이 두 가지 종교전문가는 다른 종교에서도 볼 수 있다. 그런 종류의 종교전문가들은 구약성서에서도 나타나며, 막스 베버는 "사제"와 "예언자"를 종교전문가의 전형적인 두 유형을 가리키는 용어로 사용한다. 에반스-프리차드는 누어족의 종교에서 그 둘이 어떻게 다른가에 대해서 다음과 같이 설명하고 있다.

> 사제는 누어 사회의 전통적인 종교 기능인이다. 반면에, 예언자는 비교적 근래에 나타난 부류이다. 사제는 사회에서 어떤 특정 사태가 발생했을 때, 특히 살인이나 그에 대한 보복이 자행되었을 경우에 희생제의를 집전한다는 일정한 역할을 가지고 있다. 그러나 예언자의 기능은 일정하지 않다. 또, 사제의 힘은 최초의 사제로부터 대대로 계승되면서 사회적으로 인정되는 세습의 형태를 띠지만, 예언자의 힘은 〈정령〉에 지피는 데에서 나오는 카리스마적인 성격의 것이다. 즉, 사제의 힘은 제의 집전자라는 그의 신분에 있는 것이지만, 예언자의 힘은 그 자신 안에서 나오는 것이다. …… 그러나 가장 두드러진 차이는, 사제의 경우에는 인간이 신에게 발언하는 반면에 예언자의 경우에는 신이 어떤 실재의 모습으로 인간에게 발언한다는 점이다. 달리 말하자면, 사제는 땅 위에 서서 하늘을 올려다보는 반면에, 예언자는 영적 존재가 하늘로부터 내려와 인간에게 씌운 것이다.[14]

---

14) 같은 글, 304쪽.

사제는 종교 의례를 계승, 유지하고 공동체의 조화로운 생활을 지속시킨다는, 본질적으로 보수적인 역할을 수행하고 있다. 그 반면에, 예언자는 더욱 혁명적이고 혁신적인 성향을 갖는다고 할 수 있겠다. 〈정령〉이 예언자를 통해서 하는 말은 사회 질서를 변화시키거나 새로운 개념을 도입시킬 수 있다. 기존의 전통적인 지식의 테두리에 구애받지 않고 개인이 나름대로 그 의미를 받아들일 수도 있는 것이다. 어쨌든, 사제와 예언자는 모두 종교의 역사에서 중요한 역할을 담당해 왔다.

8. 신화와 생활양식

원시종교에서 신화가 중요한 위치를 차지하고 있음은 앞에서 이미 언급한 바 있다. 딩카족에게는 현재의 인간 세상이 어떻게 유래했는가를 말해 주는 재미있는 신화가 있다. 그 신화는 다음과 같다.

"신격자"(하늘)와 인간(땅)이 원래는 연결되어 있었는데, 나중에 떨어지게 되었다. 하늘과 땅 사이에는 밧줄이 하나 매달려 있어서 사람이 팔을 뻗치면 닿을 만한 거리까지 내려와 있었으므로, 사람들은 마음만 먹으면 이 밧줄을 타고 "신격자"에게 올라갈 수 있었다. 그 당시에는 죽음이라는 것이 없었다. "신격자"는 최초의 남자와 여자에게 하루에 반 톨의 기장만을 식량으로 허락했는데, 그 때는 그것만 가지고도 충분히 먹고살 수 있었다. 그보다 더 많은 것을 얻으려고 농사를 짓거나 탈곡을 하지는 못하게 되어 있었다. 여기에서 "신격자"는 분명히 아버지와 조물주의 속성을 지닌 하나의 인격체로서, 눈에 보이는 물리적인 하늘과는 개념상으로 구별되는 존재로 나타난다. 따라서 우리는 "신격자"를 인칭 대명사 "그"로 부를 수 있을 것이다.

최초의 인간들은 보통 "가랑"(Garang)과 "아북크"(Abuk)라는 이름으로 불린다. 그들은 하루에 필요한 단지 반 톨의 식량을 위해서 자그맣게 농사를 짓고 탈곡을 하곤 했는데, 일을 할 때 괭이나 절구공이가 "신격자"를 다치지 않도록 조심해야 했다. 그런데 어느 날 여자가 "욕심이 나서"(딩카인들은 관대하게도 그녀가 "욕심이 좀 많아서 그랬다"는 정도로 말한다) 허락된 분량보다 더 많이 기장을 경작(또는 탈곡)하기로 마음 먹었다. 그래서 그녀는 지금 딩카인들이 사용하는 것과 같이 자루가 긴 괭이(또는 절구공이)를 사용하기로 했다. 그런데 그 긴 막대기를 치켜들다가 그만 "신격자"를 치게 되었고, "신격자"는 화가 잔뜩 나서 땅으로부터 멀리 떠나 버렸다. 그리고 "아톡"(atoc)이라는 파란(하늘이 파란색임을 상기하라) 새를 보내 하늘과 땅 사이의 밧줄을 끊어 버리게 하였다. 그 때부터 사람들은 필요한 양식을 얻기 위해 노동을 해야 했으며, 그로 인해 땅이 "오염"되었다. 게다가 이제는 더 이상 전처럼 마음대로 "신격자"에게 갈 수가 없게 되었다. 그렇게 "신격자"와 떨어지게 됨으로써 인간은 질병과 죽음의 고통을 겪게 되었다.[15]

---

15) *Divinity and Experience*, 33-34쪽.

이 신화는 부족사회와 고대 문화의 종교에서 많이 발견되는 천지 개벽 이야기와 똑같은 주제를 보여 주고 있다. 딩카족의 이야기에서는 밧줄이 하늘과 땅을 연결하고 있었다. 그 밖의 여러 신화에서는 사다리(앞 장에서 소개한 아스디왈의 이야기와 같은 경우)나 장대, 또는 성스러운 나무 등이 그에 해당하는 것으로 등장한다. 이런 성스러운 이야기들은, 하늘과 땅이 원래는 연결되어 있었는데(섞여 있었다고 하는 경우도 있다) 나중에 떨어져서 지금과 같이 되었다고 설명하는 공통의 주제를 갖고 있다.

딩카족은 또 부족의 기원에 관한 신화도 갖고 있는데, 창(槍)의 명수이자 부족 전체의 사제인 인물이 등장한다. 이 신화에서는 말렝딧트(Malengdit)라는 이름을 가진 강(江)의 신과 한 인간 여자 사이에서 태어난 아이웰(Aiwel)이라는 사람이 등장한다. 성인이 되자 그는 소 한 마리와 함께 강에서 돌아왔다. 그 소는 온갖 색깔을 다 지니고 있었으나, 특히 비구름 색깔이 많은 부분을 차지하고 있었다. 아이웰은 그 소의 이름인 롱가(Longar)를 자기 이름으로 삼았다.

이 신화의 줄거리는 말하는 사람에 따라서 조금씩 달라진다. 그러나 기본적인 내용은 역시 강 한쪽 편에 있는 롱가, 그리고 그를 만나기 위해 강을 건너오려는 사람들의 이야기이다. 롱가는 자기가 있는 쪽으로 기어오르는 사람들을 하나하나 창으로 찌른다.

롱가는 "딩카인 자신들도 신비한 존재라고 생각한다"고 린하르트는 지적하였다. 그들도 롱가가 사람들에게 왜 그렇게 못되게 굴었는지 시원스럽게 설명하지 못하고, 다만 그의 성격이 그랬다는 식으로 모호한 대답밖에는 하지 못한다. 나중에 롱가가 사람들에게 친절을 베푸는 대목에 대해서도 마찬가지이다. 자연 재해 등의 재앙이 닥쳤을 때 딩카족 사람들은 "신격자가 그런 게 아닐까?"(acie nhialic)라고 말하곤 한다. 롱가의 행위도 그런 자연 현상과 마찬가지로 분명한 동기를 알 수 없는 것이다.

롱가는 인간과 신 사이에서 태어났다는 점에서 그 둘 사이의 접점을 나타낸다고 할 수도 있겠다. 어느 딩카인은 다음과 같이 말하였다. "롱가는 신이기도 하고 인간이기도 하다. 그는 모든 사람 가운데서도 가장 먼저 창조된 사람이다. 그는 '신격자'의 손으로부터 나왔다. 그는 모든 생명의 우두머리이고 원천이었다. 그는 온갖 것을 다 자기가 직접 해보려고 했으며, 모든 것을 다 알아보려고 했다."[16] 롱가를 통하여 인간의 본성이 시험되면서 형성되고 발달한 것이다. 지금의 인간이 현재와 같은 조건에 놓이게 된 것은 인간과 롱가의 태초의 만남에서 연유한다.

롱가는 처음에는 사람들을 적대하다가 뒤에는 창의 명수인 다른 씨족 사람들과 가깝게 지내게 된다. 그 과정은 이 신화의 여러 이본(異本)에 따라서 조금씩 다르게 이야기가 전개된다. 그 가운데 특히 흥미로운 것 한 가지를 소개하면 다음과 같다.

롱가는 사람들을 불러서, 자기가 말하는 주문(gam lung de)을 차례로 되풀이하게 하였다. 사람들은 그 주문을 되풀이하는 대로 모

---

16) 같은 글, 182쪽.

두 죽어 버렸다. 그런데 강이 낳은 아들 가운데 가장 막내인 아드헤우(Adheou)가 롱가의 주문을 따라 하겠노라고 스스로 나섰다. 아지엑크(Ajiek)는 그렇게 하면 틀림없이 죽게 될 것이라고 하면서 말렸으나, 그는 끝내 주문을 따라 외었다. 그런데도 그는 죽지 않았다.

롱가는 당황해서 여러 가지 다른 방법을 생각해 냈지만, 아르헤우는 그것을 모두 이겨 낸다. 결국 롱가는 다음과 같이 말한다.

"아드헤우야, 내가 졌다. 너는 처음으로 나의 고기를 받는 사람이 될 것이다. 그리고 이제는 너에게 어떤 주문을 외워도 나는 너를 이기지 못할 것이다." 그리하여 비로소 사람들은 정착해서 살 수 있게 되었다. 그 곳은 토양이 좋고 질서가 잘 잡혀 있는 정말 좋은 곳이었다. 그리고 롱가는 위대했다. 그는 물고기를 잡는 창을 나누어 주었고, 고기도 나누어 주었다.[17]

롱가와 아드헤우의 신화에는 딩카족과 누어족의 에토스, 또는 생활방식이 반영되어 있다. 클리포드 기어츠는 한 민족의 에토스를 다음과 같이 정의하고 있다. "에토스란 생활의 기풍, 특징, 성질, 그 민족의 도덕성, 미적 감각과 분위기 등을 말한다. 거기에는 그 민족이 자기 자신에 대해서, 또 주변 세계에 대해서 취하는 근본적인 태도가 반영되어 있다."[18]

---

17) 같은 글, 180-81쪽.
18) Clifford Geertz, "Ethos, World-View and the Analysis of Sacred Symbols,"

딩카족의 창 신전. 창이 꽂혀있다.
(Godfrey Lienhardt, *Divinity and Experience*)

위에서 소개한 딩카족의 두 신화에는 자기의 처지를 겸허하게 받아들이면서도 주장할 것은 단호하게 주장하는 태도가 반영되어 있다. 딩카족이 경험하기에, 세계는 인간의 힘으로 통제하거나 바꿀 수 없는 것이다. 그러나 그들은 또 사회가 유지되려면 〈신격자〉를 경배하기도 해야 하겠지만 아울러 자기들의 주장을 단호하게 내세워야만 한다고 생각한다. 누어족과 딩카족은 모두 〈정령〉이나 〈신격자〉가 인간의 삶 전체를 마음대로 움직일 수 있는 권리를

Antioch Review (1957-1958 겨울호), 421쪽.

지녔다고 믿는다. 그래서 그들 앞에서 겸손한 태도를 취하고 그들의 뜻에 불평 없이 순종하려고 한다. 누어족 사람들이 흔히 말하기를, "우리는 〈정령〉 앞에서는 모두 개미처럼 보잘 것 없다"고 한다. 그러나 그렇다고 해서 이들이 세상 돌아가는 일에 대해 무조건 굴종하는 수동적인 태도를 갖고 있다고 단정하는 것은 잘못이다. 그들은 오히려 "자부심이 대단히 강하고 도전적이며, 특히 낯선 사람들에 대해서는 오만하고 무례하기까지 하다"고 에반스-프리차드는 말하고 있다.[19]

인간이 주장할 것은 단호하게 내세워야 한다는 생각은 앞에서 소개한 바 있는 롱가의 신화에서도 뚜렷하게 나타나고 있다. 린하르트는 다음과 같이 설명한다.

> 이 신화는 여러 가지 변형이 있지만, 그 모두가 딩카족 지도자들 사이에 일어나는 갈등을 주제로 하고 있다. 그 가운데 누군가가 작살(고기잡이 창)의 원 주인으로부터 권력을 탈취하고 사람들을 다스릴 권한을 위임받는다. 그 원 주인은 인간이자 또 신령이었다. 그런데 누군가가 재치 있게 대항하여 결국 힘을 나누어 받게 된다. 그리고 나중에는 그를 달랜다. 인간이 주도권을 잡고 또 신을 달래기도 한다는 주제는 인간과 다른 자유로운 신격들 사이의 관계에서도 비슷하게 나타난다. 롱가라는 초인간적인 힘으로부터 자기 부족을 구해 내는 주인공은 강한 힘과 지혜를 발휘하여 승리하지만, 한

---

19) *Nuer Religion*, 12쪽.

편으로 내내 롱가에 대한 존경심을 느끼면서 행동하는 것이다.[20]

이 인용의 마지막 구절은 누어족과 딩카족의 생활방식이 두 개의 기둥을 중심으로 이루어져 있다. 즉, 한편으로는 인간의 "힘"이 인정된다. 인간이 자기에게 호의적인 요소와 위험한 요소가 뒤섞여 있는 세계 안에서 생존하기 위해서는 스스로 투쟁하지 않으면 안 되는 것이다. 또 다른 한편으로 인간은 자기가 의지하고 있는 절대적인 힘에 대하여 적절한 "경의"를 표시해야 한다. 누어족은 이런 태도를 "테옥크"(theok)라고 부르는데, 그 동사형은 "텍크"(thek)이다. "텍크"라는 말은 "존경, 겸손, 겸허, 수줍음" 등의 태도를 취하는 것을 의미한다. 사람들은 토템에 다가갈 때라든지, 자기 아내의 부모(장인, 장모)와 같은 특별한 사람들을 대할 때, 또는 타부로 금지된 것을 다룰 때나 의례를 행할 때에 그런 태도를 취해야 한다.[21] 린하르트는 "텍크"(이 말은 딩카족과 누어족이 모두 사용한다)를 정의하여, "대상에 대하여 온순하게 복종하고 존경하는 태도를 나타내는 복합적인 행동"이라고 하였다.[22] 씨족의 신들을 위해서 희생제의를 치르는 동안 사람들은 그 신들에게 극진한 경의를 표하는 행동을 한다. 제물이 되는 소도 특정 신령에게 바치는 공물(供物, mac)로서 극진하게 대한다. "평소에는 친한 친구나 동료들 사이에 격의 없이 하던 장난과 농담도, '텍크'를 치를

---

20) *Divinity and Experience*, 184-85쪽.
21) *Nuer Religion*, 180쪽.
22) *Divinity and Experience*, 126쪽.

때에는 삼간다."[23] 이런 엄숙한 태도는 학자들이 흔히 "성스러움"이라고 부르는 것과 밀접한 관련이 있을 것이다.

이제 우리는 누어족과 딩카족의 생활양식을 다음과 같이 요약할 수 있을 것이다. 즉, 인간의 적극적인 자기 주장, 그리고 우주에 담겨 있는 신비스러운 힘에 대한 외경의 태도를 조화시키려고 하는 노력이 그들의 생활방식에 기틀이 된다. 신이 정한 금기나 규칙을 존중하지 않는 자는 "미친"(yong) 사람으로 취급된다. 자기 친족의 도움도 또 〈정령〉의 보살핌도 받지 못한다. 그러므로 인간의 자부심과 신적 존재에 대한 존경심은 서로 모순되는 것이 아니라 상호 보완적인 관계이다. 그 둘이 조화를 이루면서 역경에 가득 찬 세상, 그러나 또한 멋지기도 한 세상에서 인간이 삶을 이끌어 나가는 원동력이 되는 것이다.

9. 결론

지금까지 우리는 종교는 연구하는 여러 가지 방법에 대해서 고찰하였다. 특히 종교를 올바르게 "서술"한다는 것은 어떤 것이며, 그것과 "해석"의 작업은 어떤 관계인가를 생각해 보았다. 그 밖에 더 이야기할 것은 없을까? 인간의 종교행위에 대해서 더 "설명"할 것은 없을까?

---

23) 같은 글, 125쪽.

설명이라고 하는 것은 문제된 현상을 더욱 넓은 의미의 터전에 다가 놓고 보는 것을 가리킨다. 더욱 넓은 의미의 터전이란, 우리가 이미 충분하게 이해하고 있어서 적어도 당분간은 그 자체에 대한 설명이 필요치 않은 맥락을 말하는 것이다. 예를 들어, 어떤 사람이 무릎을 꿇는 것을 보고는 "왜 그러느냐?"고 물었다고 하자. 설명을 요구한 것이다. 그런데 "별다른 이유는 없다"는 식으로 퉁명스럽게 대답한다면 만족스럽지 못할 것이다. 이 행위를 아무런 설명 없이 그 자체로서 이해하기는 힘들다. 왜냐하면 사람들은 무릎을 꿇기보다는 서거나 앉거나 눕는 자세를 취하는 것이 보통이기 때문이다. 그러므로 나는 그가 동전을 떨어뜨려서 그것을 찾고 있는 것이라든지(경제적인 설명), 게임을 하고 있는 것이라든지(사회적 설명), 융단의 무늬를 살펴보고 있는 것이라든지(미적 설명), 또는 기도하고 있는 것이라는(종교적 설명) 등의 대답을 듣고서야 그 행위를 만족스럽게 이해할 수 있을 것이다. 설득력이 있다고 증명된 대답은 어떤 것이든 하나의 설명이 될 수 있다. 이해되지 않던 어떤 사실이 그 설명으로 인해 비로소 이해되는 것인데, 그것이 이제서야 이해되는 이유는 더욱 넓은 의미의 맥락 속에서 차지하는 그것의 자리를 비로소 알았기 때문이다. 그러나 그보다 넓은 맥락이라는 것 그 자체가 또 이해되지 않는다면 다시 또 그 대답에 대한 설명을 요구하게 된다. 그 대답의 자리를 담고 있는 더욱 넓은 의미의 맥락이 필요하게 되는 것이다. 예를 들어, 그 사람은 기도하느라고 무릎을 꿇은 것이라는 대답에 대해서 나는 또 다시 "그러면 그 사람은 왜 기도를 하고 있는가?"라는 질문을 할 수도 있는 것이다.

  이 질문에 대해서는 어떻게 대답할 것인가? 종교연구에 이제 막 발을 들여놓은 사람들은 종교의 상징체계가 매우 복합적이라는 사실을 늘 염두에 두어야 한다. 그래야만 그것을 경솔하게 어떤 다른 현상으로 환원시키거나 지나치게 단순화해서 설명해 버리는 잘못을 피할 수 있을 것이다. 이 점에 관해서 엘리아데는 다음과 같이 말하고 있다.

> "순수하게" 종교적인 성격만을 가지는 종교현상은 없다. 종교현상은 언제나 역사적, 사회적, 문화적, 심리적 현상이기도 하다. 종교학자들은 대개 한 현상의 의미가 그렇게 다양할 수 있다는 점을 늘 강조하지는 않는다. 종교학자는 자기가 다루는 자료의 종교적인 의미만을 주로 중시하기 때문이다. 그러나 종교 생활의 어떤 한 단면만을 중시하고 다른 면들이나 기능은 부수적이거나 심지어 허구적인 것으로 보아 경시한다면 혼란이 야기될 것이다.[24]

  그런데 종교를 인간 생활의 어떤 다른 차원(예를 들자면 자연적, 심리적, 사회적 차원 등)의 의미로 환원시키지 않고 종교 그 자체로 설명할 수 있는 고유한 범주는 과연 어떤 것일까? 엘리아데는 일상적인 평범한 형태의 삶과 구별되는 성스러운 실존(sacred existence)이라는 개념을 제안한다. 종교상징은 성스러운 것이 실

---

24) Mircea Eliade, *The Quest* (Chicago: The University of Chicago Press, 1969), 19쪽.

재한다는 느낌을 불러일으킨다. 종교상징 앞에 선 사람은 외경스럽고 신비스러우며 자기를 압도하는 가치를 지닌 존재 앞에 있다는 느낌을 받는다. 이러한 성현(聖顯, hierophany)의 경험, 즉 성스러운 것이 실존으로 나타나는 경험을 과연 어떻게 서술할 것인가? 종교상징을 통해서 인간과 관계를 맺게 되는 "성스러운 세계"―일상적인 삶의 혼란과 잘못된 것들이 궁극적으로 해결되는 더 높은 "영역" 또는 "존재"―에 대해서 서술할 수도 있을 것이다. 또는 종교상징이 "이 세상"에서의 바람직한 삶의 모습을 어떤 방식으로 종교인에게 제시하는지에 대해서 이야기할 수도 있을 것이다. 이런 관점에서 본다면, 신화와 의례는 인간이 성스러운 생활과 자세로써 삶의 궁극적인 균형과 의미를 찾을 수 있도록 해주는 것이라고 설명할 수 있다.

만약 우리가 누어인과 딩카인에게 그들의 종교행위에 대해 설명해 달라고 요구한다면, 그들은 매우 조심스러워하는 태도를 취할 것이다. 많은 현대 학자들이 원시인들의 종교적 심성에도 나름의 논리와 추론 능력이 충분히 있다고 생각하지만, 실제로는 기대하는 만큼 논리 정연한 설명을 원시인들은 제공하지 못한다.

에반스 프리차드는 다음과 같이 말하였다.

> 누어인에게 〈정령〉이 도대체 뭐냐고 물어보는 것은 헛된 짓이다. 그들은 결코 그에 대해 뭘 안다고 나서지 않는다. 자기들은 다만 "도아"(doar), 즉 단순한 사람에 지나지 않는데 어떻게 그런 것을 알 수 있느냐고 반문한다. 세상의 일은 모두 〈정령〉이 정하는 것

이고, 인간은 기도와 희생제의를 통해 〈정령〉에게 이렇게 또는 저렇게 해 달라고 청할 수 있다는 것이 그들이 아는 전부이다. 그 이상은 아무 것도 모른다는 것이다. 그리고는 재치 있게 말한다. 당신네 서양 사람들은 영리하니까 아마도 뭔가 알고 있지 않겠느냐고. 그러니 당신이 대답을 해보라고.[25]

누어인의 이 정중한 요구에 대해서는 여러 가지로 대답할 수 있겠다. 그리스도교 신학자라면, 누어인의 종교와 구약성서의 종교가 비슷하다는 점에서 깊은 인상을 받을 것이다. 그리고, 누어족의 "쿼쓰"(kwoth)는 구약성서의 하나님이 원시인의 심성에 반영된 것으로서, 자연 계시를 보여 주는 예라고 설명할 수 있을 것이다. 이 경우에 그 신학자는 자기에게 익숙한 특정 종교의 맥락에다가 누어인의 종교를 갖다 놓고 그것을 "설명"한 셈이다. 한편 인도의 베단타 철학자라면 좀 다르게 볼 것이다. 즉, "쿼쓰"는 여러 가지 다른 모습으로 나타날 수 있다는 점에서, 보이지 않는 영원한 실재이면서도 또한 눈에 보이는 세계의 온갖 형상으로 나타나는 브라만과 같은 것이라고 설명할 수도 있을 것이다.

한편, 철학자들은 누어인의 종교를 자기들이 익숙한 자연계의 논리라는 맥락 안에 놓고 보려고 할 것이다. 그리고 프로이트의 추종자라면 누어족이 신앙하는 〈정령〉은 실제로는 보호를 받으려고 하는 유아기적(幼兒期的)인 욕구와 보호자로서의 아버지의 상을

---

25) *Nuer Religion*, 315-16쪽.

신적인 존재에다가 투사한 것이라고 설명할 것이다. 또한 뒤르켕의 추종자라면 누어족의 종교에서 중심이 되는 것은 역시 "사회"이며, 〈정령〉과 그 밖의 신적인 존재들 사이의 관계로 그 "사회"가 상징화되어 표현되는 것이라고 말하고 싶을 것이다.

에반스-프리차드는 종교현상에 대한 결론적인 해석은 종교현상 그 자체 속에 들어 있다고 주장하면서 누어족의 종교에 대한 연구를 마무리 짓는다. 그는 결론에서 다음과 같이 말한다.

〈정령〉이란 인간이 직관적으로 느끼고 또한 어떤 상황에 대한 반응으로서 경험하는 것이지만, 그런 직관과 경험이 감각에 국한되지는 않는다. 인간의 상상력에 의해서 직접적으로 경험되는 것이다. 그것밖에는 〈정령〉에 대해서 더 이야기할 것이 없다. 누어족의 종교적인 관념은 엄밀한 의미에서는 관념이라기보다는 상상력의 산물이라고 해야 할 것이다. 희생제의의 광경만을 두고 눈에 들어오는 대로 말하자면, 분별없고 무의미하며 잔혹한 행위라고밖에는 말할 수 없을 것이다. 그러나 그 행위의 의미를 자세히 들여다본다면, 그것은 어떤 정신적인 경험을 하나의 극적인 형식을 빌어서 표현하고 있는 것임을 알아차릴 수 있다. 그 경험의 내용 자체가 무엇인지는 인류학자로서는 확실하게 말할 수 없다. 경험의 당사자가 아무리 정교한 어휘를 사용해서 성의껏 말해 주어도 국외자로서는 쉽게 파악해 낼 수 없는 성질의 것이다. 기도나 희생제의 같은 것은 겉으로 드러나는 행위이지만, 누어족의 종교는 궁극적으로 어떤 내면의 상태를 바탕으로 한다. 그 내면의 상태가 의례 행위로 표출되어 우리에게 관찰되는 것이다. 그러니까 그 행위의 의미는 결국 신에 대한 인식에 있다. 즉, 인간은 신에 의존하고 있으며 그에 따라야 한다는 인식에 있는 것이다.[26]

종교현상의 궁극적인 의미에 대해서 우리는 각자 나름의 여러 가지 결론을 내릴 수 있다. 그러나 어떤 결론을 내리든 간에 우리가 늘 염두에 두어야 할 것은, 종교현상을 지나치게 단순화해서 설명해 버리는 잘못은 피해야 한다는 점이다. 종교라는 중요한 인간현상은 대단히 복합적인 현상이며 인간 내면의 경험과 연관되어 있다. 그러나, 인간의 과학적인 재능을 동원한 객관적인 연구를 통해서 정확하게 "서술"하고 적절하게 "해석"해 낼 수도 있다. 이 점에 대해서는 대부분의 학자가 동의할 것이다. 그러나 마지막 "설명"을 내리는 단계에까지 의견의 일치를 보기는 매우 어렵다. 종교현상의 의미와 중요성에 관한 최종적인 설명은 각자가 인간에 대해 갖고 있는 견해, 또 인간과 세계 사이의 관계에 대해 갖고 있는 견해에 따라 달라질 터이기 때문이다. 따라서 종교를 연구하려는 이들은 인간 실존의 드라마에서 종교가 갖는 의미와 역할에 대해서 이해하는 데 어떤 설명이 가장 쓸모 있을까를 각자가 판단해야 한다.

---

26) 같은 글, 321-22쪽.

VI
역사종교

지금까지는 주로 심리학적, 사회학적, 그리고 해석학적인 관점에서 몇 가지 종교현상의 예를 살펴보았다. 그러나 서로 다른 문화에 속하는 종교들을 서로 비교해 보는 일은 의도적으로 피해 왔다. 종교를 비교하는 데에는 매우 복잡하고 곤란한 문제들이 포함되어 있으므로, 종교에 대한 안목과 연구가 한 걸음 더 진전된 뒤에야 제대로 해볼 수 있으리라고 생각했기 때문이다.

특히 지금까지의 설명에서 분명히 빠진 것은 역사적인 관점에서의 연구이다. 그것은 우리의 논의가 부족사회, 또는 문자가 없는 원시사회에서 시작되었기 때문이다. 한 공동체의 역사란 곧 그 사회가 겪는 일련의 변동을 뜻한다. 그러나 지금까지 우리가 논의한 원시사회는 변동에 대해서 별로 관심이 없다는 의미에서 다분히 비역사적인 성향을 보인다고 할 수 있다.

현대 서구사회에서는 자연계와 인간 사회가 모두 끊임없이 변화해 간다는 사실을 뚜렷하게 인식한다. 우리는 또한 원시사회라 할지라도 영원히 변치 않고 가만히 머물러 있을 수는 없다는 것을 잘 안다. 그러나 원시사회에서 일어나는 변동은 현대 사회의 변동보다 속도가 훨씬 느리다. 원시사회는 상징과 의례의 관행을 답습하는 가운데, 세상은 거의 변화가 없는 것으로 보려고 한다. 또한 현재의 자기네 사회는 먼 옛날의 원형을 되풀이하는 것으로서, 변함없는 형태를 유지하고 있다고 믿는다. 레비-스트로스는 다음과 같이 말하고 있다.

> 이들 사회는 자기들의 조상이 세워 놓았고 그 뒤로 계속 이어 내려온 현재의 사회 형태를 그대로 보존하고 계승시키는 데 그들의 가장 중요하고도 궁극적인 과업이 있다고 생각한다. 그 이유는 다만 그것을 조상이 세워 놓았다는 데 있다. 그들에게는 그 밖의 이유는 전혀 필요치 않다. 어떤 관습이나 제도에 대해서 그것을 행하는 이유가 무엇이냐고 물어보면, 그들은 한결같이 "그것은 우리가 항상 그렇게 해왔기 때문이다"라고 대답한다. 그러니까, 그 관습이나 제도가 지금 있다는 사실이 그것을 행하는 유일한 이유가 된다. 그것이 지금까지 계속되어 왔다는 것을 보면 그렇게 하는 것이 옳다는 것이 분명하지 않느냐는 식이다.[1]

---

1) G. Charbonnier, *Conversations with Claude Lévi-Strauss* (London: Cape, 1969), 49-50쪽.

원시사회를 비역사적이라고 하고 현대사회를 역사적이라고 말하는 것은 이런 의미에서이다. 그래서 레비-스트로스는 또 다음과 같이 말하였다. "이른바 원시사회는 역사의 소재로 둘러싸여 있으면서도 그 영향을 받지 않으려고 애쓰는 반면에, 현대사회는 역사를 내면화하여 발전의 원동력으로 삼는다."[2)]

이 책의 나머지 부분은 주로 역사적인 관점에서 종교를 다룬 내용이다. 물론 그 자료는 심리학, 사회학, 해석학, 또는 형태론적 연구 등으로부터 얻은 것임은 말할 필요도 없다. 이 장에서 우리는 우선 종교의 역사가 어떻게 펼쳐졌는지 그 파노라마를 "조감"해 볼 것이다. 그 다음에는 현대 사회에서도 여전히 왕성한 활력을 갖고 있는 이른바 세계 종교들이 역사적으로 발전해 온 과정을 좀 더 자세히 살펴보도록 하겠다.

1. 구석기시대—수렵인들의 종교

인간이 어떤 형태로든 이 지구상에 존재하게 된 것은 줄잡아 최소한 백만 년 전부터라고 한다. 이 기간의 약 98퍼센트는 이른바 지질학자들이 말하는 홍적기이고, 또 그 홍적기의 대부분은 고고학자들이 말하는 구석기시대에 해당한다. 이 시기에는 대빙하가 남하하여 유라시아 대륙과 북미 대륙을 뒤덮고 있었고, 다만 그것

---

2) 같은 글, 39쪽.

이 몇 번인가 후퇴하는 간빙기 동안에만 따뜻한 기후에 살 수 있는 생물이 번창했다.

인간이 불을 사용하기 시작했다는 문화사상 최초의 중요한 사건이 언제 일어났는지는 알 수 없고, 다만 홍적기 중 어느 때였으리라는 짐작만 갈 뿐이다. 아마도 시난트로푸스(북경 원인)가 지금으로부터 약 36만 년 전에 산불에서 얻은 불을 사용하게 되었으리라는 것이 일반적인 추측이다. 우리는 그들의 종교에 대해서는 아무것도 모르고, 심지어 과연 그들이 종교라는 것을 가지고 있었는지도 알 수 없다. 그 뒤 마지막 간빙기 동안에, 그러니까 기원전 약 20만 년경에 북유럽에 네안데르탈인이 나타나게 된다. 네안데르탈인이 남긴 유적을 살펴보면, 그들이 장례 의식을 치렀음을 알 수 있다. 프랑스 남부의 한 동굴에서 두 명의 네안데르탈인 성인과 두 명의 아이들 유골이 발견되었다. 여자임에 틀림없는 한 성인의 유골은 다리를 몸에 붙이고 팔을 가슴 위에 겹친 구부린 자세를 취하고 있었다. 또 다른 동굴에서는 잠자는 것과 같은 자세로 매장된 성인의 유골이 발굴되었는데, 그의 머리 밑에는 돌 조각을 차곡차곡 쌓아 마치 베개처럼 받쳐 주고 있었다. 이런 점으로 미루어, 죽은 사람에 대해 각별한 예의를 갖추는 장례를 행하지 않았나 하는 생각이 든다.

기원전 3만 년경이나 2만 5천 년경부터 기원전 1만 년 사이에 살았던 것으로 추정되는 크로마뇽인들의 예술적인 유물들이 프랑스 남부와 스페인 북부 지방의 여러 동굴에서 발견되었다. 동굴 벽에 황토로 그린 그림들이 있는데, 그 가운데 어떤 것들은 동굴 속 아주 깊숙이 쉽게 들어갈 수 없는 곳에 있다. 그 곳은 아마도 종교적인, 또는 주술적인 제의를 위한 장소였으리라고 짐작된다. 피레네 산맥에 있는 한 동굴 속에는 "뜨로아 프레르의 주술사"(Sorcerer of Trois Frères)라고 불리는 유명한 벽화가 있다. 그 그림이 있는 곳으로 가자면 40 미터쯤 되는 좁은 통로를 엎드려서 기어가야 한다. 그 그림은 높이가 약 80cm 정도이고 검정색으로 그려져 있으며, 둘레에는 여러 가지 동물의 모습이 그려져 있다. 그것은 아마도 동물을 지배하는 신이나 정령일 수도 있겠고, 아니면 의식용 가면을 쓰고 동물의 모피를 입은 주술사일 것이라고 추측된다.

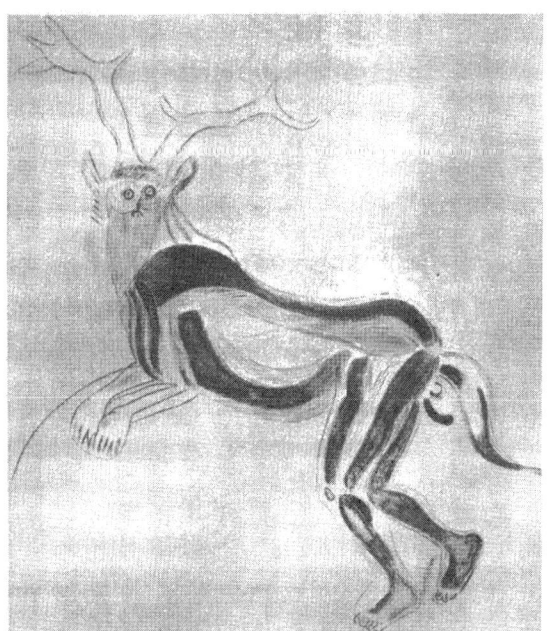

뜨로아 프레르 동굴의 벽화. 변신능력을 가진 주술사 또는 동물로 변장한 샤만이 춤추는 모습으로 짐작된다. (미국자연사박물관)

학자들은 그런 신비스러운 그림들의 의미에 대해서 계속 논의를 벌이고 있다. 어떤 이들은 그것이 단순히 장식용이라고 주장하는가 하면, 또 어떤 이들은 그것이 인간과 자연 사이의, 특히 인간과 동물 사이의 깊은 관계에 대한 의식을 표현하는 것이라고 주장한다. 그러나 대개는 그것이 인간과 동물 사이의 주술적인, 또는 종교적인 관계를 표현한 것이라는 견해에 수긍하고 있다.

학자들은 일반적으로 구석기시대의 사회는 야생 동물의 사냥을 기초적인 생계 수단으로 삼는 수렵사회였으리라는 데에 의견을 모으고 있다. 에스키모인들, 북남미의 인디언 부족들, 그리고 아프리카의 부쉬맨과 피그미족 등 많은 원시 수렵사회가 아직도 존재한다. 그러나 현존하는 원시 신앙과 종교적 관행이 선사시대 인간의 것과 같으리라고 추론하는 것은 매우 위험하며, 방법론적으로도 적절하지 않다. 현존하는 원시사회들은 많은 변화를 거쳐 왔기 때문이다. 그러나 구석기시대의 수렵사회와 현존하는 원시 수렵사회 사이에 어떤 긴밀한 연속성이 있으리라는 점만큼은 인정할 수 있을 것이다.

수렵사회에서 가장 중요한 인물이 샤만(shaman)이다. 샤만은 몰아경(엑스타시)에 들어가 통찰력과 신비한 힘을 획득하는 능력을 지녔으므로, 그 공동체의 종교적 지도자로서 역할을 한다. 일상적인 차원의 삶을 초월하여 신비한 힘을 지니는 샤만이 되려면, 무서운 심리적 시련을 겪어야 한다. 그 시련은 보통 길고 긴 여행으로 묘사된다. 샤만은 그런 여행을 하는 동안 괴물들과 싸우고 지하의 세계로 들어가며, 살해되어 온몸이 갈기갈기 찢기는 등 파란만장한 과정을 겪게 된다. 그 다음에 신들이 그를 되살려 주는데, 이 때 어떤 경우에는 그가 원래 지녔던 몸의 부위 대신에 주술적인 힘을 가진 새로운 부위들을 가지고 그의 몸을 되살린다고 한다. 마지막으로 샤만은 하늘로 올라가 신과 영웅들로부터 평범한 사람들은 알지 못하는 여러 가지 비밀을 배우게 된다. 이런 일들은 모두 탈혼 상태 중에 일어난다. 샤만은 "엑스타시 상태에 들어가는 기술의 전문가"인 것이다. 그는 사람들의 병을 고쳐 주고 사냥이 잘 되도록 하는 힘과 능력을 가지고 땅 위의 자기 부족에게 돌아온다.

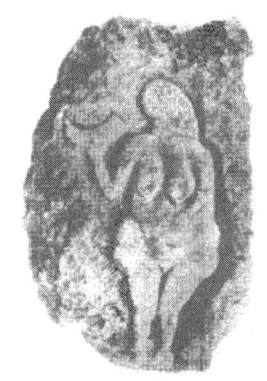

구석기시대의 부조 두 점. 위는 동물 뿔로 만든 컵에서 음료를 마시는 여인. 아래는 창을 던지는 모습. (미국자연사박물관)

수렵사회의 종교는 인간과 동물 사이의 밀접한 관계를 잘 반영하고 있다. 인간이 살기 위해서는 동물을 죽일 수밖에 없다. 그러나 적대감 때문에 동물을 죽이는 것은 아니며, 또 아무런 느낌도 없이 기계적으로 그럴 수도 없다. 인간과 동물은 같은 세계에 속하면서 서로 의존하여 살고 있으므로, 어쩔 수 없이 동물을 죽여야 할 때에는 의례를 행하여 적절한 경의를 표한다. 그런 사회의 종교에는 대개 최고신, 또는 위대한 힘을 지닌 조상신의 개념이 있다. 또한 토템—특정 씨족과 동일시되는 특정 동물이나 식물, 또는 그 밖의 사물—이 있는 경우도 있다. 그리고 의례와 신화를 통해서 인간 세계와 동물 세계 사이의 관계를 설정하고 강화하는 데 주된 관심을 쏟는다. 그리고 수렵사회의 종교상징에는 반은 신이고 반은 동물인 형상, 즉 신을 동물의 형태로 묘사하는 것들이 많다. 후기의 종교에서도 이들 수렵인들의 상상력과 통찰력이 낳은 상징의 재료들이 여러 가지 형태로 사용되었다. 종교현상의 뿌리 가운데 하나를 원시 수렵민의 세계에서 찾을 수 있는 것이다.

2. 신석기시대—유목민, 농경민의 종교

구석기문화는 약 100만 년 동안 계속되다가 중석기문화로 넘어갔고, 다음에는 신석기시대가 뒤를 잇게 된다. 그러나 이런 문화적 시대 변천이 전 세계에 걸쳐서 동시에 똑같은 형태로 일어나지는 않았다는 점을 염두에 두어야 한다. 근동 지역에서는 신석기문화가 기원전 5천 년경에 번창하여 기원전 3천 년경에 철기문화시대가 열릴 때까지 계속되었다. 그러나 덴마크에서는 신석기시대가 기원전 2천 5백 년경부터 1천 5백 년경까지이며, 오스트레일리아 원주민의 경우에는 신석기문화가 출현한 적이 아예 없다.

불을 발견한 일 다음 가는 인간 문화의 중요한 변화가 있었다는 점에서 신석기시대는 매우 중요한 의미를 지니고 있다. 즉, 채집과 수렵의 사회에서 농경사회로의 전환이 이루어진 것이다. 채집사회에서는 야생의 생물에 생계를 의지하였다. 그런 사회의 사람들은 식물이나 곤충, 작은 동물로 식량을 삼고 때로는 큰 동물을 사냥하기도 하였다. 그러나 신석기시대에 들어오면 가축을 사육하고 땅을 일구며 옷감을 짜고 토기를 굽는 등의 기술이 발달하게 되었다. 그리고 유목사회와 농경사회의 두 새로운 사회 형태가 출현하게 된 것이다.

유목민사회의 종교는 이른바 "천계 중심적"(天界 中心的, Uranian)인 경향을 보인다. 즉, 가장 중요한 상징은 하늘로서, 그 곳은 신의 거주지라고 여긴다. 앞 장에서 살펴본 누어족과 딩카족의 사회도 유목 사회의 한 예이다. 이들 사회는 하늘, 해, 천둥, 폭풍우 등에서 신의 힘을 느끼는 경향이 있다. 그런 자연현상은 목축과 긴밀한 관계를 갖는 것이다. 그리고 그런 유목사회와 또 그들의 신은 대개 가부장적인 성격을 띠고 있다. 이런 양상은 인류 문명의 역사 시대에 들어와서도 그대로 보존된다. 고대 희랍의 제우스(Zeus)와 로마의 주피터(Jupiter), 셈족의 여호와(Jehovah), 아리안족의 인드라(Indra)와 바루나(Varuna), 스칸디나비아인들의 토르(Thor) 등의 신은 유목사회와 관련된 하늘의 "최고신"의 예들인 것이다.

한편, 농경사회의 종교는 계절의 순환, 즉 자연이 보여 주는 재생의 힘에 관심을 쏟는 경향이 있다. 하늘보다는 땅, 남성적인 것보다는 여성적인 것이 더 중요한 상징이 된다. 그리고 주로 출생, 풍요, 성장, 결실 등에 관심을 둔다. 그러므로 여기에서는 남신보다 여신이 우세한 위치를 차지하는 경우가 많다. 농경문화의 종교는 "밀의 어머니" 또는 "옥수수의 어머니" 등과 같이 여러 가지

위대한 여신의 상징을 낳았다. 이와 같은 "위대한 어머니"의 상징은 후대의 종교에서 보자면 고대 희랍의 디아나(Diana), 데메테르(Demeter), 헤카테(Hecate), 페르세포네(Persephone), 그리고 로마의 사이벨레(Cybele), 인도의 칼리(Kali) 등으로 나타난다. 또한 수메르의 이난나(Inanna), 앗시리아와 바빌로니아의 이쉬타르(Ishtar), 이집트의 이시스(Isis) 등도 그런 모신(母神)의 상징으로부터 유래한 것이다.

현대 시인인 로버트 그레이브스(Robert Graves)는 위대한 모신을 찬양하여 다음과 같은 시를 썼다.

이집트 새의 신령. 기원전 4천년 경. 새의 머리에 여성의 몸을 하고 두 팔을 위로 벌리고 있다. (브루클린박물관)

순백의 여신

모든 성인들이
그리고 아폴로 신의 중용의 덕을 신봉하는
모든 근엄한 이들이
그녀를 경멸하였다.

그 냉소와 조롱을 뒤로 하고 우리는 그녀를 찾아 나섰다.

그녀를 만날 수 있을 듯한 아주 먼 곳으로.
우리는 다른 것에는 관심이 없고 오직 그녀를 알고 싶었다.

신기루와 메아리의 누이를.

떠나기를 잘했지.

우리는 영웅처럼 단호한 걸음을 내딛어
화산의 분출구에서,
얼음 덩어리 사이에서,
또는 일곱 잠꾸러기들의 동굴 너머 발자취가 사라져 버린 곳에서
그녀를 찾아 기웃거렸다.
그녀의 넓고 높은 이마는 문둥이의 이마처럼 새하얗고
파란 눈과 마가목 열매만큼 빨간 입술이 또 거기 있었다.
꿀처럼 감미로운 빛깔의 머리카락이 굽이쳐 내려와 하얀 엉덩이에서 흩어지고.

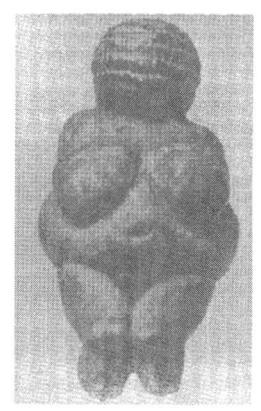

구석기시대의 조각품. 오스트리아 빌렌도르프(Willendorf)에서 발견되어 "빌렌도르프의 비너스"라 불린다. 풍요의 여신상으로 짐작된다.
(미국자연사박물관)

어린 나뭇가지에서 요동치며 올라오는 봄의 푸른 움은
산의 어머니를 찬양하리라.
또한 모든 새들이 오래오래 그녀를 위하여 노래하리라.
우리는 축복 받았다.
가장 쓸쓸한 계절, 11월인데도
그녀의 헐벗고 지친, 그러나 위풍당당한 모습이 담고 있는 너무도 큰 의미 앞에서
우리는 모든 잔혹함, 그리고 지난날의 모든 배신을 잊어 버렸다.
다음 번 번개는 어디에 떨어질지 전혀 모르는 채.[3]

---

3) Robert Graves, *Collected Poems*. Collins-Knowlton-Wing 출판사의 허락을 받아 전재함.

농경사회의 종교를 이해하는 데 하나의 열쇠가 될 수 있는 것은 바로 씨알의 이미지이다. 씨알은 일단 땅 속에 묻혀서 죽지만, 나중에는 풍부한 결실로 다시 생명을 찾게 된다. 겨울의 죽음 뒤에는 다시 여름의 생명이 펼쳐지듯이 끝없이 이어지는 죽음과 재생의 순환을 신화와 의례에서 찬양하고 있는 것이다.

농경사회의 종교에서는 인신공희나 동물공희가 중요한 역할을 하는 경우도 있다. 생식력을 북돋고 풍요로운 생명의 재생에 참여하기 위하여 때때로 사람을 제물로 바치는 희생제의를 치르곤 하였다. 제물로 바치는 사람의 죽음이 그 공동체에 생명력과 풍요를 가져다준다고 믿었던 것이다. 이런 농경사회 종교의 특징적인 양상은 뒤에 고대문명의 종교에서도 이어지게 된다.

3. 북유럽의 고대종교

고대 유럽대륙과 아시아대륙에서는 매우 호전적인 종족들이 광범위한 지역을 떠돌면서 각지의 원주민을 정복하고 거기에 자신들의 문화와 종교를 이식하였다. 북유럽뿐만 아니라, 인도의 종교사에서도 그들의 영향력이 매우 크게 발휘되었다. 그 때부터 유럽 종교의 역사에 강력한 영향력을 행사한 것은 켈트족, 튜턴족, 그리고 슬라브족의 종교였다. 특히 튜턴족의 신화는 희랍 신화와 함께 서구인들의 문학적 소재에서 중요한 자리를 차지하게 되었다.

켈트족은 독일, 프랑스, 스페인, 이탈리아, 희랍, 영국 등지로 퍼져 나갔다. 그들은 드루이드(Druid)라 불리는 사제 계급을 가지고 있었고, 그 사제들은 자연, 특히 나무와 인간의 밀접한 관계를 중심으로 한 종교적 관행을 발달시켰다. 그들도 한때는 인신 공희를 행했다는 분명한 증거가 있다.

튜턴족의 「구(舊) 에더」(또는 운문 에더, *Poetic Edda*)와 「신(新) 에더」(또는 산문 에더, *Prose Edda*)라는 두 작품에는 흥미로운 신화가 많이 담겨 있는데, 그 신화들은 서양인들에게 많은 영향을 주었다.[4] 여기에서 우리는 희랍의 제우스, 로마의 주피터, 베다의 디아우스 피타르(Dyaus Pitar) 등 고대문명의 중요한 신들의 조상격이라 할 수 있을 지우(Ziu)라는 아주 오래된 신을 만나게 된다. 그 밖에 여기에 등장하는 신 가운데 토르(Thor)는 천둥의 신이며, 워단(Wodan) 또는 오딘(Odin)은 전쟁의 신이다. 워단은 전투에서 죽은 전사들을 받아들여서 하늘 위의 전당인 발할라(Vahalla)에서 살도록 해주는 일을 한다. 또 여름과 풍요의 신이 프레이르(Freyr), 프레이르의 누이이자 아내인 프레이야(Frayja)도 등장한다.

튜턴족의 신화에는 세계의 창조와 종말에 대한 설명도 담겨 있다. 세계의 시작은 추위와 더위, 석회와 윤활유 등이 혼합된 어떤 태초의 질료로부터 이미르(Ymir)라고 하는 우주의 거인이 탄생하는 데에서부터 비롯된다. 그리고 얼음 속에 갇혀 있던 또 다른 거

---

4) 역주: 에더는 고대 아이슬랜드의 신화 및 시집이다. 「구 에더」는 기원전 1,200년 경의 시집이고, 「신 에더」는 기원전 1,230년 경에 지어진 시의 안내서이다.

인 부리(Buri)가 안둠라(Andumla)라고 하는 암소의 도움으로 얼음에서 풀려 나온다. 그런데 부리의 자식이 이미르를 죽이고 그의 살을 가지고는 땅을, 피를 가지고는 바다를 만드는 등 몸의 각 부위로 삼라만상을 만들었다. 다음에 최초의 남자인 아스크르(Askr)와 최초의 여자인 엠블라(Embla)가 두 그루의 나무로부터 만들어졌다.

세상이 그렇게 창조된 뒤, 그 질서는 이제 서리의 거인들이 사는 웃트가드(Utgard), 신들이 사는 아스크가드(Askgard), 인간이 사는 니드가드(Nidgard), 그리고 발할라로 간 전쟁 영웅들 이외의 사자(死者)들이 사는 헬(Hel)로 구성되었다. 그러나 언젠가는 그러한 질서가 붕괴될 날을 맞으리라고 한다. 그 때에는 헬과 세상 끝에 있는 지역으로부터 거인들과 괴물들, 즉 혼돈의 세력들이 밀

이집트의 삭카라(Sakkara) 피라미드. (Fritz Henle)

려와서 신들을 정복하고 최후의 대파멸이 일어날 것이다. 그리고 인간은 그 신들의 죽음(Götterdammerung)을 표상하는 큰 불로 타서 모두 없어지게 된다. 그 뒤에는 혼돈으로부터 새로운 세계가 생겨날 것이며, 대파멸에도 살아남은 두 명의 생존자가 새로운 인류의 조상이 되어 한층 좋은 사회 질서를 세울 것이라고 한다.

슬라브족도 켈트족이나 튜턴족과 마찬가지로 자연을 중시하고 전쟁을 미덕으로 하는 경향의 종교를 가지고 있었다. 그리스도교가 이들 인도-유로피안 종족들 사이에서 우세한 위치를 차지하게 된 뒤에도, 이들이 전에 가지고 있던 종교적 관행과 신념의 흔적은 서양 문화 유산의 한 부분을 이루면서 오늘날까지 남아 있다.

4. 고대 문명의 여러 종교

이 책에서는 "문명"이라는 말과 "문화"라는 말을 다른 뜻으로 사용하고 있다. 문화라는 것은 인간사회에서 습득되고 사회적으로 전승된 행위 전체를 가리킨다. 그러므로 모든 사회는 예외 없이 하나의 "문화"를 가지고 있다. 한편, "문명"이라는 것은 기원전 3천 년경에 근동 지역에서 처음으로 나타난 특정의 사회적, 문화적 조직을 가리킨다. 문명의 기본적인 특징 두 가지는 우선 문자를 사용한다는 점, 그리고 원시사회에 비해 사회의 분화가 현저하게 이루어졌다는 점이다. 도시의 발전 내지는 도시화 현상도 문명의 한 특징으로 꼽을 수 있다. 마지막으로, 기원전 3천 년경부터 시작되는 청동기시대의 야금술이 한층 발전하여 기원전 2천 년경에는 철기시대가 시작되는데, 이것이 문명의 발생 시기와 일치한다는 점에도 주목할 필요가 있다.

기원전 3천 년과 기원전 536년 사이에 티그리스강과 유프라테스강 유역에는 수메르 문명, 바빌로니아 문명, 앗시리아 문명, 칼데아 문명 등 일련의 위대한 고대 문명들이 나타났다. 같은 시기에 나일강 유역에서는 이집트 문명이 기원전 3천 년경에 시작하여 기원전 525년 페르시아에 정복될 때까지 번성하였다. 이런 문명들은 대개 공통된 종교형태를 가지고 있었다. 즉, 자기 사회의 정치적 구조와 우주의 신성한 구조가 일치한다고 믿었던 것이다. 다시 말하면, 인간의 세계는 신성한 대우주의 축소판인 소우주라고 생각했다.

이들 근동의 문명에서 나타나는 종교는 대도시를 중심으로 한 사회생활을 바탕으로 하면서도 옛부터 내려온 농경사회의 종교형태가 융합된 것이었다. 이들 문명에서는 도시와 그 주변의 농지가 사회생활의 한 단위로 되어 있었다. 메소포타미아에서는 대부분의 사람들이 농업에 종사하였으며, "모든 생활이 계절의 순환에 따른 사회의 세시풍속(歲時風俗) 일정에 의거하여 이루어졌다."[5]

수메르 사람들은 많은 신들을 숭배했는데, 천신(天神)인 안(An), 대기(大氣)의 신이며 왕에게 권위를 부여해 주는 신인 엔릴

---

5) Henri Frankfort, *The Birth of Civilization in the Near East* (London: Williams and Norgate, 1951), 58쪽.

(Enlil), 농지를 관장하는 신인 엔키(Enki) 등이 있었다. 또한 두무지(Dumuzi)는 원래 수메르의 영웅이었는데 뒤에 풍요의 신이 되었으며, 죽음과 부활을 되풀이하는 식물을 상징한다. 신화에 의하면, 그는 사랑의 여신 이난나(Inanna)의 배우자인데, 이난나가 자기 대신에 그를 죽음의 나라로 보내 거기에서 살게 했다고 한다. 앗시리아와 바빌로니아에서는 이난나를 이쉬타르(Ishtar)와 아스타르테(Astarte)라고 부르고, 두무지를 탐무즈(Tammuz)라고 부른다. 구약성서 에스겔 8장 14절에도 탐무즈에 대한 언급이 있다 ("거기에서 여인들이 그를 애통해 하고 있었다").

바빌로니아 문명이 남긴 「에누마 엘리쉬」(*Enuma Elish*)라는 유명한 문헌이 있다. 그것은 우주의 창조를 이야기하는 서사시인데, 압수(Apsu)와 티아맛트(Tiamat)라는 태초의 큰 물로부터 신들이 생겨나게 되었다는 이야기가 들어 있다. 티아맛트는 뒤에 괴물이 되며, 신들은 마르둑(Marduk)에게 그를 죽여 달라고 청한다. 마르둑은 결국 티아맛트를 죽이고 그의 몸을 가지고 우주와 인간을 창조한다. 마르둑은 세계의 운명을 관장하는 신으로, 도시 국가 바빌론과 그 신전을 세우고 그 나라의 신이 되었다.

이 창조설화는 특정 의례와도 연관되어 있다. 그 의례에는 농경사회의 특징적인 신화들과 정치적인 성격의 신화들이 한데 얽혀 있다. 바빌로니아의 왕은 항상 봄비가 내리는 계절인 니산(Nisan) 달에, 즉 바빌로니아의 정월 초하루부터 통치를 시작한다. 해마다 이 때면 아키투(Akitu) 축제가 열렸다. 그 축제에서는 왕에게서 왕관과 반지, 홀(笏)을 빼앗고, 그가 마르둑 앞에서 자기의 결백을 선언한 뒤에야 되돌려 주는 의식이 있었다. 그 밖에도 혼돈의 위협을 상기시키는 여러 가지 상징적인 행위가 행하여졌다. 「에누마 엘리쉬」가 독송되고, 마르둑이 티아맛트를 죽인 사건을 재연하는 의식도 행하였다. 이 성스러운 축제의 마지막에는 이쉬타르와 탐무즈의 결합을 상징하여 왕과 왕비가 성교를 하는 의례가 있었음이 분명한데, 그것은 지상에 풍작이 계속되도록 하기 위한 것이었다.

근동 고대 문명의 종교에서는 왕권의 개념이 핵심적인 중요성을 차지하고 있었다. 왕은 신의 세계와 인간 사회의 세계가 만나는 점에 위치하였으며, 그 둘 사이를 매개하여 하나의 역동적인 상호 관계를 맺게 하는 역할을 하였다. 왕의 중개를 통하여 인간 사회는 신들의 명령과 모범에 의거한 규범 및 양식에 따라서 움직일 수 있었다. 즉, 인간 사회의 정치는 신들이 보여 주는 권위 있는 전범에 따라서 행하여졌던 것이다.

이 분야의 권위 있는 학자인 헨리 프랑크포트는 메소포타미아의 왕권 개념과 이집트의 왕권 개념 사이에 중요한 차이점이 있다고 지적하였다.[6] 메소포타미아의 경우에 왕은 신의 대리자이며 신의 이름으로 통치하였다. 그러나 그 자신은 결국 죽을 수밖에 없는 하나의 인간에 불과했다. 바빌로니아의 어느 유명한 문헌에 나오는 반신반인(半神半人)의 위대한 왕 길가메쉬(Gilgamesh) 이야기가 그 한 예가 될 것이다. 그는 여러 가지 모험을 영웅적으로 치

---

6) Henri Frankfort, *Kingship and the Gods* (Chicago: The University of Chicago Press, 1948).

르는데, 한 친구가 죽었을 때에는 영원한 생명을 찾아 나선다. 여러 가지 고초를 겪은 끝에 마침내 영원한 생명의 나무를 찾게 된다. 그러나 그가 미처 그것을 손에 넣기도 전에 뱀 한 마리가 먼저 그것을 빼앗아 가 버렸다. 이 신화에는 인간은 위대하다는 인식과, 그러나 그럼에도 불구하고 결국에는 본질적으로 유한한 존재라는 인식이 함께 표현되어 있다. 왕은 신의 뜻을 반영하여 도시 국가를 다스린다. 그러나 왕을 포함한 모든 인간은 신과는 본질적으로 다른 존재일 수밖에 없음을 분명하게 인식했던 것이다. 죽지 않는 것은 다만 신뿐이다. 백성을 대표하는 왕이라 할지라도 결국 하나의 인간에 불과하므로 죽음을 피할 수는 없다.

　반면에, 이집트에서는 파라오 자체가 인간 세계에 하강한 신으로 여겨졌다. 근동의 문명에서는 신의 세계와 인간의 세계 사이에 어느 정도 거리가 유지되고 있었다. 그러나 이집트에서는 인간 사회의 질서 자체가 파라오의 권위를 통해서 신성한 성격을 지닌 것이 되었다. 이집트 사람들이 숭배하던 여러 신들 가운데에는 머리는 매의 모습이고 몸은 사람으로 표현되는 호루스(Horus)라는 신이 있다. 그는 정치적 권위를 상징하는 신이었으며, 파라오는 호루스가 지상에서 왕으로 화신한 존재라고 여겼다. 특히 이와 관련해서 이시스(Isis)와 오시리스(Osiris)에 대한 숭배가 발달한 것이 관심을 끈다. 신화에 의하면, 오시리스는 자신의 형 세쓰(Seth)에게 살해당한다. 그의 아내인 이시스는 남편의 죽음을 애통해 하다가 주문을 외워서 스스로 죽은 남편의 아이를 배게 된다. 그녀가 낳은 아이가 바로 호루스이며, 여러 신들은 원래 오시리스가 가지고 있던 권력과 명예를 모두 호루스에게 준다. 그 뒤 오시리스는 부활하여 저승 세계를 다스리게 된다. 확실한 증거는 없지만, 이 신화를 중심으로 한 오시리스 숭배에서는 특히 왕위와 관련된 주제가 중요했던 것 같다. 즉, 죽음을 맞은 파라오는 이제 오시리스의 역할을 맡게 되고, 그의 후계자는 호루스의 역할을 하게 된다는 것이다.

이집트 종교사에서 일어난 하나의 흥미로운 파격이라 할 수 있는 것은, 파라오 아멘호텝 4세, 즉 아케나텐(Akhenaten)이 태양을 아톤(Aton)이라고 부르면서 단 하나의 신으로 숭배하는 일종의 유일신교를 세우려고 했던 일이다. 그러나 그 신전은 아케나텐이 죽은 뒤 사제들에 의해서 허물어지고 그 종교는 결국 단명으로 끝나고 말았다.

중미나 남미에서는 메소포타미아나 이집트와 비슷한 문화 단계가 좀 늦게 이루어졌다. 거기에서는 기원전 2천 년경에야 수렵 사회로부터 농경 사회로의 전환이 이루어졌고, 따라서 신석기 문화도 그 때에야 시작되었다. 이 문화로부터 비롯된 세 개의 큰 문명이 멕시코의 아즈텍(Aztec) 문명, 과테말라와 유카탄 반도의 마야(Maya) 문명, 그리고 페루의 잉카(Inca) 문명이다. 여기에서는 그 가운데 아즈텍 문명에 대해서만 간략하게 살펴보기로 하겠다.

아즈텍 사람들이 멕시코에서 세력을 떨친 시기는 서기 1325년경부터 약 200년 동안이었다. 1521년에는 스페인에 정복 당하고 말았다. 그들이 숭배한 신으로는 지고(至高)신인 오메테쿠틀리(Ometecuhtli), 원래는 부족신이었으나 뒤에 전쟁의 신인 휘칠로포크틀리(Huitzilopochtli)와 동격화된 테즈카틀리포카(Tezcatlipoca), 불의 신 크슈테쿠틀리(Xiutecuhtli), 그리고 이난나와 이쉬타르와 비슷한 "위대한 여신" 틀라졸테오틀(Tlazolteotl) 등이 있다. 그리고 현대인이 볼 때 가장 흥미로운 신으로 "깃털 달린 뱀"의 신 퀘찰코아틀(Quetzalcoatl)이 있다. 신화에 의하면, 퀘찰코아틀은 멕시코 부족들에게 처음으로 문명의 기술을 전해 준 문화영웅이다. 그는 뒤에 아즈텍 사람들에게는 바람의 신이 되었고, 또 밤 하늘의 신이 되기도 했다. 그리고 나중에는 노인이 되어 자신의 부족을 떠나 방황하면서 동쪽으로 갔는데, 거기에서 스스로 몸을 태워 샛별이 되었다. 그러나 그는 언젠가는 사람의 모습으로 다시 돌아올 것을 약속했다. 아즈텍 사람들은 스페인의 정복자 코르테즈(Cortez)가 나타났을 때 퀘찰코아틀이 약속을 지킨 것으로 오인했다. 그들은 그 실수에 대해 값비싼 대가를 치르지 않으면 안 되었다.

아즈텍 사람들은 특히 인신 공희를 많이 행했다는 것으로 유명해졌다. 다른 고대 문명에서는 이 오래된 관행을 대개 상징적인 표현으로 대신하게 되었지만, 아즈텍 문명에서는 인신 공희가 문자 그대로 광폭하게 행하여졌다. 예를 들면 몬테주마(Montezuma) 2세 때에는 1만 2천 명의 죄수가 한꺼번에 제물이 된 적이 있다고 전한다. 그들은 이러한 희생제의를 통해 도시 국가의 인간 생활과 자연의 여러 힘들, 그리고 신의 영역 사이에 긴밀한 관계가 유지된다고 믿었던 것이다.

메소포타미아, 이집트, 그리고 중남미의 고대 문명에서 나타나는 종교의 형태는 인간이 이루어 놓은 가장 인상적인 업적 가운데 하나라 할 수 있다. 그들의 종교형태는 수렵, 목축, 농경 등을 생업으로 하는 원시사회의 종교와, 그 뒤에 전개된 고전 문명의 종교 사이를 역사적으로 이어 주는 중요한 가교의 역할을 하였다. 더구나 그렇게 해서 전개된 고전 문명의 종교들은 오늘날까지도 존재하며 커다란 문화적 영향력을 행사하고 있다.

5. 고전 희랍문명의 종교

지금까지 고대문명의 여러 종교를 소개했는데, 그 다음에는 우선 고전 희랍문명의 종교에 대해서 살펴볼 필요가 있다. 희랍인들은 괄목할 만한 위대한 문화를 이룩했으며, 특히 그것이 서구 문명에 끼친 영향은 그 번영기에 구가되던 물질적 영향력보다 훨씬 컸다. 사실상 희랍의 고전 문명은 합리적이며 인도적인 삶을 계발하는 하나의 이상적인 문명사회 형태를 제시했다는 점에서 중요한 의미를 갖는다. 토인비는 이에 대해 다음과 같이 말하였다. "문자 그대로 해석한다면, '문명'이라는 낱말은 희랍과 로마의 도시 국가 시민들이 이룩했던 것과 같은 문화를 성취하려는 시도를 뜻한다고 해야 할 것이다."[7]

희랍의 종교는 원주민인 펠라스기(Pelasgi)족의 종교와 북방으

---

7) Arnold Toynbee, *Reconsiderations* (New York: Oxford, 1961), 273쪽.

로부터 침입한 정복자들의 종교가 결합하여 이루어진 것이었다. 서양의 종교연구가들에게 너무나도 잘 알려져 있는 여러 희랍 신들의 배후에는 원시사회 시기의 사고 방식과 행동 양식을 바탕으로 한 의례와 관행이 깔려 있다. 그런 다양한 의례와 신앙을 체계화하여 각자 고유한 개성을 지닌 신들의 조직을 세운 것은 「일리아드」(Iliad)와 「오딧세이」(Odyssey)를 지었다는 호머(Homer)였던 것으로 짐작된다.

희랍 고전시대에 나타나는 신으로는 하늘의 신 제우스, 그의 아내 헤라(Hera), 전쟁의 신 아레스(Ares), 불과 대장간의 신 헤파에스투스(Hephaestus), 아테네의 수호신이자 지혜의 여신인 팔라스 아테나(Pallas Athena), 그리고 음악을 주재하고 평온과 이성, 광명의 상징인 해의 신 아폴로(Apollo) 등이 있다.

올림푸스 산의 신들은 희랍 종교에서 천공(天空)을 숭배하는 우라니스(Uranis)적인 요소의 근간이 되었으며, 그것이 고전 시대 희랍 종교의 가장 지배적인 주제가 되었다. 그러나 그 밖의 요소들도 이에 못지 않게 중요한 것들이 많이 있다. 그 하나가 땅 속 깊이 암흑 속에 사는 신들인 크토노이(Chthonoi)에 대한 숭배이다. 대지는 생물의 모체이자 또한 시체를 묻는 곳이기도 하므로, 그 신들은 생식력과 죽음 양쪽 모두에 관련되는 신들이었다. 우선 이 지하의 신들은 괴물과 요괴, 밤과 암흑, 그리고 공포와 죽음의 신이었다. 그러나 이들이 원래 본질적으로 악마인 것은 아니다. 다만 빛과 자유에 대한 인간의 동경과는 대조되는 어두운 면, 즉 욕심이나 공포 등을 나타내는 존재라고 해야 할 것이다. 따라서 희랍 종교에는 하늘을 중심으로 하는 우라니스적인 요소와 땅을 중심으로 하는 크토노이적인 요소가 함께 들어 있다고 할 수 있다. 핀다(Pindar)가 "하늘에는 신이 있고 땅에는 존엄한 크토노이가 있다"고 했듯이, 희랍 사람들은 위 아래의 신들을 모두 알고 있었던 것이다.

희랍 종교에서 올림푸스 산의 신들과 관계없는 또 하나의 중요한 요소가 있다. 그것은 여러 가지 "신비종교"들이 있었다는 점이다. 그들 가운데 어떤 것이 희랍 고유의 것이고 어느 것이 소아시아라든가 그 밖의 외부 지역으로부터 들어온 것인지는 알 수 없다. 그 중에서 특히 오르페우스(Orpheus)교, 디오니소스(Dionysus)교, 그리고 엘리우시스(Eleusis) 제전(祭典) 등이 중요하다.

그리스 델포이의 아폴로신전. "너 자신을 알라"는 유명한 신탁이 있었다는 곳이다.

엘리우시스 제전은 곡물의 여신 데메테르(Demeter)와 그녀의 딸 코레(Kore)의 신화를 의례로 재연하는 것이다. 그 신화에 의하면, 죽음의 신 하데스(Hades)가 코레를 유괴하여 자기가 사는 땅속으로 데려간다. 풍요의 여신인 데메테르는 너무 슬퍼서 모든 식물의 생장을 금지시킨다. 그러자 제우스가 중재에 나서서 코레를 다시 땅 위로 올려 보내도록 하데스를 설득한다. 그러나 코레는 땅속에서 석류 씨 하나를 먹었기 때문에, 매년 겨울이면 다시 하데스에게 내려갔다가 여름이 되어야 올라올 수 있게 되었다. 그 신화를 재연하는 의례를 통해서 사람들은 자기가 실제로 그런 사건에 참여하는 듯한 느낌을 가질 수 있었다. 엘리아데는 그 제의에 대해서 다음과 같이 이야기하고 있다.

> 제의에 참가하는 사람들이 엘리우시스에 도착하는 날 저녁에는 향연이 열린다. 그러나 코레가 유괴되었다는 말이 전해지면 갑자기 춤과 음악이 그친다. 그리고는 모두들 손에 횃불을 들고, 울고 슬퍼하며 코레를 찾아 여기저기 방황한다. 그러다가 코레가 있는 곳을 헬리오스(Helios)가 찾아냈다는 소식이 전해지면 다시 모두들 즐거워하며 노래하고 춤춘다. 데메테르와 코레의 신화가 다시 한번 재현된 것이다. 코레의 유괴, 데메테르의 슬픔이 바로 여기에서 방금 일어난 것이다. 그 제의에 참가한 이들에게는 이렇게 그 여신들과 가깝게 있었으며 함께 지냈다는 것이 결코 잊을 수 없는 경험이 될 것이다.[8]

---

8) Mircea Eliade, *Rites and Symbols of Initiation* (New York: Harper Torchbooks,

디오니소스 신을 숭배하는 종교에서는 춤이 중요한 역할을 하는데, 매우 열광적이며 탈아적(脫我的)인 분위기를 보인다. 그러므로, 냉정하고 명료하며 질서 있는 분위기의 아폴로 신 종교와 대조를 이룬다. 신화에 의하면, 디오니소스는 제우스의 아들인데, 그의 어머니가 그를 낳기 전에 죽자 제우스가 자기의 몸으로 낳았다고 한다. 또 다른 신화에서는 자그레우스(Zagreus, 디오니소스의 전신)가 티탄(Titan)이라는 신들에게 갈기갈기 찢겨서 먹혀 버리는 이야기가 나온다. 오르페우스에 대해서도 이와 비슷한 신화가 있다.

이런 신비종교들은 참가자들에게 영원한 생명을 약속했을 것이 분명하다. 희랍 신비종교들 이외에도 프리기아(Phrygia)의 시벨레(Cybele)와 아티스(Attis), 이집트의 이시스와 오시리스, 그리고 더 뒤로 내려와서 서기 2세기경 페르시아의 빛의 신이었던 미트라스(Mithras) 등을 숭배하는 여러 가지 종교들이 지중해 문화에 영향을 끼쳤다. 이런 종교들이 공통적으로 갖고 있는 중요한 특징 하나는, 그것들이 출생지의 문화적인 배경으로부터 점차 벗어나게 되었다는 점이다. 이들 대부분이 어느 특정 종족이나 국가에 머물러 있지 않고 더 넓은 마당으로 진출함으로써 보편 종교의 맹아를 보여 주었던 것이다.

1965), 110쪽.

6. 로마의 종교

　근대 서구사회의 토양이 된 것이 로마문명이었다는 점에서, 로마의 종교전통은 각별한 중요성을 갖는다. 고대 로마 사람들의 종교생활은 가정 생활과 시민생활을 중심으로 해서 이루어졌다. 그들은 상징과 제의를 통해서 자연현상과 가정에 깃들여 있는 여러 신들에게 외경심을 나타냈다. 가정에서는 특히 난로를 중심으로 해서 여러 가신(家神)들이 있다고 믿었다. 루돌프 오토가 종교적인 외경심을 가리키는 용어로 사용한 "누미노제"라는 말은 로마어 누멘(Numen)에 바탕한 것이다.

　처음에는 그저 옛날부터 전해진 상징과 의례를 통해 막연하게 느껴지던 힘 있는 존재들이, 나중에는 매우 구체적인 형태를 취하여 그 유명한 로마의 판테온으로 나타나게 되었다. 특히 로마의 신들은 여러 면에서 희랍의 신들과 비슷하다. 하늘의 신 주피터, 그의 아내 주노(Juno), 달의 여신 다이아나(Diana), 바다의 신 넵튠(Neptune), 전쟁의 신 마르스(Mars) 등이 대표적인 로마의 신들이다.

　로마의 종교는 기원전 1세기에 로마제국이 등장함으로써 크게 변화했다. 로마 사람들은 영토를 넓혀 가면서 다른 문화들과 접촉하게 되었고, 그런 가운데 그들의 종교관도 다분히 코스모폴리탄적인 성격을 띠게 되었다. 영어에서 종교를 뜻하는 religion이라는 말의 어원도 라틴어 religio에서 찾을 수 있다는 점은 이미 설명한 바 있다(2장). 그 라틴어의 명사형이 종교현상을 가리키는 보통명사로 사용되기 시작한 것도 로마가 정벌을 통해서 많은 다른 문화들과 접촉하던 시기였던 것이다. 바로 여기에서 여러 종교를 비교해 본다고 하는 흥미로운 문제가 나타나게 되었다. 예컨대 철학자들은 서로 다른 여러 종교와 문화의 신들을 비교하여 비슷한 점을 찾아내려고 했다.

로마의 지식인들에게서는 종교에 대해 특히 주목할 만한 두 가지 태도가 나타났다. 하나는 종교의 진실성에 대해 의심을 품는 회의주의적인 태도이다. 당시 대다수의 로마 사람들은, 신에 대해 이야기한다는 것은 신앙을 직설적으로 표명한다기보다는 다만 시적인 표현을 쓰는 것일 뿐이라고 여겼다. 한편, 철학자들 가운데 일부는 여러 문화의 신들을 모두 받아들여서 하나의 포괄적인 종교체계를 구성하려고 시도하는 혼합주의(混合主義)의 태도를 취했다.[9] 로마 황제 줄리아누스(Julianus)는 그런 종교를 가지고 국교로 삼으려고 했으나 실패한 일도 있다.

바로(Marcus Terentius Varro)라는 로마 철학자는 로마종교의 여러 형태를 세 종류로 나누었다. 첫 번째는 많은 사람들이 숭배하고 시인들의 작품에도 종종 나타나는 여러 신들을 중심으로 하는 신화종교이고, 두 번째는 로마제국에 대한 충성을 유지시키기 위한 여러 가지 제의들을 중심으로 하는 시민종교이며, 마지막으로 플라톤학파와 스토아학파의 철학자들이 사색한 자연종교가 있다고 하였다.

---

9) 역주: "혼합주의"란 "syncretism"을 번역한 말이다. 이것은 서로 다른 두 개 이상의 종교가 접촉하여 생기게 되는 의식적 또는 무의식적인 융합, 혼성, 습합(褶合), 중층적인 신앙을 가리킨다.

로마제국의 출현과 함께 이제 로마는 넓은 지역에 걸쳐서 광범하게 펼쳐진 정치구조를 통솔하는 권위의 중심지가 되었다. 그리하여 그 권위에 대한 충성을 북돋우고 유지시켜야 하는 문제가 심각하게 대두하였다. 이에 따라서 기존의 종교적 관행에다가 덧붙여서 황제를 신성한 위치에 떠받들고 경의를 표하는 제의들이 등장하였다. 이런 제의들은 정치적인 결속을 이루려는 실용적인 목적에서 비롯한 것이지, 국민 대다수의 깊은 신앙심에서 우러나온 것은 아닌 듯하다.

서기 4세기경에 로마제국은 국민들의 정신적인 구심점을 마련하기 위해서 그리스도교를 받아들였다. 처음에는 기독교를 공인된 종교 가운데 하나로 취급했을 뿐이지만, 나중에는 제국의 공식적인 국교로 삼게 되었다. 정치적인 차원과 정신적인 차원을 막론하고, 질서를 창출하고 유지하는 데 보여 준 로마사람들의 천재적인 능력은 체계적인 사고방식을 형성해 놓았다. 그리고 그런 사고방식이 근대 서구사회에까지 전승되어 서양전통의 중요한 유산을 이루고 있다. 따라서 종교에 관한 현대인의 사고나 태도도 여러 면에서 다분히 로마사람들의 경험에 그 뿌리를 두고 있는 것이다.

7. 그 이후 문명의 역사종교들

이제 희랍과 로마 고전문명 이후의 여러 문명에서 나타난 종교들에 대해서 살펴볼 차례이다. 그런 종교들을 가리키는 데 더 마땅

한 용어가 아직은 없기 때문에 그냥 "역사종교"(historic religions)라는 말을 쓰기로 하자. 역사종교란 인류가 지구상에 존재해 온 전 시기를 놓고 본다면 비교적 최근에 나타나서 지금까지도 계속해서 중요한 영향력을 행사하고 있는 종교들을 가리키는 것이다. 이 종교들은 그 발상지나 현재 활발한 활동을 전개하고 있는 지역에 따라서 크게 세 가지로 나누어 볼 수 있다. 즉, 인도의 자이나교와 힌두교 및 불교, 극동 지방의 유교와 도교, 대승불교, 신도(神道), 그리고 근동지방과 유럽 및 북남미 대륙의 유대교, 그리스도교, 이슬람교 등으로 분류할 수 있는 것이다.

이들은 현대사회에서도 중요한 역할을 계속하고 있는 이른바 "살아 있는" 종교들이다. 이 종교들이 많은 사람에게 영향을 끼쳐 왔고 지금도 그렇다는 사실이 이 「종교와 인간」 시리즈에서 이 종교들을 주요 연구대상으로 삼은 이유 가운데 하나이다. 이들 외에도 종교가 무수히 많고 그들을 세밀하게 연구하는 것도 물론 중요하지만, 그런 작업은 더욱 큰 규모의 종교들이 어떤 형태를 취해 왔으며 어떤 특질을 갖고 있는지 충분히 공부한 뒤에 착수하는 것이 좋을 것이다. 그리고 이 「종교와 인간」 시리즈는 어디까지나 종교연구의 입문서로서 집필된 것이므로, 그런 조그만 종교들까지 모두 자세하게 다룰 수는 없는 일이다.

큰 역사종교들을 이 시리즈의 연구대상으로 삼은 또 하나의 이유는, 국제사회에서 주도적인 역할을 하는 여러 사회에서 이 종교들이 중요한 자리를 차지하고 있다는 점이다. 종교의 사회적 형태가 종교의 전체 모습일 수는 없으나, 우리가 이미 살펴보았듯이 종교는 그것이 담겨 있는 사회의 터전과 긴밀한 연관 관계가 있다. 그러므로 어떤 종교의 성격을 식별하려고 할 때, 그 종교가 사회적으로 어떻게 나타나고 있는가 하는 점이 기준이 되는 경우가 많다는 것은 인정할 수밖에 없다.

그러나 역사종교들은 그것이 담겨 있는 사회나 문화에만 얽매여 있고 그 속에서만 맴돌기보다는, 높은 수준의 자율성과 독자성을 확보하고 있다. 이 말이 뜻하는 바는, 역사종교의 구조를 연구하려고 할 경우에는 그것이 담겨 있는 사회의 터전과 연관시켜 보는 것 이외에, 그런 터전과는 상관 없이 종교 그 자체로서만 연구할 수도 있다는 것이다. 이 점은 말할 필요조차 없이 누구나 이미 그렇게 생각하고 있을 것이다. 그러나 구태여 그 점을 지적하는 것은, 역사종교의 그런 성격이 사실은 전혀 새롭고 독특한 것임을 강조하고 싶기 때문이다. 원시 부족사회의 종교와 대비해 보면 그 전이 더욱 분명해진다. 원시사회에서는 종교가 종족의 사회적 관계를 통합하는 필수불가결한 요소이다. 그러므로 원시종교는 그것이 속한 종족으로부터 따로 떨어져 나와서도 존재할 가능성이 거의 없다. 예컨대, 딩카족의 일원이 되지 않는 한 딩카족 종교의 신자가 될 수는 없는 일이다. 고대문명의 여러 종교들도 마찬가지이다. 고대종교들 역시 그 사회의 정치구조와 깊이 관련되어 있기 때문에 그 정치질서가 무너지면 종교도 따라서 소멸하곤 하였다.

고대종교에서 발견되는 여러 가지 특징 가운데에는 역사종교에서도 지속된 것이 많다. 그러나 역사종교는 사회적인 차원의 관심보다는 개인적인 목적(영혼의 구제라든가 윤회로부터의 해탈 등)

에 주된 관심을 쏟는다.

종교가 이처럼 정치구조로부터 자율성과 독립성을 획득하게 된 데에는 기원전 1천 년경 이후에 인간의 사고와 통찰력에 하나의 커다란 전환이 일어났다는 사실이 배경으로 작용하였다. 철학자 칼 야스퍼스는 그 시대를 "축(軸)의 시대"(the axial period)라고 불렀다. 지금도 현대인에게 영향력을 행사하고 있는 기본적인 규범이나 통찰, 전망(展望) 등의 전범(典範)이라 할 수 있는 것들, 즉 문화의 기초가 되는 것들이 그 시기에 나타났다는 것이다. 그는 다음과 같이 말하고 있다. "기원전 5세기를 중심으로 해서 전후 300년 사이에 중국, 인도, 페르시아, 팔레스타인, 그리스에서 동시에, 그러나 각자 독자적으로 인류의 정신적인 기초가 마련되었다. 그 뒤로 지금까지도 인류는 그 바탕 위에서 살고 있다."[10] 야스퍼스가 말하는 "축의 시대"를 조금 확대해서 다음 도표와 같이 정리해 보았다.

축의 시대	
베다의 작자들	기원전 1천 년 이전
모세	기원전 1,250
우빠니샤드의 작자들	기원전 800~600
히브리 예언자들	기원전 800~400
공자	기원전 551~479

---

10) Karl Jaspers, *The Origin and Goal of History* (London: Routledge, 1953), 1쪽.

조로아스터	기원전 660년경
노자	기원전 604~517
마하비라(Mahavira)[11]	기원전 599~527
고타마 붓다	기원전 560~480
소크라테스	기원전 470~399
플라톤	기원전 428~348
예수	기원전 4~서기 29
마니(Mani)	서기 216~277
모하메드	서기 570~632

 이런 인물들을 통해서 나타난 종교와 사상들은 원시사회와 고대사회의 종교형태를 모체로 하면서도 인간 자신에 대해, 또 인간과 사회의 관계에 대해 이전과는 다른 새로운 이해를 전개하였다. 이 점에 관해서 아놀느 토인비가 세시한 몇 가시 건해는 중요한 시사점을 던져 주고 있다. 그가 여러 문명을 비교 연구하려는 작업을 시작하던 무렵에는 종교를 문화의 한 형태로 보고 그 종교를 통해서 한 사회의 문명을 연구할 수 있으리라고 생각했다고 한다. 그러나 그는 어떤 종교들, 예컨대 그리스도교나 대승불교와 같은 종교는 그 모체가 된 문명이 소멸된 뒤에도, 또는 그 문명을 떠난 뒤에도 하나의 독자적인 존재로서 지속되었다는 사실을 깨닫고 그런 생각을 바꾸게 되었다. 그래서 토인비는 이제 다음과 같이 주장하게 되었다. 즉, 역사종교들은 "인간을 초월하는 영적인 존재들에

---

11) 인도 자이나(Jaina)교의 창시자.

대해서 새로운 식견에 도달하였다. 이제는 인간의 정치적, 경제적 욕구나 활동을 매개로 해서 그 영적 존재들을 보는 것이 아니라, 인간에게 직접 다가오는 힘, 즉 특정 지역에 거주하는 숭배자의 사사로운 문제에 한정되지 않는 보편적인 힘으로서 그 존재들을 바라보게 되었다." 그래서 그는 다음과 같은 결론을 내린다.

> 고등종교는 문명이 성숙해 가는 과정에서 출현하였다. 그리고 고등종교를 연구할 때에는 그 종교의 신자들이 자신의 종교에 대해 가지고 있는 견해를 중심으로 해서 접근할 때 연구 영역이 훨씬 넓어진다. 고등종교는 그것을 낳은 문명의 경계선을 넘어서는 영역을 확보하였기 때문이다. 그리고 고등종교는 문명의 구획에 구애되지 않고 인간의 활동 가운데 가장 중요한 것들을 담고 있기 때문이다.[12]

토인비는 "고등종교"라는 말을 사용했지만 우리는 그 대신 "역사종교"라는 말을 사용했다. "고등종교"라는 말은 불행하게도 우월성을 암시하기 때문이다. 아무튼, 역사종교들은 중국, 인도, 유럽, 그리고 북남미 대륙에서 문명이 발달하는 데 지대한 공헌을 하였다. 이제 우리는 그 종교들이 역사의 흐름에 따라서 성장하고 발전해 온 모습에 대하여 공부할 준비를 갖춘 셈이다. 그들을 공부해 보면, 인간을 이해하는 데 도움이 될 귀중한 통찰을 많이 얻을 수 있을 것이다. 특히, 역사시대에 들어와 인간이 자신의 세계를 어떻

---

12) Toynbee, 위의 글, 83, 218쪽.

게 해석해 왔는지를 적절하게 이해하는 데 큰 도움이 될 것이다. 자, 그럼 이제 시작해보자.

참 / 고 / 문 / 헌

I. 종교학 방법론

〈종교학 이론의 개관〉
- de Vries, Jan. *The Study of Religion*. Kees W. Bolle 옮김. Paperback edition. New York: Harcourt Brace Jovanovich, 1967.
- Evans-Pritchard, E. E. *Theories of Primitive Religion*. New York: Oxford University Press, 1965. (김두진 옮김. 「원시종교론」. 탐구신서 108. 서울: 탐구당, 1976.)

〈종교인류학파의 역사〉
- Lowie, Robert. *The History of Ethnological Theory*. London: Harrap, 1937.

〈종교에 대한 인류학적 연구를 쉽게 개관한 참고 도서〉
- Hays, H. R. *From Ape to Angel*. Paperback edition. New York: Capricorn Books, 1964.

〈지금도 많은 시사점을 주고 있는 고전적인 종교연구 업적들〉

- Frazer, James. *The Golden Bough*. 13권. New York: St. Martin's, 1890-1936. (김상일 옮김.「황금의 가지」. 서울: 을유문화사, 1975; 장병길 옮김.「황금가지」. 2권. 서울: 삼성출판사, 1977). 참조: Edmund Leach. "Frazer and Malinowski." *Encounter*. Vol. 25, No. 5 (Nov. 1965): 24-36.
- Marett, R. R. *The Threshold of Religion*. London: Methuen, 1909.
- Tylor, Edward B. *Religion in Primitive Culture*. 1871. Paperback edition. New York: Harper & Row, 1958.

〈원시 문화에 나타나는 최고 신에 대하여〉
- Eliade, Mircea. "Australian Religions: An Introduction, Part I." *History of Religions*. Vol. 6: 108-34.
- Lang, Andrew. "God (Primitive and Savage)." J. Hastings 엮음. *Encyclopedia of Religion and Ethics*. New York: Scribner, 1908-1927.
- Pettazzoni, R. "The Supreme Being: Phenomenological Structure and Historical Development." M. Eliade, J. Kitagawa 엮음. *The History of Religions: Essays in Methodology*. Chicago: The University of Chicago Press, 1959. (이은봉 옮김. "지상자(至上者)—현상학적 구조와 역사적 발전"「종교학입문」. 서울: 성균관대학교 출판부, 1982. 102-113.)

〈종교의 서술(敍述, description)에 관해 강조한 저술〉

- Beattie, John. *Other Cultures*. Paperback edition. New York: Free Press, 1964. (최재석 옮김. 「사회인류학」. 서울: 일지사, 1978.)
- Eliade, Mircea. "The History of Religions in Retrospect: 1912 and After." *The Quest: History and Meaning in Religion*. Chicago: The University of Chicago Press, 1969. 12-36. (박규태 옮김. "종교학의 회고: 1912년 이후". 「종교의 의미: 물음과 답변」. 서울: 서광사, 1990. 29-63쪽.)

  _____. "The Quest for the 'Origins of Religion'." *History of Religions*. Vol. 4: 154-69.
- Evans-Pritchard, E. E. *Social Anthropology*. London: Cohen & West, 1961. (최석영 옮김. 「사회인류학의 이해」. 서울: 서경문화사, 1996.)

〈종교연구 방법론에 관한 논의〉

- Eliade, Mircea와 Joseph Kitagawa 엮음. *The History of Religions: Essays in Methodology*. Chicago: The University of Chicago Press, 1959. (이은봉 옮김. 「종교학 입문」. 서울: 성균관대학교 출판부, 1982.)
- Kitagawa, Joseph 엮음. *The History of Religions: Essays in the Problem of Understanding*. Chicago: The University of Chicago Press, 1967.

⟨심리학적 종교연구 방법⟩

- Allport, Gordon. *The Individual and His Religion*. Paperback edition. New York: Macmillan, 1960.

- Erikson, Erik. *Identity: Youth & Crises*. London: Faber, 1968. (조태경 옮김.「아이덴티티」. 서울: 삼성출판사, 1977.)

- Freud, Sigmund. *Civilization and Its Discontents*라든가 *Future of an Illusion*, 또는 *Totem and Taboo* 등 다수. 다음에 든 것과 같은 프로이트 전집을 이용하면 편리하다. *Standard Edition of the Complete Psychological Works of Sigmund Freud*. London: Hogarth, 1961. (한국판의 경우「프로이트 전집」. 서울: 도서출판 열린책들, 1997. 특히 15권「문명 속의 불만」과 16권「종교의 기원」을 보라.)

- Jung, Carl. *Modern Man in Search of a Soul*. London: Routledge, 1958. 한국것?

- Jung, Carl과 C. Kerenyi 공저. *Introduction to a Science of Mythology*. London: Routledge, 1951.

- Neumann, Eric. *The Origins and the History of Consciousness*. 2권. Paperback edition. New York: Harper & Row, 1962.

⟨사회학적 종교연구 방법⟩

- Firth, Raymond. *Essays on Social Organization and Values*. London: Athlone Press, 1964.

- O'Dea, Thomas. *The Sociology of Religion*. Paperback edition. Englewood Cliffs, NJ: Prentice-Hall, 1966. (권규식 옮김.「종교사회학 입문」. 서울: 대한기독교서회, 1969.)
- Parsons, Talcott. *Theories of Society*. New York: Free Press, 1965.
- Robertson, Roland. *The Sociological Interpretation of Religion*. Oxford: Blackwell, 1970.
- Weber, Max. "The Social Psychology of the World Religions." H. H. Gerth와 C. Wright Mills 엮음. *From Max Weber*. New York: Oxford University Press, 1946. (임영일 옮김. "세계종교의 경제윤리". 임영일 · 차명수 · 이상률 옮김.「막스 베버 선집」. 서울: 도서출판 까치, 1991.)

  _____. *The Sociology of Religion*. Paperback edition. Boston: Beacon Press, 1964.

〈역사학적 종교연구 방법〉
- 시카고 대학교에서 출판하는 정기 학술지 *History of Religions* 의 논문들 참조.

〈비교종교학적 연구의 예〉
- Eliade, Mircea. *Patterns in Comparative Religion*. New York: Sheed, 1958. (이은봉 옮김.「종교형태론」. 서울: 형설출판사, 1981 [1996년에 한길사에서 재출간]; 이재실 옮김.「종교사

개론」, 서울: 도서출판 까치, 1993.)

_____. *Shamanism*. New York: Bollingen, 1964. (문상희 옮김. 「샤아머니즘」. 서울: 삼성출판사, 1977; 이윤기 옮김. 「샤마니즘」. 서울: 도서출판 까치, 1992.)

- Kristensen, W. Brede. *The Meaning of Religion*. Hague: Martinus Nijhoff, 1960.
- Littleton, C. Scott. *The New Comparative Mythology: An Anthropological Assessment of the Theories of Georges Dumezil*. Berkeley, CA: University of California Press, 1966.
- van der Leeuw, Gerardus. *Religion in Essence and Manifestation*. London: G. Allen, 1938.
- Wach, Joachim. *Types of Religious Experience*. Chicago: University of Chicago Press, 1957.

해석학적인 종교연구 방법에 대해서는 III장의 참고 도서 목록을 볼 것.

〈종교를 문화의 하나로 보는 시각의 문제점에 대해서〉
- Macintyre, Alasdair. "Is Understanding Religion Compatible with Believing?" John Hick 엮음. *Faith and the Philosophers*. New York: St. Martin's, 1966. 115-55.

II. 종교의 정의

〈종교 정의에 관련된 일반적인 문제에 대해서〉
- Robinson, Richard. *Definition*. New York: Oxford University Press, 1954.

〈종교 정의에 관한 도서의 목록이나 여러 가지 종교 정의를 찾아보려면〉
- Geertz, Clifford. "Religion as a Cultural System." Michael Banton 엮음. *Anthropological Approaches to the Study of Religion*. London: Tavistock Publications, 1966. 1-46.
- Spiro, Melford E. "Religion: Problems of Definition and Explanation." Michael Banton 엮음. 같은 책. 85-126.
- Baird, Robert. "Interpretive Categories and the History of Religions." *History and Theory* 8 (1968): 17-30.

〈초경험적인 것을 근거로 종교를 정의한 예〉
- Glock, Charles Y.와 Rodney N. Stark 공저. *Religion and Society in Tension*. Chicago: University of Chicago Press, 1965.

〈성스러움을 근거로 종교를 정의한 예〉
- Caillois, Roger. *Man and the Sacred*. New York: Free Press,

1959.

- Durkheim, Emile. *The Elementary Forms of Religious Life*. Paperback edition. New York: Free Press, 1965. (노치준·민혜숙 옮김.「종교 생활의 원초적 형태」. 서울: 민영사, 1992.)
- Eliade, Mircea. *The Sacred and the Profane*. Paperback edition. New York: Harper & Row, 1961. (이동하 옮김.「聖과 俗: 종교의 본질」. 서울: 학민사, 1983.)
- Nisbet, Robert. "The Sacred." *The Sociological Tradition*. London: Heinemann, 1966. 221-63.

〈궁극성을 근거로 종교를 정의한 예〉

- Luckmann, Thomas. *The Invisible Religion*. New York: Macmillan, 1967.
- Parsons, Talcott. "Religion in a Modern Pluralistic Society," *Review of Religious Research* 7 (1966년 봄): 125-46.
- Tillich, Paul. *Christianity and the Encounter of the World Religions*. Chicago: University of Chicago Press, 1960. (정진홍 옮김.「기독교와 세계 종교」. 서울: 대한기독교서회, 1969.)

Ⅲ. 의례와 신화

〈의례 연구의 예〉

- Bettelheim, Bruno. *Symbolic Wounds*. Paperback edition.

New York: Collier, 1962.
- Emmet, Dorothy. "Religion and the Social Anthropology of Religion: II." *Theoria to Theory* 3 (1969년 봄): 33-44.
- Firth, Raymond. *Tikopia: Ritual and Belief*. London: G. Allen, 1967.
  _____. *The Works of the Gods in Tikopia*. London: Athlone Press, 1967.
- Goody, J. "Religion and Ritual: The Definition Problem." *British Journal of Sociology* 12 (연도?): 143-64.
- Middleton, John 엮음. *Gods and Rituals*. New York: Natural History Press, 1967.
- Turner, Victor. *The Ritual Process*. London: Routledge, 1969.

〈의례와 신화의 연관성에 관한 이론을 개관한 참고 도서〉

- Fontenrose, J. E. *The Ritual Theory of Myth*. Berkeley, CA: University of California Press, 1966.

〈기능주의 이론〉

- Emmet, Dorothy. *Function, Purpose and Powers*. New York: Macmillan, 1958.
- Merton, Robert K. *On Theoretical Sociology*. Paperback edition. New York: Free Press, 1967.

- Radcliff-Brown, A. R. *Structure and Function in Primitive Society*. Paperback edition. New York: Free Press, 1952. (김용환 옮김.「원시사회의 구조와 기능」. 서울: 종로서적, 1980.)

〈상징의 표현 기능과 놀이 이론〉
- Beattie, John. *Other Cultures*. Paperback edition. New York: Free Press, 1964. (최재석 옮김.「사회인류학」. 서울: 일지사, 1978.)
- Huizinga, John. *Homo Ludens*. Paperback edition. Boston: Beacon Press, 1950. (김윤수 옮김.「호모 루덴스」. 서울: 도서출판 까치, 1981.)
- Langer, Susanne. *Philosophy in a New Key*. Paperback edition, New York: New American Library, 1964.
- Pieper, Josef. *Leisure, the Basis of Culture*. London: Faber, 1952.

〈마나〉
- Firth, Raymond. "The Analysis of Mana: An Empirical Approach." *Tikopia: Ritual and Belief*. London: G. Allen, 1967. 174-94.

〈"영혼"에 대한 원시사회 사람들의 견해〉
- Firth, Raymond. "The Fate of the Soul." *Tikopia: Ritual and*

Belief. London: G. Allen, 1967. 330-53.

〈토테미즘〉

- Lévi-Strauss, Claude. *Totemism*. Boston: Beacon Press, 1963.
- Worsley, Peter. "Groote Eylandt Totémism and Le Totemisme aujourd'hui." E. Leach 엮음. *The Structural Study of Myth and Totemism*. London: Tavistock Publications, 1967. 141-60.

〈주술〉

- Beattie, John. *Other Cultures*. Paperback edition. New York: Free Press, 1964. (최재석 옮김. 「사회인류학」. 서울: 일지사, 1978.)
- Douglas, Mary. *Purity and Danger*. London: Routledge, 1966.
- Evans-Pritchard, E. E. *Witchcraft, Oracles and Magic among the Azande*. New York: Oxford University Press, 1940.
- Goode, William. *Religion among the Primitives*. Paperback edition. New York: Free Press, 1951.
- Malinowski, B. *Magic, Science and Religion*. Paperback edition. New York: Doubleday, 1954.
- Nadel, S. "Malinowski on Magic and Religion." R. Firth 엮음. *Man and Culture*. London: Routledge, 1957. 189-208.

IV. 신화의 해석

⟨상징체계⟩

- Cassirer, Ernst. *The Philosophy of Symbolic Forms*. 3권. New Haven, CN: Yale University Press, 1954-57.
- Geertz, Clifford. "Religion as a Cultural System." Michael Banton 엮음. *Anthropological Approaches to the Study of Religion*. London: Tavistock Publications, 1966. 1-46.
- Langer, Susanne. *Philosophy in a New Key*. Paperback edition. New York: New American Library, 1964.

⟨신화⟩

- Eliade, Mircea. *Myth and Reality*. Paperback edition. New York: Harper & Row, 1963. (이은봉 옮김.「神話와 現實」. 서울: 성균관대학교 출판부, 1982.)

  _____. *Myth, Dreams and Mysteries*. Paperback edition. New York: Collins, 1968.
- Emmet, Dorothy. "Religion and the Social Anthropology of Religion: III." *Theoria to Theory* 3 (1969년 봄): 45-52.
- Long, Charles. "Religion and Mythology: A Critical Review of Some Recent Discussions." *History of Religions* 1: 322-31.
- Malinowski, B. *Myth in Primitive Society*. New York: Norton, 1926. (서영대 옮김.「원시 신화론」. 서울: 무림사, 1979.)

- Middleton, John. *Myth and Cosmos*. New York: Natural History Press, 1967.

〈레비-스트로스의 구조주의적 연구〉

- L vi-Strauss, Claude. *The Savage Mind*. London: Weidenfeld & Nicholson, 1967. (안정남 옮김.「야생의 사고」. 서울: 한길사, 1996.)

    _____. *The Scope of Anthropology*. London: Cape, 1967.

    _____. "The Story of Asdiwal." E. Leach 엮음. *The Structural Study of Myth and Totemism*. London: Tavistock Publications, 1967. 1-47.

    _____. *Structural Anthropology*. New York: Basic Books, 1963.

〈구조주의 입문서〉

- Barthes, Roland. *Elements of Semiology*. London: Cape, 1967.
- Charbonnier, C. *Conversations with Claude Lévi-Strauss*. London: Cape, 1969.
- Lane, Michael 엮음. *Structuralism: A Reader*. London: Cape, 1970.
- Leach, Edmund. *Lévi-Strauss*. New York: Collins, 1970.

V. 원시종교

⟨누어족의 사회⟩

- Evans-Pritchard, E. E. *Nuer*. New York: Oxford University Press, 1940. (권이구 · 강지현 옮김. 「누어인」. 서울: 탐구당, 1988.)

  _____. *Nuer Religion*. New York: Oxford University Press, 1956.

⟨딩카족의 사회⟩

- Lienhardt, Godfrey. *Divinity and Experience*. New York: Oxford University Press, 1961.

⟨원시종교 일반⟩

- Birket-Smith, Kaj. *Primitive Man and His Ways*. Paperback edition. New York: New American Library, 1963.
- Goode, William. *Religion among the Primitives*. Paperback edition. New York: Free Press, 1951.
- Lessa, William과 Evan Vogt 엮음. *A Reader in Comparative Religion*. New York: Harper & Row, 1965.
- Lowie, R. *Primitive Religion*. New York: Liveright, 1924.
- Radin, P. *Primitive Religion*. Paperback edition. New York: Dover, 1957.

- Wallace, Anthony. *Religion: An Anthropological View*. New York: Random House, 1966.

〈세계관과 에토스〉
- Geertz, Clifford. "Ethos, World-View and the Analysis of Sacred Symbols." *Antioch Review* (1957-58 겨울): 421-37.

〈"원시"라는 개념〉
- Montague, A. 엮음. *The Concept of Primitive*. Paperback edition. New York: Free Press, 1968.

〈"원시 심성" 개념〉
- Boas, Franz. *The Mind of Primitive Man*. Paperback edition. New York: Free Press, 1965.
- Durkheim, E.과 M. Mauss 공저. *Primitive Classification*. Chicago: University of Chicago Press, 1967.
- Lévy-Bruhl, Lucien. *How Natives Think*. Pocket Books paperback edition. New York: Washington Square Press, 1956.
- _____. *Primitive Mentality*. Paperback edition. Boston: Beacon Press, 1966.
- Radin, Paul. Primitive Man as Philosopher. Paperback edition. New York: Dover, 1957.

_____. *The World of Primitive Man*. New York: Grove Press, 1960.

VI. 역사종교

⟨선사 시대의 종교와 문화⟩

- James, E. O. *Prehistoric Religion*. New York: Barnes & Noble, 1961.
- Maringer, J. *The Gods of Prehistoric Man*. New York: Knopf, 1960.
- Ucko, P. J.와 A. Rosenfeld 공저. *Paleolithic Cave Art*. Paperback edition. New York: McGraw-Hill, 1967.

⟨수렵민, 유목민, 농경민의 종교⟩

- Eliade, M. "Mother Earth and the Cosmic Hierogamies." *Myths, Dreams and Mysteries*. New York: Collins, 1968. 156-92.
- Sahlins, Marshall. *Tribesmen*. Paperback edition. Englewood Cliffs, NJ: Prentice-Hall, 1968.
- Service, Elman. *The Hunters*. Paperback edition. Englewood Cliffs, NJ: Prentice-Hall, 1966.
- Wolf, Eric. *Peasants*. Paperback edition. Englewood Cliffs,

NJ: Prentice-Hall, 1966. (박현수 옮김.「농민」. 서울: 청년사, 1978.)

⟨고대 문명의 종교⟩

- Frankfort, H.와 J. Wilson, T. Jaconson 공저. *The Intellectual Adventure of Ancient Man*. Chicago: University of Chicago Press, 1946.
- Frankfort, H. *Kingship and the Gods*. Chicago: University of Chicago Press, 1948.
- Kramer, S. N. *Sumerian Mythology*. Paperback edition. New York: Harper & Row, 1960.
- Wilson, John. *The Burden that was Egypt*. Chicago: University of Chicago Press, 1951.

⟨고대 희랍과 로마의 종교⟩

- Gurthrie, W. K. C. *The Greeks and Their Gods*. Boston: Beacon Press, 1950.
- Moore, C. H. *The Religious Thought of the Greeks*. Cambridge, MA: Harvard University Press, 1916.
- Rose, H. J. *Religion in Greece and Rome*. Paperback edition. New York: Harper & Row, 1961.

⟨원시종교 문화와 고대 및 역사 시대 종교 문명의 관계⟩

- Bellah, Robert 엮음. *Religion and Progress in Modern Asia*.

New York: Free Press, 1965.
- Parsons, Talcott. *Societies*. Paperback edition. Englewood Cliffs, NJ: Prentice-Hall, 1966. (이종수 옮김. 「사회의 유형」. 서울: 홍성출판사, 1977.)
- Redfield, Robert. *The Primitive World and Its Transformations*. Ithaca, NY: Cornell University Press, 1965.
- Toynbee, Arnold. *Reconsiderations*. New York: Oxford University Press, 1961.

찾/아/보/기

religio ·················· 50, 51
개벽 ····················· 204
고대종교 ········ 127, 230, 249
골든와이저, 앨리그잰더(Alexander
　A. Goldenweiser) ········· 57
공희 ··········· 193, 230, 231, 239
교체신교(henotheism) ······· 23
구드, 윌리엄
　(William J. Goode) ········ 131
구술 ···················· 89, 90
구조주의 ··· 37, 43, 150, 151, 154,
　157, 158, 162, 172, 163, 164, 172
궁극적 관심 ········ 59, 60, 65, 66
그리스도교 ········· 7, 12, 13, 22,
　47, 52, 74, 79, 144, 183, 214, 233,
　247, 248, 251
금기 ······ 50, 55, 58, 59, 84, 104,
　184, 199, 210
기능주의 ····· 38, 91, 92, 97, 106,
　120, 132
기어츠, 클리포드 (Clifford J. Geertz)
　58, 67, 114, 116, 206

기호학 ·················· 150
길가메쉬(Gilgamesh) ········ 236
네안데르탈인 ·············· 222
놀이 ····· 120, 121, 122, 123, 124,
　125, 126, 136
농경문화 ·················· 227
농경사회 ······ 226, 227, 230, 234
누미노제(Numinose) ······ 20, 42,
　56, 27, 245
누어(Nuer)족 ······ 168, 180, 181,
　182, 183, 184, 185, 186, 187, 188,
　189, 90, 191, 193, 194, 195, 196,
　197, 198, 199, 200, 201, 206, 207,
　208, 209, 210, 213, 214, 215, 227
다신교 ················ 22, 23, 24
대표신교(henotheism) ····· 22, 23
더글라스, 메리(Mary Douglas) ·· 96,
　101
동물공희 ·················· 230
뒤르켕, 에밀(D. Émile Durkheim) ·
　24, 25, 38, 55, 215
드 브로스, 샤를

(Charles de Brosses) ······ 21
디오니소스(Dionysus) ··· 242, 244
딩카(Dinka)족 ··· 63, 96, 181, 183, 184, 185, 186, 193, 195, 196, 197, 200, 201, 202, 203, 204, 205, 206, 207, 208, 209, 210, 213, 227, 249
라딘, 폴(Paul Radin) ········· 57
래드클리프-브라운, 알프레드(Alfred Radcliffe-Brown) ···· 37, 38, 43
랭, 앤드류(Andrew Land) ······ 23
랭거, 수잔(Susanne K. Langer) ··43, 119, 123, 134, 140, 145
레비-브륄, 루시앙(Lucien Lévy-Bruhl) ······ 164, 165, 166, 168
레비-스트로스, 클로드(Claude Lévi-Strauss) ···· 150, 151, 157, 158, 159, 160, 161, 162, 163, 172, 173, 220, 221
로마 ················ 40, 50, 51
로버트슨, 롤란드
(Roland Robertson) ········ 54
로위, 로버트(Robert H. Lowie) · 57
루크레티우스(Lucretius) ······ 51
린하르트, 갓프리(R. Godfrey Lienhardt) ···· 61, 181, 183, 185, 186, 204, 208, 209
마나(mana) ······· 27, 50, 57, 222
마렛트, 로버트
(Robert R. Marett) ··· 20, 22, 88
말리노브스키, 브로니스와프
(Bronislaw Malinowski) ····· 36, 79, 80, 83, 84, 129, 130
머튼, 로버트(Robert Merton) ··· 93
모신(母神) ············· 27, 228
뮐러, 막스(Max Müller) ········· 17
미신 ···· 12, 51, 53, 108, 108, 110
미토스(mythos) ··········· 78, 79
바빌로니아 ····· 228, 234, 235, 236
바호펜, 요한
(Johann J. Bachofen) ···· 26, 27
반 데어 류, 게라두스(Gerardus van der Leeuw) ················ 42
베버, 막스(Max Weber) ···· 38, 43, 47, 201
보아스, 프란츠(Franz U. Boas) · 151
부버, 마틴(Martin Buber) ····· 129
분트, 빌헬름(Wilhelm Wundt) ·· 20
불교 · 13, 52, 61, 143, 146, 248, 251
사회학 ······· 13, 15, 24, 31, 35, 38, 39, 43, 44, 221

상징 ······ 7, 12, 13, 16, 25, 30, 31, 32, 33, 34, 35, 42, 43, 52, 54, 58, 61, 67, 73, 74, 78, 87, 89, 94, 95, 96, 105, 106, 107, 108, 114, 115, 117, 131, 134, 135, 136, 139, 140, 141, 142, 143, 144, 145, 146, 147, 148, 150, 155, 158, 164, 169, 173, 177, 197, 198, 199, 212, 213, 215, 220, 227, 228, 235, 236, 239, 241, 245

샤만 ··· 41, 116, 117, 118, 164, 223, 224, 225

성(聖) ····· 54, 56, 58, 64, 65, 156

성(聖)과 속(俗) ···· 54, 55, 59, 64, 65

성인식 ······· 103, 105, 107, 125, 194, 198

성현(聖顯, hierophany) ······ 213

수렵사회 ·········224, 225, 226

쉬미트, 빌헬름
 (Wilhelm Schmidt) ····· 23, 24

스미스, 윌프레드 캔트웰(Wilfred Cantwell Smith) ·········· 50

스펜서, 허버트
 (Herbert Spencer) ····· 18, 19

시민종교 ················ 246

신령 ······ 116, 193, 208, 209, 228

신비 ······· 12, 13, 20, 56, 57, 96, 117, 135, 165, 204, 210, 213, 224, 242, 244

신화 ····· 139, 143, 146, 151, 154, 155, 156, 157, 158, 160, 161, 163, 164, 166, 169, 172

심리학 ····· 13, 15, 20, 24, 26, 31, 34, 35, 39, 42, 44, 64, 106, 139, 219, 221

심층심리 ·········93, 108, 147

아스디왈(Asdiwal) ······ 151, 152, 153, 155, 156, 157, 159, 160, 161, 162, 163, 166, 173, 204

아우구스티누스(Ausgustinus) ··· 47

아잔데(Azande) ········ 112, 113

아즈텍(Aztec) ·········· 238, 239

애니미즘(animism) ···· 17, 21, 22, 23, 24, 27

야스퍼스, 칼(Karl Jaspers) ···· 250

양식론(樣式論, modalism) ···· 187, 188

에릭슨, 에릭(Erik H. Erikson) ··· 35

에반스-프리차드, E. E.(Edward

Evan Evans-Pritchard) ······ 43, 64, 112, 113, 168, 181, 183, 1897, 190, 192, 197, 198, 199, 200, 201, 208, 215
에토스(ethos) ········ 181, 206
엘리아데, 미르체아 (Mircea Eliade) ··40, 81, 140, 156
역사시대 ············ 227, 252
역사종교 ··247, 248, 249, 251, 252
역사학 ··········13, 39, 40, 44
오시리스(Osiris) ·····237, 238, 244
오토, 루돌프(Rudolf Otto) ·····20, 21, 42, 55, 56, 57
외디푸스 콤플렉스 (Oedipus Complex) ······· 154
원시문화 ·······18, 23, 24, 27, 79
원시사회 ··· 73, 82, 83, 89, 91, 93, 94, 107, 108, 109, 110, 111, 113, 114, 118, 127
원형 ····35, 42, 155, 156, 166, 220
월레이스, 앤소니(Anthony F. C. Wallace) ············· 68, 90
유대교 ····7, 12, 52, 140, 146, 248
유목사회 ············· 227
유일신교 ·······23, 24, 186, 238

유헤메루스(Euhemerus) ······ 18
유헤메리즘(Euhemerism) ····· 18
융, 칼(Carl G. Jung) ··· 35, 42, 155
의례 ····· 220, 225, 226, 230, 235, 236, 241, 243, 245
의미 ······6, 13, 20, 30, 31, 32, 33, 34, 35, 38, 39, 41, 42, 43, 50, 51, 52, 54, 59, 60, 62, 64, 66, 73, 76, 77, 78, 79, 82, 83, 84, 87, 89, 90, 92, 93, 100, 103, 110, 111, 112, 115, 116, 118, 129, 133, 136, 139, 140, 142, 143, 144, 145, 146, 147, 148, 149, 150, 157, 158, 160, 163, 164, 169, 171, 173, 179, 182, 185, 186, 195, 196, 197, 199, 202, 211, 213, 215, 216
의미화 ············ 7, 150, 157
이시스(Isis) ········228, 237, 244
이집트 ··· 131, 228, 234, 236, 237, 238, 239, 244, 228
인류학 ··········179, 181, 215
인신공희 ············· 230
입문의례 ············ 102, 106
자연신화학파 ············ 16
자연종교 ················ 246

전논리적 ····· 164, 165, 166, 168
전위감 ················ 112
정령 ······ 94, 128, 129, 130, 172, 182, 183, 184, 185, 186, 187, 188, 190, 194, 195, 197, 200, 207, 208, 210, 213, 214, 215
정화 ················ 74, 145
제의 ······7, 12, 13, 16, 26, 51, 77, 81, 194, 197, 201, 223, 243, 245, 246, 247,
제임스, 윌리엄
  (William James) ········ 20, 64
조상숭배 ················ 18
종교사학 ················ 40
종교의 기원 ···· 15, 17, 18, 20, 21, 26, 28, 29, 36, 47
종교현상 ··· 12, 13, 29, 32, 40, 41, 48, 49, 55, 61, 63, 136, 139, 150, 173, 212, 215, 216, 219, 226, 245
주물숭배 ············ 21, 22, 27
주술 ····11, 18, 19, 22, 23, 24, 96, 113, 114, 117, 121, 125, 127, 128, 129, 130, 131, 132, 134, 135, 223, 224, 225
주지주의 ············ 20, 21, 89

진화론 ············ 22, 23, 24, 82
집단무의식 ··············· 155
채집사회 ················ 226
천신(天神) ··············· 234
초경험적 ··· 17, 30, 54, 61, 62, 63, 64, 132
초월적 ····· 54, 61, 64, 132, 134, 163, 199
초자연적 ··· 25, 54, 57, 60, 62, 63, 64, 68, 82, 117, 128
최고신 ··········23, 27, 225, 227
축(軸)의 시대, 축의 시대 ····· 250
카시러, 언스트(Ernst Cassirer) ··43, 166
칸트, 임마뉴엘(Immanuel Kant) ·20, 125
커드링턴, 로버트
  (Robert H. Codrington) ····· 22
키케로
  (Marcus Tullius Cicero) ····· 51
타부(taboo) ············ 57, 209
타일러, 에드워드(Edward B. Tylor) 17, 19, 20, 21, 36, 54
태초 ·····80, 82, 83, 156, 205, 231, 235

토테미즘(totemism) ···· 25, 26, 27
통과의례 ········· 105, 108, 196
트로브리안드(Trobriand) ··· 36, 80
트릭스터(trickster) ······ 100, 101
티코피아(Tikopia) ····· 74, 75, 77, 78, 91, 92, 94, 98, 125, 130, 131, 146, 164
틸리히, 폴(Paul Tillich) ····· 59, 60
파라오(pharaoh) ······· 237, 238
파슨즈, 탈콧트(Talcott Parsons) · 38, 39
퍼스, 레이몬드 (Raymond Firth) ····· 58, 75, 76, 98, 99, 130, 192
페타조니, 라파엘 (Pettazzoni Raffaele) ········ 40
프레이저, 제임스(James G. Frazer) 18, 19, 20, 22, 36, 127, 128, 129, 130, 131

프로이트, 지그문트(Sigmund Freud) 107, 155, 157, 214
할례 ············· 104, 105, 107
해석학 ···· 139, 140, 141, 219, 221
호루스(Horus) ········· 237, 238
호이징하, 존(John Huizinga) ·· 123, 124
혼돈 ········· 116, 232, 233, 236
혼합주의(syncretism) ········ 246
후설, 에드문트 (Edmund G. A. Husserl) ····· 41
희랍 ······ 17, 23, 40, 78, 79, 155, 227, 228, 230, 231, 240, 241, 242, 244, 245, 247
희생제의 ·· 41, 193, 194, 195, 196, 197, 198, 199, 200, 201, 209, 214, 215, 230, 239

저자 | 리차드 컴스탁

W. Richard Comstock (1928~2013)
유니온신학대학(Union Theological Seminary) PhD
캘리포니아주립대학 산타바바라(University of California at Santa Barbara) 종교학과 교수, 석좌교수 역임

역자 | 윤원철

서울대학교 종교학과 학사 · 석사
뉴욕주립대학교 스토니부룩(State University of New York at Stony Brook) PhD
서울대학교 종교학과 교수 (현)

종교의 이해
종교학 방법론과 원시종교 연구

초판 인쇄 | 2017년 1월 20일
초판 발행 | 2017년 1월 20일

저　　자　리차드 컴스탁
역　　자　윤원철

책임편집　윤수경

발 행 처　도서출판 지식과교양
등록번호　제 2010-19호
주　　소　서울시 도봉구 쌍문1동 423-43 백상 102호
전　　화　(02) 900-4520 (대표) / 편집부 (02) 996-0041
팩　　스　(02) 996-0043
전자우편　kncbook@hanmail.net

ⓒ 리차드 컴스탁 New York: Harper & Row, 1971. Printed in KOREA

ISBN 978-89-6764-070-5　93200　　　　　　　　　　　정가 16,000원

저자와 협의하여 인지는 생략합니다. 잘못된 책은 바꾸어 드립니다.
이 책의 무단 전재나 복제 행위는 저작권법 제98조에 따라 처벌받게 됩니다.